全国应用型院校学前教育专业新形态规划教材
总主编 李姗泽 孙亚娟

U0955024

学前教育学

主　编 孙亚娟 段雪玲
副主编 杨　兰 李　娅 邹胜菊 李　静 王思入
编　委 张　燕 徐跃飞 芦贞娟 巫俐群 杨剑宇

本书配有丰富教学资源

西南大学出版社
SWUP
国家一级出版社 全国百佳图书出版单位

图书在版编目(CIP)数据

学前教育学 / 孙亚娟, 段雪玲主编. -- 重庆 : 西南大学出版社, 2024.4

全国应用型院校学前教育专业新形态规划教材

ISBN 978-7-5697-2230-7

Ⅰ. ①学… Ⅱ. ①孙… ②段… Ⅲ. ①学前教育-教育理论-高等学校-教材 Ⅳ. ①G610

中国国家版本馆CIP数据核字(2024)第061715号

全国应用型院校学前教育专业
新形态规划教材

学前教育学

XUEQIAN JIAOYU XUE

孙亚娟　段雪玲◎主编

责任编辑：李　勇
责任校对：张　庆
书籍设计：汤　立
排　　版：杨建华
出版发行：西南大学出版社（原西南师范大学出版社）
地　　址：重庆市北碚区天生路2号
网　　址：http://www.xdcbs.com
邮　　编：400715　市场营销部电话：023-68868624
经　　销：全国新华书店
印　　刷：重庆市合川区书香印务有限公司
幅面尺寸：185 mm×260 mm
印　　张：16
字　　数：315千字
版　　次：2024年4月 第1版
印　　次：2024年4月 第1次印刷
书　　号：ISBN 978-7-5697-2230-7

定　　价：58.00元

总序

学前教育是每个儿童接受集体教育的开始，是每个人终身学习的开端，是国民教育体系的重要组成部分。进入新时代，人民群众对优质教育的需求不断提升。实现幼有所育，成为满足人民群众日益增长的优质教育需求的重要举措。党中央、国务院高度重视学前教育事业，党的十八大提出“办好学前教育”，党的十九大要求“在幼有所育上不断取得新进展”，党的二十大提出“强化学前教育普惠发展”。2018年，中共中央、国务院发布了《关于学前教育深化改革规范发展的若干意见》，强调把发展学前教育摆在更加重要的位置，明确要大力加强幼儿园教师队伍建设，办好一批幼儿师范专科学校和若干所幼儿师范学院，支持师范院校设立并办好学前教育专业，扩大有质量教师供给。2021年，教育部等九部门印发《“十四五”学前教育发展提升行动计划》，提出要全面提升保教质量，提高教师专业素质和实践能力。由此可见，教师队伍是提高保教质量的关键，是保证学前教育质量的基石。

推动普通本科高校向应用型转变，是党中央、国务院的重大决策部署，是教育领域人才供给侧结构性改革的重要内容。创新应用型技术技能型人才培养模式，建立以提高实践能力为引领的人才培养流程，是实现应用型高素质人才培养的关键。2011年10月，教育部颁布《教师教育课程标准（试行）》，并发文要求各地按照《教师教育课程标准（试行）》的学习领域、建议模块和学分要求，制定有针对性的幼儿园、小学和中学教师教育课程方案。幼儿园教师职前教育课程要帮助未来教师充分认识幼儿阶段的特性和价值，理解“保教结合”的重要性，学会按幼儿的成长特点进行科学的保育和教育；理解幼儿的认知特点和学习方式，学会把教育寓于幼儿的生活和游戏中，创设适宜的教育环境，保护与发展幼儿探究、创造的兴趣，让幼儿在愉快的幼儿园生活中健康成长。

为了适应我国学前教育大发展的改革趋势和高素质应用型人才培养的要求，我们坚持培养实践性、应用型人才的理念，立足于学生学习与发展的需要，增加了学科相关前沿研究以及社会热点问题的讨论，将理论知识与实践案例相融合，同时加强了实训内容；实现理论体系向教材体系转化、教材体系向教学体系转化、教学体系向学生的知识体系和价值体系转化，使教材更加体现科学性、前沿性，以进一步增强教材的应用性和实效性。在开展充分调研的基础上，我们组织了一批业务能力强、理论知识和实践经验丰富的专家、一线教师开展教材编写和建设工作。丛书包括《学前教育学》《学前儿童心理学》《中外学前教育史》《学前教育研究方法》《学前儿童游戏》《学前教育评价》《学前教育管理学》《学前儿童卫生学》《学前儿童体育与健康教育》《学前儿童语言教育》《学前儿童社会教育》《学前儿童科学教育》《学前儿童艺术教育》《幼儿园环境创设》《幼儿园玩教具设计与制作》《幼儿行为观察与评价》《幼儿园课程》《学前儿童文学》《学前教育政策法规与师德修养》等。

本套教材紧密结合《教师教育课程标准（试行）》《3—6岁儿童学习与发展指南》《学前教育专业师范生教师职业能力标准（试行）》等国家政策文件精神，立足于应用型院校学前教育专业高素质人才的培养，涵盖学前教育专业的核心课程、基础课程、学科课程和拓展课程。本套教材除了满足内容充实、完整，结构清晰、合理，语言得体、流畅等基本要求外，还力求克服国内已有教材的不足，努力打造自己的优势和特色。

第一，课程思政与育人为本相结合。本套教材的编写注重主流价值观引领，挖掘和拓展课程的育人价值，充分体现了不同课程的特色与优势，形成了特色鲜明、优势突出、交叉互补的教材内容体系，实现了课程思政与立德树人的结合。

第二，理论与实践相结合。本套教材强调深入落实《教师教育课程标准（试行）》“实践取向”的精神，以学生发展为根本，以学习产出为导向，注重实践性教学内容，关注解决教育实践问题。在板块设计上，除了正文的理论阐述，还辅以案例破冰、拓展阅读、人物介绍、经典研究介绍、思考与实训、专题探讨等实践板块，引导学生将理论运用于实践。

第三，基础性与时代性相结合。本套教材吸纳教育学、心理学、学科教学的最新研究成果，坚持呈现各学科领域的基本知识、基本原理，为学生搭建一个全面而扎实的知识体系；及时跟进社会及行业的最新发展动态，将最新、最权威、最具代表性的成果引入教材，实现了基础性与时代性的结合。

第四，学术性与应用性相结合。本套教材既注重学术性，也注重应用性，为支持“立体化”教学，教材编写团队立足于学前教育专业应用型人才培养的需求，注重资源的应用性和实用性，形成了以知识图谱、教学计划、多媒体课件、案例库、习题库、教学视频、教学动画、微课等为内容的课程教学资源体系，打造了“纸质教材+数字化教材+在线课程”协同互补的新形态教材体系；形成了教材、文本和网络技术相互交叉、相互融合、相互支撑的立体化、网络化、互动化教学方式，能有效提升教学质量，以期成为学前教育专业学生喜读、乐读的学习素材。

本套教材的编写人员较多，教材的编写与出版是一项艰巨的工程，能顺利付梓得益于所有参编人员的辛勤工作，也得益于西南大学出版社编辑的积极协调与沟通。在此向所有参与此次编写与出版工作的作者及编辑人员表达我们的敬意。由于编者的学术视野及学术能力的限制，本套教材难免存在不足之处，我们将在使用中进一步总结反思，不断修订完善，欢迎广大学界同人和读者朋友不吝赐教，多提宝贵意见。

李姗泽　孙亚娟

前言

“人生百年，立于幼学。”要推进学前教育普及普惠优质安全发展，高素质的师资培养是关键，高等师范院校学前教育专业作为培养高素质学前教育教师队伍的主阵地，需遵循教师培养成长规律，对标学前教育专业发展理念和要求，创新培养方式与策略，全面提升学前教育教师培养质量，助力教育高质量发展。学前教育学作为学前教育专业学生的主干课程，是研究学前教育现象和规律的科学。为深入贯彻落实习近平新时代中国特色社会主义思想，培育担当民族复兴大任的时代新人，教材编写团队坚持以马克思主义为指导，从学前教育的理论发展及其实践问题出发，以扎实全面的理论知识构建学前教育学的学科全貌。既反映学前教育改革新经验与发展趋势，又以学前儿童教育与成长的规律为核心，夯实理论基础、能力基础和价值基础。教材遵循学前教育学的基本理论体系，主要阐述学前教育学的概念、任务与方法；学前教育学产生与发展的历史脉络；学前教育与社会、儿童、教师的关系；学前教育的目标与内容；分析学前教育活动、学前游戏与幼儿园课程、学前教育环境和学前教育合作与衔接的内涵、设计、实施与评价等。教材既注重与时俱进，也遵循客观规律，在每章编写上尽量做到理论与实践相结合，做到既便于教、便于学，也便于操作。本书可用作高等师范院校学前教育专业本、专科教材，也可以供学前教育理论与实践工作者学习、研究使用。

为适应新时代人才培养要求，教材具有以下编写特点。一是坚持思想性与科学性的统一。教材强化落实立德树人根本任务，一方面融入“树人为核心、立德为根本”的系统理念，注重社会主义核心价值观教育、中华优秀传统文化教育等内容的自然渗透；另一方面全书布局体系严谨、逻辑严密，在教材内容选取、编排等过程中综合考虑课程特色与基本规律，为学习者搭建兼具思想性和科学性的知识体系。二是坚持经典性与新颖性的统一。教材以学前教育发展为核心，内容全面，涵盖学前教育观、儿童观、学前教育活动、游戏活动、家园社合作、幼儿教师等各方面的内容，体现学前教育学的基本学科体系。同时与时俱进地探讨学前教育中不断涌现的新挑战、新问题，贴近学前教育发展实际与幼儿园生活实践。三是坚持传统性与现代性的统一。教材编写团队坚持以学生为中心，立足人才培养需求，既注重纸质教材的科学性、系统性和学术性，巧妙整合幼儿园的真实案例，在正文内容之外，附设小资料、小案例、视野拓展、思考与实训和专题研讨等补充性学习模块，帮助学习者深入学习教材内容；也注重“立体化”教学资源的开发，形成电子课件、习题库、案例库、教学视频、教学动画等现代课程教学资源，打造“纸质教材+数字化教材+在线课程”协同互补的新形态教材体系。

本书由孙亚娟主编并对全书进行审定，段雪玲负责统稿。具体章节撰写分工如下：第一章由孙亚娟、王思入、杨剑宇编写，第二章由芦贞娟编写，第三章由段雪玲、杨兰编写，第四章由巫俐群编写，第五章由徐跃飞编写，第六章由邹胜菊编写，第七章由孙亚娟、李静编写，第八章由张燕编写，第九章由李娅编写。

为做好本书的编写和修订工作，我们参考了大量文献，借鉴了许多专家的成果，在此，向各位专家和同人、关心支持这部教材出版的西南大学出版社及使用本教材的师生表示衷心感谢！囿于编者专业水平，书中难免存在疏漏和不当之处，敬请读者谅解和指正，不胜感激。

段雪玲

目录

第一章 学前教育与学前教育学概述

学习目标

- 了解学前教育、学前教育学的基本概念与特征、学习意义与任务。
- 学会在实践中运用学前教育学的研究方法。
- 提高专业认同,形成科学的儿童观和教育观。

学习重难点

- 学习重点:学前教育、学前教育学的基本概念与特征,学前教育学的任务。
- 学习难点:学前教育的性质、学前教育的研究方法。

案例破冰

什么是学前教育?

在一节课上,老师提出了这样一个问题:“什么是学前教育?”台下的同学们开始讨论起来。小林说:“这个问题不很简单吗?学前教育就是对学龄前儿童进行的教育,就是幼儿园的教育。”听到小林的回答,一旁的小李说:“那按你的说法,幼儿园以外(比如像早教中心、家里)对孩子进行的教育就不算学前教育?”小杨说:“你们说得都对,但都不全面,我觉得只要是孩子上小学前所受的教育,不管是什么形式,在什么地方,都应该算是学前教育。”

思考:在上述关于学前教育概念讨论的案例中,到底哪位同学的说法是正确的?学前教育到底指的是什么?它具有什么样的特点,又包含哪些内容?本章内容将会帮助我们解答上述问题。

第一节 学前教育的概念与特征

学前教育是什么？这是我们在学习学前教育学这门课程时需要阐明的首要问题。为解答这一问题，理解学前教育的基本含义，我们应从教育的宏观与整体角度把握与学前教育相关的基本要素与概念。因此本节试图从教育的基本概念出发，以教育与学前教育的关系分析为入口，阐释学前教育的基本概念与特征。

一、学前教育的概念

（一）教育的概念与特征

1. 教育的概念

教育源于个体在人类社会中生存与延续的需要，是人类社会为抚育新生一代所独具的一种活动。教育的目的在于传递人类社会所共同积累的经验，其直接目标是有意识地影响人的身心发展。作为培养人的社会活动，教育伴随着人类社会的发展，是人类社会中必不可少的活动，在社会与个体的延续发展中，教育发挥着必不可少的作用。

2. 教育的特征

从历史的角度看，教育随着社会的变迁而发生变化，每个历史阶段的教育又有其自身的发展特点，教育的发展呈现一种历史性的批判与继承；从功能的角度看，教育具有工具性，是社会和个体发展的重要工具，社会通过教育得到了延续，个体通过教育得到了发展与流动；从结构来看，教育是复杂、开放的社会系统，具有整体性、动态性等特点，与社会的政治、经济、文化的发展息息相关，受社会发展的制约，同时也对社会发展产生重要影响。

（二）学前教育的概念与特征

1. 学前教育的概念

从广义上来说，学前教育是以出生到6岁的学前儿童为对象所发生的所有形式的教育。它包括了专门机构的教育（如幼儿园、托儿所）、家庭教育和社会教育等。从狭义上来说，学前教育是指由幼儿园等学前教育机构实施的，以3岁到入学前的学前儿童为对象的保育和教育。

2.学前教育的特征

学前教育属于人类普遍的教育活动，必然具备教育活动的基本特征。与此同时，学前教育在其本质特征上也有别于一般的教育活动。

第一，从学前教育发展的历史看，学前教育在人类社会产生之初便已出现，但社会化的学前教育机构则是近两百年才产生。学前社会教育的产生要远远晚于中小学学校教育的产生。原始社会，抚养幼儿的任务往往由整个氏族部落来承担。随着一夫一妻制的建立和家庭的形成，父母成为幼儿的主要养育者，家是养育幼儿的主要场所。工业革命后，随着大生产的发展，大量的工厂吸收了越来越多的妇女劳动力。为了解决抚养幼儿的问题，1816年欧文在英国创办了“性格形成新学园”，其中就包括专门为1—6岁儿童开办的“幼儿学校”。1837年，德国教育家福禄贝尔于勃兰根堡开办了名为“幼儿园”（Kindergarten）的学前教育机构，社会化、机构化的学前教育才逐步产生并扩展开来。

第二，从整个教育系统的角度看，学前教育在我国学制系统中处于基础地位。2001年我国教育部颁布的《幼儿园教育指导纲要（试行）》指出，幼儿园教育是基础教育的重要组成部分，是我国学校教育和终身教育的奠基阶段。城乡各类幼儿园都应从实际出发，因地制宜实施素质教育，为幼儿一生的发展打好基础。2016年施行的《幼儿园工作规程》强调幼儿园教育是学校教育制度的基础阶段。

第三，从教育的对象看，在广义的教育中，凡是在教育活动中接受了教育的人都是受教育者，都是教育的对象，任何年龄的人都可能成为教育的对象。学前教育的对象与中小学教育、高等教育的对象不同，学前教育的对象有特定的年龄限制。1951年我国政务院颁布的《关于学制改革的决定》规定：幼儿园招收3足岁到7足岁的幼儿。2016年教育部颁布的《幼儿园工作规程》规定，幼儿园适龄幼儿一般为3周岁至6周岁。

二、学前教育的价值

（一）对于社会的价值

从社会性功能的角度看，学前教育对于社会的基本单位（家庭）具有重要价值。不同形式的学前教育机构，承担着为家庭中儿童提供保育与教育的任务，为学前儿童家长更好地参加工作提供了便利条件，影响着整个家庭的生活质量。

通过对学前教育的投入，可以增加女性参与劳动力市场的机会，提升处境不利儿童的生存状况，解决贫困和教育问题，减少社会补救性支出。学前教育有利于让女性劳动者获得更多的工作机会，消除贫困的代际传递，增强社会的代际流动性，提高整个社会的发展水平。

（二）对于个体的价值

从个体发展的角度而言，学前阶段是儿童身体、认知、语言、社会性等方面发展的关键阶段，已有研究表明，人体神经系统中的突触（神经元之间的连接）在学前期发展最为迅速，是儿童认知发展的基础。学龄前的经历对儿童的大脑和生长发育有着至关重要的影响，对其今后在认知和社会性方面的发展也有重要作用。例如哈特和里斯利的研究发现，不同社会背景的孩子在3岁时词汇量上的差异已经非常明显，这是由于不同家庭中，孩子与家长间的语言互动是不同的，这种积累的效应造成的差异会一直持续到孩子9岁。

学前教育还为学龄前的孩子提供了参与同伴活动的机会，培养了儿童进入学校所需要的学习和交流技能。儿童早期接受的教育及干预与今后的学习成绩有密切的关系。2009年国际学生评估项目（PISA）的研究结果显示：接受过超过一年学前教育的上海15岁学生比没有接受过学前教育的同龄学生测试成绩高出60余分。

综上所述，高质量的学前教育对儿童的全面发展具有积极的促进作用，且能为儿童提供一个相对公平的发展起点。

三、学前教育的性质

（一）福利性

学前教育是我国教育事业的重要组成部分，具有社会福利的性质。学前教育机构一方面为适龄儿童提供保育与教育，遵循幼儿身心发展特点和规律，实施德、智、体、美等方面全面发展的教育，促进幼儿身心和谐发展。另一方面为广大家长解决了孩子的保育问题，为增加女性就业发挥了重要作用。19世纪初欧文创办的“幼儿学校”，面向当时贫民和劳工的子女，解决了其照管孩子的后顾之忧。在中国，清末时期，随着工商业的发展，大量母亲进入工厂，孩子便被送进育婴堂，由专人负责孩子的日常抚育问题。新中国成立前，我国在老解放区兴办了各类型的托幼机构，例如寄宿制的保育院、单位所属的托儿所、变工托儿所等，各类型的托幼机构采用灵活的、因地制宜的形式，目的都是为前方的战士、后方的干部提供保育服务，分担父母养育孩子的任务。

近些年来，许多国家发展具有公共服务性质的幼儿教育系统，并将其作为国家福利或社会保障的一部分，例如瑞典和芬兰。与义务教育等其他学段的教育有所不同，学前教育自诞生之日起就具备了独特的社会福利性，但学前教育的福利性并没有影响学前教育作为教育体系的基础的地位，反而凸显了学前教育与其他教育所不同的特点。

（二）保教结合

学前儿童的保育指的是在学前教育机构中，专业工作人员为保护和促进儿童健康发展所进行的卫生保健工作，学前儿童的教育指的是有计划、有目的地开展教学活动。保教结合指的是将保育与教育工作相结合，既要重视对学前儿童身体、心理健康的卫生保健，又要重视对学前儿童各发展领域的教育培养，促进其全面发展。相较于成人，学前儿童在身体、心理方面都处于快速发展的时期，身体的免疫力、适应能力还未成熟，容易受到伤害。同时，学前儿童身心发育的特点，决定了幼儿的教育是生活化的，教育内容渗透于其生活各环节，例如在幼儿园中的进餐、午睡等环节，既包含保育又包含了教育的重要内容。

新中国成立后，教育与保育相结合一直是我国学前教育活动开展的重要原则。1951年《幼儿园暂行教学纲要（草案）》提出，幼儿园教育必须包括整个幼儿生活的保育和教育；2001年《幼儿园教育指导纲要（试行）》强调，幼儿园应尊重幼儿身心发展的规律和学习特点，以游戏为基本活动，保教并重；2016年《幼儿园工作规程》明确了幼儿园应按照保育与教育相结合的原则，实施对幼儿的全面教育，促进幼儿身心和谐发展。不管是从幼儿园工作的角度，还是学前儿童身心发展特点的角度，保育与教育相结合都是贯穿于我国学前教育实践中的一个重要原则。

四、学前教育与学前教育学

（一）学前教育学的概念

学前教育学是教育学的分支学科，是专门研究从出生至进入小学前的儿童教育现象及规律的科学。学前教育与学前教育学不同，学前教育包括了学前教育事业的发展、人才的培养等，是具体的教育领域；学前教育学则更多是指以学前教育的现象与规律为研究对象，具备完整建制的一门学科。一门学科的社会建制大体上应包括五个部分：一是学会，不仅包括专业人员，还要包括支持这门学科的人员；二是专业研究机构，它应在这门学科中起带头、协调、交流的作用；三是各大学的学系，这是培养这门学科人才的场所；四是图书资料中心，为教学研究工作服务，收集、储藏、流通学科的研究成果，有关的书籍、报刊及其他资料；五是学科的专门出版机构。

在历史上，夸美纽斯的《大教学论》、洛克的《教育漫话》、卢梭的《爱弥尔》等教育论著都涉及了学前教育问题，对学前教育学的学科建立产生了影响。但关于学前教育的思想、理论通常都是作为一般教育理论的一部分被加以论述。直到19世纪中期后，学前教育学才逐步从笼统的教育论述中建立起独立的范畴与体系，并从普通教育学中分化出来，开始成为独立的学科。

我国多所师范院校的学前教育专业自1978年恢复招生。1983年起，国务院学位委员会在研究生培养的学科和专业目录中将学前教育学增设为教育学的二级学科。至1987年，全国22所师范院校设置了学前教育专业。每个省和直辖市至少拥有一所幼儿师范学校，各地中等师范院校和职业高中为幼儿园输送了大量师资。

在学前教育科学研究领域，全国幼儿教育研究会于1979年召开第一届学术年会，研究会的成立推动了学前教育科学研究的开展。1980年《学前教育》正式复刊，随后，《幼儿教育》《早期教育》《学前教育研究》《幼教园地》《上海托幼》等杂志相继创办。1992年，中国教育学院幼儿教育研究会更名为中国学前教育研究会，并于1995年设置了学前教育事业发展、游戏与玩具、学前教育课程、学前教育管理、学前健康教育五个专业委员会。从一门学科的社会建制来说，我国的学前教育学已具备作为一门独立学科的完备要素。

（二）学前教育学的研究对象

不同的学科都有其特定的研究对象，这是它之所以能成为一门独立学科的内在依据。广义而言，学前教育学的研究对象是出生至6岁儿童教育中存在的教育现象与规律，以及相应的教育原则与方法。具体来说，学前教育学的研究对象包括了学前教育活动中存在的人、资源及其之间的关系。

第一，从人的角度来说，学前教育学的研究对象包括学前教育中存在的教育者、受教育者，即学前教育机构中的专业人员与幼儿，既包括幼儿园、托幼机构中的教师、保育老师、幼儿，也包括非机构中的教育者及幼儿。

第二，从资源的角度来说，学前教育中所应用到的物质与内容、技术资源都应作为学前教育学的研究对象。例如学前教育的课程资源、游戏资源、玩具材料、环境创设材料、与学前教育相关的现代教育技术等。

第三，从关系的角度来说，包括学前教育活动中教育者之间，受教育者之间，教育者与受教育者之间，教育者、受教育者与教育资源之间的互动关系。具体来说就是教师之间的关系，幼儿的同伴关系，师幼互动的关系，教师、幼儿与幼儿园环境的关系等。

（三）学前教育学的主要内容

1.学前教育学的内部内容

学前教育学的内部内容包括对学前教育学自身的解释，它包括了对既存的学前教育学理论和研究状态的分析论证，对学前教育研究理论、研究活动本身的目的、性质、价值、结构与逻辑的分析检讨。具体来说包含以下内容。

（1）儿童观

儿童观指的是对儿童本质及成长过程的根本看法与态度，儿童观反映了具体时代的政治、经济、文化，儿童观往往决定教育观。

（2）学前教育的目标

作为人类一种有目的、有计划的社会实践活动，学前教育的目标指的是人们对学前儿童开展教育活动时所表现出的预先期望，是对学前教育结果的预期。

（3）学前教育的功能

学前教育的功能是指作为教育体系组成部分的学前教育，在整个教育与社会运行发展过程中所产生的一切作用与影响。它是学前教育所产生影响的现实客观结果。

（4）学前教育的价值

学前教育的价值是指学前教育所能满足人们需求的一种具体属性，价值问题是学前教育的核心问题。对于儿童个体来说，学前教育对儿童的社会性、人格、认知都有不可或缺的作用，对于教育事业发展、家庭幸福和社会进步来说，学前教育也发挥了重要作用。

（5）学前教育的对象

学前教育的对象是学前教育这一特殊活动开展所针对的个体。我国的学前教育对象主要是3—6岁的幼儿。

（6）学前教育理论流派

学前教育理论流派是在学前教育事业与学科发展过程中，不同时期、不同人物所积累的成系统的学前教育经验与思想。

（7）学前教育史

学前教育史的研究对象是中外学前教育的整个发展历史过程，与学前教育发展相关的事件、人物，并对基本的历史事实进行的阐述与讨论。

2.学前教育学的外部内容

学前教育学的外部内容包括学前教育学原理与理论的应用，学前教育学的研究方法，与学前教育密切相关的相邻学科概念与原理，对在学前教育具体活动开展中所产生的现象、问题的分析，一般来说包含如下内容。

(1)学前儿童游戏

研究学前儿童的游戏现象，揭示其原理、价值、发展规律，展示游戏对于儿童发展的重要性，介绍儿童游戏理论的发展历史、基本特征等。

(2)幼儿园课程

幼儿园课程的概念、性质、特点和基础，幼儿园课程设计和实施的一般原理，以及对国内外较为典型与有影响力的课程方案或模式的介绍。

(3)学前各领域教育活动原理与教学设计

包括学前儿童健康、语言、社会、科学和艺术活动设计的一般原则、方法，各领域教育活动具体的设计原则、策略。

(4)学前儿童生理卫生

研究保护和增进学龄前儿童，特别是3—6岁幼儿的健康。主要内容包括遗传与优生、学前儿童身体的生长发育与保健、学前儿童身体的疾病及其预防、学前儿童的问题行为和心理疾患及其预防、学前儿童的营养与托幼机构的膳食卫生等。

(5)学前儿童心理发展

从发展的视角阐述儿童个体心理发生发展的规律及特征，介绍个体心理发展的遗传与环境、普遍性与特殊性等基本理论问题，以及发展心理学的研究内容、发展历史、主要理论、研究方法等基本问题。

(6)学前教师教育

为学前教师发展提供科学化、体系化的理论与实践支持，包括学前教师教育的学科立场、社会功能、知识基础、研究方法、实践模式等。

(7)学前教育管理

以学前教育管理现象、管理活动及其内在规律为研究对象，阐释学前教育管理的理论体系和操作要点，旨在帮助学前教育管理者正确认识工作领域的有关概念、原理、原则，准确分析实践中所遇到的问题，并善用适当方法去有效解决。

(8)学前家庭与社区教育

学前家庭与社区教育关注的是家庭、学校与社区在儿童生活中的各种影响与作用。尤其是父母角色及经历与家庭教养的关系，家庭、学校与社区的支持计划、方案和策略，以及家庭与社区的协同共育问题。

第二节　学前教育学的任务和学习意义

一、学前教育学的任务

(一)总结国内外学前教育理论和实践经验,研究学前教育的规律及发展趋势

随着社会的进步,学前教育学的思想和方法从古至今不断丰富和发展。卢梭、福禄贝尔、蒙台梭利、杜威等教育学家的思想都曾对我国的学前教育产生重要影响。从我国来看,无论是早期陈鹤琴、陶行知的教育实践,还是当前的安吉游戏、利津游戏都是积极而有意义的探索。学前教育学的任务之一就是研究和分析国内外学前教育的理论和科研成果,总结实践经验,以期对我国的学前教育产生启示,并进一步形成本土化的、具有我国特色的学前教育体系及研究成果。

随着儿童观的改变以及科学研究方法的进步,20世纪中叶以后,我国的学前教育学在总结过去学前教育经验的基础上进入了提高理论化和科学化水平的新阶段。随着经济全球化和信息化社会的到来,后现代主义的哲学思潮以其开放性、多元性的特点对现代主义进行反思,进一步推动了学前教育的发展和改革。心理学、社会学、人类学、生态学等学科开始进入学前教育学的视野,学科的交叉和渗透成为学前教育学的一个趋势。

(二)提高学前教育科学水平,为国家制定教育政策、进行教育改革提供理论依据

近年来,教育改革已经成为世界性的趋势,我国的学前教育同样面临改革。2010年至今,是我国学前教育改革发展的关键时期,一系列指引学前教育改革发展的政策法规密集出台,开创了学前教育改革发展的全新局面,实现了跨越式发展,基本形成了适应我国国情的、公办与民办相结合的学前教育公共服务体系,但仍然存在普惠性学前教育资源不足、民办幼儿园管理有待规范、幼儿园教师队伍建设仍须加强等问题。对学前教育的研究是推动教育改革的实践,它可以为教育决策机构提供信息、知识、理论、技术、经验和智力支持,进而推动教育决策的科学化和民主化。一些发达国家通过教育实践形成了可供国家参考的教育政策咨询报告,而这些报告的发表又推动了新一

轮的教育改革。因此,学前教育学也需要明确学前教育改革的方向,加速教育改革步伐,对改革的路径、方式和手段以及具体措施等提出建议,并提供相应的理论支撑。

(三)指导学前教育实践,帮助学前教育机构和家庭对儿童进行教育,服务于社会

指导学前教育实践也是学前教育学的任务之一。学前儿童所处的环境是一个相互联系、相互影响和相互作用的生态系统,家庭、社区、学校都构成了儿童学习和生活的系统,学前教育学不仅要指导幼儿园的教育实践,也要在社区和家庭中发挥作用。2016年修订的《幼儿园工作规程》第三条明确规定,“幼儿园的任务是:贯彻国家的教育方针,按照保育与教育相结合的原则,遵循幼儿身心发展特点和规律,实施德、智、体、美等方面全面发展的教育,促进幼儿身心和谐发展。幼儿园同时面向幼儿家长提供科学的育儿指导。”所以,学前教育学肩负着帮助学前教育机构、社区、家庭,科学地对儿童进行教育的任务。

教育公平一直是社会各界关注的问题,事实上学前教育不仅能够指导学前教育实践,还能为处境不利儿童提供帮助。处境不利儿童一直是学前教育关注的焦点之一,这一类儿童是指受到社会、地域、家庭、机构、个人身心状况、文化价值观等不利因素的影响,置身于各类风险环境中的弱势儿童群体,在我国主要表现为农村留守儿童、城市流动儿童、低收入农村及少数民族地区儿童等。而高质量的学前教育可以提高处境不利儿童的受教育水平和健康状况,降低家庭之间不平等的程度,减少社会经济差异对儿童发展的影响,从而促进社会公平,让儿童享有美好的童年和充满希望的未来。美国著名的“开端计划”和“帕里学前教育法案”就针对处境不利儿童提供了许多公益性质的早期干预,希望借此加快促进社会公平。我国近年来也陆续开展了服务处境不利儿童的早期干预实践,如“慧育中国:儿童早期养育试点项目”“一村一园:山村幼儿园计划”等,这些项目致力于帮助低收入家庭儿童的发展,而由北京师范大学成立的“四环游戏小组”则是服务城市流动儿童的典型案例。

总体来说,学前教育学在我国还是一门年轻的学科,还需要教育理论和实践工作者的不断努力,进一步提高学前教育学的理论水平,使之成为一门具有本土特色的、可以有效指导学前教育实践的科学。

二、学前教育学的学习意义

（一）有利于学习者形成对学前教育的整体认识，建立专业认知

学习者若想持续从事学前教育相关工作，需要发自内心地热爱学前教育事业，而热爱来源于专业认同。专业认同是指学习者对自己所学专业的认同，并将自己与专业及未来职业角色逐步同一化，形成与专业一致的观念与价值体系。专业认同是影响学前教育从业者职业幸福感的重要因素，而专业认知又是专业认同的重要组成部分，它是学习者对所学专业的规范与要求、课程设置等方面的认知与了解。一方面，学前教育学系统呈现了学前教育研究和发展的整体脉络和基本理论观点，可以帮助学习者建立良好的专业认知，形成专业认同；另一方面，对学习者来说，先建立对学前教育的整体认识，建构整体框架，了解学前教育的基本模块、主要研究内容，可以更好地为后面的深入学习奠定基础。

（二）有利于学习者树立科学的学前教育观，生成专业情感

学习学前教育学可以帮助学习者认识学前儿童自身发展的特征及学前教育活动的基本特点，领会科学的学前教育观念，树立正确的教师观和儿童观，关怀儿童、尊重儿童、支持儿童，承认儿童是自主的、独立的、有思考力的个体，进一步表现为能够利用学前教育学知识对一些教育现象进行思考和判断。例如，幼儿教育“小学化”现象一直存在，那么这种教育观念是否合理？可以从哪些方面进行分析？当学习者形成自己的学前教育观，就会正确对幼儿教育“小学化”现象进行判断，从幼儿学习的特点、幼儿活动的方式、幼儿的后续学习等方面都可以进行分析。总之，学习者形成热爱儿童的教育信念是学习学前教育学积极的意义之一。

（三）有利于学习者养成自主学习的习惯，端正专业态度

学前教育学是学前教育专业学习者的基础学习内容，它是一门贯穿古今、融汇中西的课程，反映了人类对学前教育共同的探索和理解，体现了人类对学前儿童发展与教育的共同智慧。科学技术在不断发展和进步，人类的探索从未停止，但很多研究问题至今仍然没有定论，不同的学者有不同的看法和观点，这也提示学习者需要持续学习，保持好奇、不断求知，树立终身学习的专业态度，进而解决问题。自主学习是学前教育教师专业发展的有效路径，学前教育学书本上的知识往往只是提供思路和视野，对某一方面知识的深入研究有赖于学习者的自主学习，学习者可以通过学习学前教育学的“一隅”而以“三隅”返，从而更好地服务于学前教育的理论和实践工作。

第三节 学前教育学的研究方法

客观存在的一切事物都是质和量的统一体,质和量构成了客观事物两种不同的规定性,这两种不同的规定性又构成了科学研究中的两种取向,即量的研究取向和质的研究取向。量的研究是一种对事物可以量化的部分进行测量和分析,获得数据资料,对所得数据资料进行统计描述和相关分析,以检验研究者自己关于该事物的某些理论假设的研究方法。[①]质的研究是以研究者本人作为研究工具,在自然情境下采用多种资料收集方法对社会现象进行整体性探究,使用归纳法分析资料和形成理论,通过与研究对象互动对其行为和意义建构获得解释性理解的一种活动。[②]

“质”与“量”之争在学术界一直存在,但研究方法没有对错之分,研究者要紧紧围绕研究内容,选择适宜的研究方法,无论选择何种研究方法都要依靠事实证据,基于实证开展研究。本节介绍几种常见的学前教育学研究方法,既有“质”的研究方法,也有“量”的研究方法;既有单独的研究方法,也有整合的研究方法。

一、文献研究法

文献研究是一项研究工作开始前最重要的步骤,也是贯穿整个研究过程的一种方法。查阅文献可以帮助研究者明确研究领域的进展,即前人已经做了哪些工作,还有哪些工作有待开展,这可以启发研究者的思路,避免无效工作。文献研究一般包含文献检索、文献阅读和文献综述三个要素。

文献检索一般可以采用检索工具书和网络数据库两种方式,研究者根据研究需要选择文献检索的方式。依据文献的发表形式与加工层次不同,可将文献分为零次文献、一次文献和二次文献,一次文献是指发表在期刊上的论文、学位论文和出版的专著或教材,一般认为一次文献学术价值较大。在检索文献后若能够明确关键文献及其主要观点、重要作者、当前研究进展,则说明文献检索工作有效。

文献阅读是一个与文献及作者对话的过程,既可从中收获新知,也可对文本提问,带着思考完成自己的研究,因此要做好笔记与引用。阅读时要提炼文献的核心观点,检索与阅读是相伴相生的,没有严格的时间顺序,阅读过程中若发现新的研究思路也可以再次进行检索。

① 阳曼超,孙启进.学前教育研究方法[M].南京:南京大学出版社,2013:49.
② 陈向明.质的研究方法与社会科学研究[M].北京:教育科学出版社,2000:12.

小资料

常用的中文文献检索资源库有以下几个。

1. 中国知网 https://www.cnki.net/
2. 维普中文科技期刊数据库 http://lib.cqvip.com/
3. 万方数字化期刊 https://www.wanfangdata.com.cn/
4. 读秀学术搜索 https://www.duxiu.com/
5. 超星数字图书馆 https://www.chaoxing.com/

文献综述通常由两个部分组成：一是关键文献及其主要观点，围绕研究问题对已有研究进行梳理，对国内外不同的观点和流派进行简单明了的分类和总结，说明国内外关于该问题的研究情况，这是文献综述的核心部分；二是小结文献综述，总结前人已经取得的研究成果和不足之处，引出本研究的研究视角、思路和重点关注的具体问题。在撰写文献综述时要注意务实，不要轻易使用“开了先河”“填补空白”等说法。

二、观察法

观察法是在自然状态下，观察者通过感觉器官或借助仪器设备，有目的、有计划地对研究对象系统、连续地考察、记录和分析，从而获取事实材料的一种方法。不同于日常生活中的观察，科学研究中的观察是一种积极的思维过程，需要研究者针对特定选择的内容在真实情况下客观地记录。观察法是质性研究中最基本的一种方法，其使用遵循以下程序。首先，确定观察问题，制订观察计划。观察者在观察之前要明确观察的目的和内容，以此为依据确定观察的次数、周期、工具、表格设计、记录方式等，制订出完整的观察计划。其次，按照观察计划实施观察。观察的步骤一般从开放到集中，先进行全方位的观察，再逐步聚焦，集中注意力，及时做好观察记录。最后，整理、收集观察材料。及时将观察材料进行分类汇总，删去错误材料，分析典型材料，检查有无遗漏材料。观察法的取样有两种类型，分别为时间取样和事件取样。

（一）时间取样法

时间取样法是在规定的时间段内，按照事先设定的时段观察、记录预先设定好的行为出现频率的一种方法。使用该方法必须满足两个条件：第一，所选定的观察行为必须是经常出现的，一般认为每15分钟不低于1次的行为才适合用此方法观察；第二，观察的行为必须是外显、易于观察的。运用时间取样法需提前确定观察的行为、观察的时间间隔以及记录方式(文字、表格等),观察过程中可以对其他无关行为忽略不计。例如,运用时间取样法观察幼儿自由游戏(表1-1)。

观察内容:在幼儿自由游戏时间内每隔5分钟对全班25名幼儿观察10秒,记录幼儿的行为表现。

表1-1　幼儿自由游戏观察表①

姓名	10:00			10:05			10:10			10:15			10:20			10:25			10:30		
	S	P	C	S	P	C	S	P	C	S	P	C	S	P	C	S	P	C	S	P	C

S代表幼儿独自游戏,P代表幼儿平行游戏,C代表幼儿合作游戏。

观察说明:

1. 在10:00—10:30的30分钟游戏活动中,每隔5分钟观察每个幼儿各10秒。

2. 记录幼儿10秒钟内出现的独自游戏、平行游戏、合作游戏行为,在表格处画"√"。

(二)事件取样法

事件取样法指的是以选取行为或事件作为观察样本的观察取样方法。它与时间取样法不同,不受时间间隔和时段的限制,只要行为或事件出现便开始记录,并且可以随着事件的发展持续记录。事件取样法常常被用于探寻行为发生的原因或结果(表1-2)。

表1-2　事件取样法儿童观察记录表②

姓名:塔米卡　　年龄:4岁　　地点:玛丽儿童促进中心　　时间:4月2日下午2:30—3:30

观察发展类型:社会性/情感　塔米卡频繁的攻击性行为　　观察者:马尔西

时间	先前事件	目标行为	后续事件
2:41	塔米卡和罗西正在吃点心,罗西拿走了塔米卡的饼干	塔米卡打了罗西	罗西告诉了老师
3:20	约翰正在图书馆中心看一本书,塔米卡向约翰要这本书,约翰拒绝了塔米卡的要求	塔米卡一把抢过这本书,并且打了约翰	约翰进行了还击,把书抢了回去,塔米卡找了另一本书坐了下来

① 霍力岩.学前教育评价[M].北京:北京师范大学出版社,2002:221.

② 沃瑟姆.学前教育评价[M].向海英,译,北京:北京师范大学出版社,2013:138.

观察法在儿童研究中历史悠久，陈鹤琴、蒙台梭利、皮亚杰等教育家都曾运用观察法对儿童进行研究，不但取得了成果，还在儿童观察法的运用上积累了实践经验。由于幼儿的年龄特征与身心发展水平限制，很多适用于成人的研究方法很难运用于对幼儿的研究上，而观察法观察的是幼儿在自然状态下的行为表现，不对幼儿做出特殊的、有别于儿童常态的要求，因此更适宜于儿童的研究。此外，观察法操作简单，研究者使用方便，在观察幼儿的过程中也可增进对幼儿的了解，更准确地解释幼儿的行为。但是观察法往往取样较少，缺乏普遍性，而且观察法主要是如实描述和记录，说明"是什么"的问题，而难以解释原因，不能判断"为什么"这一类因果关系问题。此外，观察的结果还易受到观察者个人感情色彩的影响，从而偏离客观性。

小资料

陈鹤琴，浙江上虞人，我国著名幼儿教育家，他对儿童教育的研究始于在长子陈一鸣身上的"实验"。

"这个小孩子是在1920年12月26日凌晨2点9分出生的；出生后2秒钟就开始大哭，一直哭到2点19分，共连续哭了10分钟，以后就是间断地哭了；出生后45分钟哭声停止；连续打了6次呵欠，渐渐睡着了。"

从一鸣出生的第一声啼哭起，29岁的陈鹤琴就开始了他的宏伟计划，他对一鸣的一举一动、一颦一笑详细地连续观察记录，时间跨度长达808天。在这份图文并茂的记录中，他对孩子的情绪模仿、好奇心、惧怕、美感等心理活动以及言语、学习、游戏、绘画等各方面进行了系统研究。随后，根据详尽的观察结果，陈鹤琴完成了《儿童心理之研究》和《家庭教育》两本书，奠定了中国儿童心理学和儿童教育学的理论基石，这些教育思想流传至今，历久弥新。

资料来源：陈鹤琴·儿童心理之研究[M].北京：商务印书馆，2021：55。

三、访谈法

访谈法其实是一种对话的方法，它是指访问者以口头谈话的形式，向被访者询问相关问题，并从被访者的回答中获取相关信息与研究资料。访谈法比观察法更为深入，访问者可以就感兴趣的问题进行追问，从而了解受访者的所思所想，包括其价值观念和行为规范，可以了解他们生活中曾经发生的事情，探究其行为隐含的意义。一般来说，访谈法更多运用在质的研究中，访谈者需要掌握一些访谈的技术，即提问、倾听和回应的方法，当然访谈者也要在日常生活中培养自己理解他人、关心他人感受和共情的能力。

（一）提问

在提问时要注意不能将“研究问题”直接抛出，因为它过于抽象，无法引出有意义的回答，研究者必须将“研究问题”转化为一系列适合访谈的小问题，以此获得期望的信息。同时，要掌控提问的节奏与情绪，只有在自然、轻松、愉悦的环境中，才能获取有效的信息。另外，要注意提问的结构和顺序，尽可能使用简单的句子，但不要连续问许多“是不是”“对不对”等封闭性问题；如果问题有争议应学会等待和克制，等到访谈后期再行讨论；在非封闭型访谈中，访问者还可以有效地追问，以深挖行为或事件发生的根源和过程。

（二）倾听

访谈者的另一个角色是倾听者，事实上“听”比“问”更加重要，因为它决定了“问”的方向和内容，因此，真诚的倾听也是访谈的一个部分。访谈时可能会出现受访者说“跑题”的现象，这种时候不应立即打断对方的谈话，而应该尊重受访者的内心需要，另寻时机，在对方谈话告一段落时再进行引导。倾听的另一个要素是容忍沉默，访谈中沉默的原因有很多，如不好意思、无话可说、走神、思考等，这种时候访问者应该耐心等待，不要为了打破沉默而立刻发话，无声的倾诉也很重要。

（三）回应

在访谈中，访谈者不仅要有效提问、耐心倾听，还要适当回应。回应的方式有三种：第一，认可，可以表现为言语的认同，也可以表现为身体动作的支持，如点头、微笑、鼓励的目光等；第二，重复和总结，重复受访者的话语可以引导讲述事件的细节，总结则可以帮助对方理清思路，鼓励对方继续谈话；第三，自我暴露，在访谈过程中，可以就与自己相关的经历或经验作出回应，拉近与受访者之间的关系，使访谈变得平等。

案例

儿童眼中的幼小衔接

儿童的独立性和生活自理能力情况直接反映在其自我服务的能力上。幼儿园与小学在对儿童的自我服务能力方面的要求有所区别，因此研究者就这一维度问题对儿童进行访谈。

访问者:你的衣服是谁帮你穿的?是谁帮你洗脸的呢?你的书包是谁整理的呢?

朱宏健:是我自己,但有时候快要迟到的话,都是爸爸或者妈妈帮我穿的,我自己洗脸,我自己整理书包。

郭乙霖:嗯,校服是我自己穿的,我自己,我啊。

赵海燕:是我自己,自己拧毛巾洗脸的,自己整理的。

……

通过访谈可以看出,儿童的自我服务能力总体上是合格的,并且一年级阶段比幼儿园时期表现更好。这与家长及教师对幼小衔接期间的儿童独立性的要求相关,家长及教师往往都会让孩子尽量完成自己能做的事情,只有少数在上学时间紧张时会由家长代劳。

资料来源:李凤.儿童眼中的幼小衔接[D].成都:四川师范大学,2017:26-27.

四、问卷调查法

问卷调查法是研究者通过事先设计好的问题来获取相关信息和资料的一种方法。为了收集较多样本信息,研究者可以书面给出与研究相关的一系列问题,让被调查者回答,随后分析和整理资料,获取相关信息。问卷调查法一般牵涉抽样和统计,常用SPSS统计软件或其他类似软件辅助处理数据,是一种量化研究。问卷调查法的最大优点是简便易行、经济节省,问卷调查法无须调查人员逐个收集资料,可采用邮寄发出问卷、网上发布问卷等形式收集资料,节省调查人员的时间与费用。但问卷调查法的局限性也十分明显,问卷调查法对问卷设计的要求很高,如果设计出现问题,调查开始就无法停止,也会影响后续研究的效度。此外,问卷由被调查者自觉、自愿填写,填写质量无法保证,漏答、乱答的情况偶有发生,因此,可能会产生回收率和有效率较低的问题。问卷的编制在内容结构上一般包括三个部分:指导语或填表说明、个人基本情况、调查问题。

(一)指导语或填表说明

指导语位于问卷的标题之下,在调查问卷的最开头位置,需要向被调查者交代三方面内容:第一,简要说明调查的目的、内容与意义,使被调查者明确参与调查的主题;

第二，做出关于匿名的保证，一般需要说明问卷仅用于调查研究，打消被调查者的顾虑，保证答题的客观性；第三，交代答题的方式，如，请在您认为最合适的选项序号上画"√"，或请选择一个答案，并将代表该答案的字母填在横线上。有的问卷还需要被调查者根据自身情况进行程度的选择，若对作答有不同的要求，均应在题目后进行说明；有些问卷若采用邮寄方式发出，还需标明寄回的时间。

（二）个人基本情况

个人基本情况常要求被调查者填写性别、年龄、出生年月、文化程度等信息，要求填写的项目，一般都是研究中考虑到的变量。如要研究区域活动中的教师观察行为，教师的学历、工作年限就是变量，要研究不同民族幼儿的语言能力发展差异，民族就是一个变量。这些基本情况是研究的自变量，也是研究开展的基础，只有了解清楚这些情况，研究才能开展。

（三）调查问题

问题与答案是问卷调查的主体部分，编制的问题要明确，陈述清晰无误，要符合被调查者的水平，问题不可带有诱导性，题目安排要有一定的逻辑顺序，尽可能贴近被调查者的思维习惯，相同主题的问题放在一起，由易到难。问卷中的问题一般可以分为开放式、半封闭式、封闭式三类，调查者可根据研究的需要选择不同的问题形式。开放式问题是指只提问题，不给答案，由被调查者自由回答，如，您还有哪些方面的建议？您觉得怎样才能不断提高自己，成为一名优秀的幼儿教师？开放式答案一般用于描述性的研究或较为复杂的问题。半封闭式问题是指提出问题，被调查者在若干备选答案中进行选择，在被调查者找不到适当答案时，可以选择"其他"，由于之前的答案都是有选择的，而"其他"是开放的，所以称这类问题为半封闭式问题。封闭式问题是指既提出问题，也给出明确的可供选择的答案，封闭式问题带有一定的强迫性，被调查者需选择其中的答案，但是这类问题结构明确，容易取得被调查者的配合。

案例

幼儿教师实践性知识发展调查问卷

尊敬的老师：

您好！为了解您对幼儿教育教学工作的看法和自身专业发展的情况，我们设计了这份问卷。本问卷采用不记名式，所有信息仅供教育研究所用，答案也无所谓对错，请不要有所顾虑，如实填写。请在您认为最合适的选项序号上画“√”或在横线上填写。谢谢您的合作!

年龄______入职年限(幼教工作)______职称__________

入职前的学历与专业________________最后学历______

1.您所在幼儿园属于以下哪种类型?

①城市公立 ②城市私立 ③乡镇公立

④乡镇私立 ⑤农村公立 ⑥农村私立

2.您从入职后第____年开始觉得自己完全能胜任现在的工作了?

3.您的课堂教学活动是按照教案开展的吗?

①完全按照教案进行,包括所说的每一句话

②大部分按照教案进行,一些小地方会临场发挥

③较少按照教案进行,会根据幼儿反应做较大调整

④不按照教案进行,教学完全不依赖教案

……

资料来源:李丹.幼儿教师实践性知识发展研究[D].重庆:西南大学,2011:147.

五、行动研究法

行动研究就是将行动与研究合二为一,由研究者根据实际教育情境中遇到的问题展开研究,拟定解决问题的途径、策略、方法,并实际付诸执行,进而加以评价反省、回馈修正,以解决实际问题。行动研究的最大特征是从真实教育教学活动中出现的实际问题出发,以可能解决问题的方法作为研究内容,并从研究过程中来验证该方法解决问题的效度。此外,行动研究重视协同合作,教育实践工作者是最了解实际情况的。而专家和同行能够给予专业的支持与客观的评价,因此,内外一致的协同合作能高效解决问题。同时,行动研究还强调研究者的反思与创新精神,因为行动研究没有固定的方法和技巧,在设计和实施时,要保持弹性,随时依据实际情况进行调整,因此就需要研究者进行循环的反思、修正、调整和革新,而这也可以促进研究者的专业成长。

教育行动研究是一个循环的过程,一个教育行动研究包括两轮及以上的循环,一轮循环包括发现问题、设计方案、寻求合作、执行实施、反思评价五个步骤。行动研究不是直线式结构,而是呈螺旋式上升的结构,即每一次行动都回应并修正上一轮行动

中出现的问题(图1-1)[①]。例如,儿童字源识字绘本开发的行动研究中,研究者开展了两轮行动研究,第一轮行动研究结束后,重点反思了绘本设计的文、图方面存在的问题,并在第二轮行动研究中纠正以上问题,再对第二轮行动研究开展后出现的问题进行反思、修正,最终得出结论,为后续研究者提供启发。

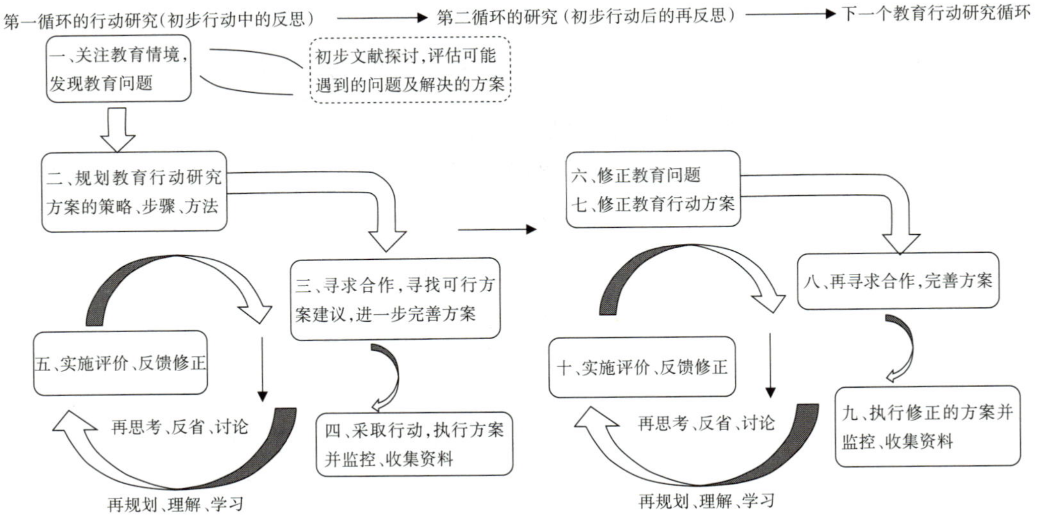

图1-1　行动研究循环示意图

六、马赛克方法

儿童有一百种语言,成人就有一百种倾听方式,马赛克方法就是一百种多元倾听儿童的方法,它解决的是“如何倾听言语能力有限、表达方式与成人截然不同的各个年龄段幼儿”这一难题。马赛克由许多小的碎片组成,我们需要把小的碎片拼接在一起以理解整个画面。马赛克方法给予幼儿多种方式来表达他们的观点,每种工具(如儿童拍照、观察、关键教师访谈等)都提供了一个碎片,当我们把一系列的碎片组合到一起时,就可以更加详尽地了解幼儿的看法。同时,马赛克方法不是一套固定的方法,而是可以根据研究情境和研究参与者的变化灵活调整研究工具和方式的开放式体系。

马赛克方法通常分两个实施阶段:第一阶段广泛关注幼儿和成人的看法,确定需要研究的问题,通过多种工具获取幼儿、家长、实践者和研究者对于该问题的思考和看法;第二阶段把信息碎片拼到一起,以进行对话反思和解释。把幼儿的表述、照片等单

① 蔡清田.教育行动研究[M].南京:南京师范大学出版社,2005:56.

个碎片进行组合，能够帮助我们理解幼儿的想法，与家长和实践者的讨论，可以帮助我们加强对幼儿的理解。

案例

马赛克方法的儿童个案研究：加里（3岁）

研究内容：加里幼儿园生活中的重要内容有哪些？

研究使用了多种工具对加里生活中的重要内容进行呈现，将各种工具进行拼接，建构马赛克碎片。马赛克方法是一种开放的体系，因此留出空白，允许幼儿在后续研究中不断尝试运用新的工具表达看法（图1–2）。

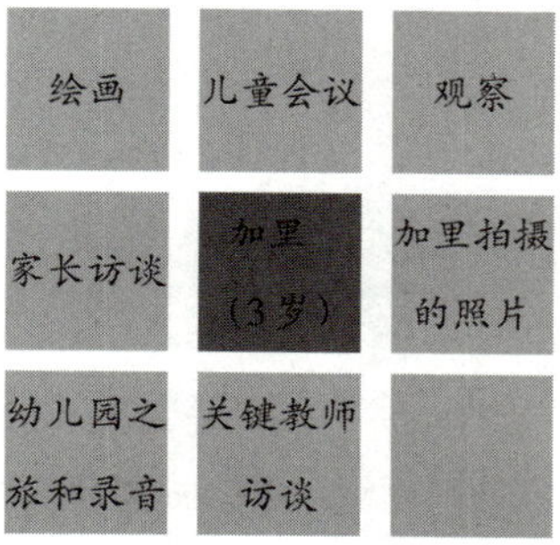

图1–2　马赛克方法使用工具示意图

将使用各种工具收集的关键主题进行收集和统计，分析哪些主题出现得最频繁（表1–3）。

表1–3　工具与对应出现的主题矩阵图

主题＼工具	观察	儿童会议	拍照	幼儿园之旅	地图制作	家长访谈	实践者访谈
躲藏的地方	◆	◆	◆	◆	◆		
想象性游戏	◆	◆	◆	◆	◆	◆	◆
和朋友玩	◆	◆	◆	◆		◆	◆
不和某某玩		◆		◆			
自行车	◆	◆	◆	◆	◆	◆	◆
成人维持秩序		◆				◆	
和他弟弟玩	◆			◆	◆		
幼儿园外的时光				◆		◆	

解释与反思：围绕以上主题，与加里、他的朋友、他的妈妈、他的关键教师进行对话，从不同的视角对加里的幼儿园生活进行解释和描述，从而较为全面、客观地了解加里在幼儿园生活中的重要内容有哪些。收集材料目的是探究"对儿童来说，在幼儿园里是怎样的一种感受"，这些材料反过来又成为进一步反思的问题和行动的依据，怎样的幼儿园生活环境才是幼儿真正需要的，哪些地方在未来采取行动时需要加以关注？

未来需关注的问题：

- 就外部空间的使用更广泛地征求儿童的意见。
- 幼儿园里要有供兄弟姐妹一起玩的地方。

资料来源：艾莉森·克拉克.倾听幼儿——马赛克方法[M].刘宇，译.北京：中国轻工业出版社，2020：53-60.

本章小结

本章重点介绍了学前教育、学前教育学的概念，并从学前教育发展史、教育对象的角度对学前教育的特征进行了说明辨析。具体内容如下。

1. 学前教育的概念，从广义上来说，学前教育是以出生到6岁的学前儿童为对象所发生的所有形式的教育。它包括了专门机构的教育（如幼儿园、托儿所）、家庭教育和社会教育等。从狭义上来说，学前教育是指由幼儿园等学前教育机构实施的，以3周岁到入学前的学前儿童为对象的保育和教育。

2. 学前教育学的任务主要是总结国内外学前教育理论和实践经验，研究学前教育的规律及发展趋势；提高学前教育科学水平，为国家制定教育政策、进行教育改革提供理论依据；指导学前教育实践，帮助学前教育机构和家庭对儿童进行教育，服务于社会。

3. 学前教育学的学习意义包括：有利于学习者形成对学前教育的整体认识，建立专业认知；有利于学习者树立科学的学前教育观，生成专业情感；有利于学习者养成自主学习的习惯，端正专业态度。

4. 学前教育的研究方法一般包括文献研究法、观察法、访谈法、问卷调查法、行动研究法和马赛克方法。

视野拓展

1.《童年与解放》

黄武雄著，首都师范大学出版社2011年出版。该书聚焦于儿童教育问题，但书中内容不仅讨论了儿童教育的问题，更从儿童教育问题谈到基本的知识论问题，甚至从知识论延伸，广泛而深入地讨论了存在、伦理、美学等哲学问题。在该书中，知识、道德、美学、情感等，共同构成一个完美的统一体。作者旁征博引，从康德、黑格尔、马克思到皮亚杰、哈贝马斯，从萨特到昆德拉……反复论证，揭示儿童成长的真相。

2.《哲学与幼童》

马修斯著，陈国容译，生活·读书·新知三联书店2015年出版。该书系“马修斯儿童哲学三部曲”之一，关注儿童思维中的哲学问题与思考，收集了3—12岁孩子提出的问题和30多个有趣的生活故事。孩子对自身有着最为纯粹的好奇心，对自然有着极为敏锐的观察力，所提出的问题几乎是哲学式的：宇宙有边际吗？午餐会长在树上吗？我有两只眼睛，为什么看不见两个你？……对孩子来说，想象力比知识更重要，问题比答案更重要。成年人只有提升自我哲学修养，才能了解孩子、引导孩子，成为孩子够格的哲学玩伴，保护孩子的天真与烂漫。

思考与实训

1. 学前教育的价值包括____________________与____________________。

2. 我国《幼儿园教育指导纲要(试行)》指出，幼儿园教育是基础教育的重要组成部分，是我国学校教育和终身教育的(　　)。

A. 奠基阶段　　B. 关键阶段　　C. 承前启后阶段　　D. 最终阶段

3.《幼儿园工作规程》明确规定，幼儿园应按照________与________相结合的原则。

4. 简述学前教育与学前教育学概念的联系与区别。

5. 简述学前教育的性质。

6. 简述学前教育学的任务。

7. 对时间取样法与事件取样法进行简要比较。

8. 简述行动研究法、马赛克方法对学前教育研究的启示。

专题探讨

英国史学家哈里·亨得利克曾感叹:如果女人是被隐藏在历史里,那么儿童则被排除在历史之外。这样的现状被1962年问世的一部著作终结,这就是菲利普·阿利埃斯的《旧制度下的儿童和家庭生活》(英译本书名改为 *Centuries of Childhood*,即《儿童的世纪》)。阿利埃斯提出,在中世纪,童年的观念并不存在,直到16—17世纪新教以及中产阶级的兴起,它才出现于中上阶层。到18世纪,启蒙主义浪漫派思想家卢梭呼吁人们应当尊重儿童期,他否定了儿童期仅仅是为将来的成人生活做准备这一观念,指出儿童也有独立存在的价值。人们意识到,儿童其实也是一种社会建构。请结合以上介绍,试举例讨论社会发展进程中儿童形象与儿童观的嬗变。

第二章 学前教育的产生与发展

学习目标

- 理解并掌握古今中外著名学者的学前教育思想及理论。
- 熟悉不同历史发展时期的学前教育方案及其发展历程。
- 能够结合教育实践思考各理论流派对当下学前教育实践的启示。

学习重难点

- 学习重点：古今中外著名学者的学前教育思想及理论，不同历史时期的学前教育方案。
- 学习难点：结合各理论流派对当下学前教育实践的启示进行思考。

案例破冰

有趣的窗户和楼梯

大班的孩子即将进入小学，为了帮助孩子们更好地适应新的学习环境，老师组织孩子们到附近的小学参观。参观后的第二天，老师组织孩子们进行了一次谈话活动，引导孩子们围绕两个问题进行讨论：你们喜欢小学的哪些地方？你们不喜欢小学的哪些地方？在孩子们进行初步讨论之后，老师组织孩子们进入画室，要求孩子们根据参观的印象和讨论的结果把自己心目中小学的样子画出来。在画画的时候，孩子们的小组对话被录音记录了下来。绘画完成后，老师组织孩子们围绕之前的问题进行谈话活动，结果孩子们丝毫不感兴趣，不愿进行谈论，谈话活动很快就结束了。对此，老师感到很疑惑，于是对之前的录音和孩子的绘画进行深入分析，结果发现不管是在小组对话中还是绘画中都反复出现了“窗户”和“楼梯”两个事物。老师意识到，这可能才是孩子们真正感兴趣的地方。于是，老师决定围绕“窗户”和“楼梯”开展一次主题谈话活动。

在谈话活动进行之前，老师拍摄了很多小学中窗户和楼梯的图片并制作成PPT，在谈话活动时播放给孩子们看，孩子们看得非常认真。之后，教师组织孩子们讨论了窗户和楼梯在生活中起到什么样的作用，并在此基础上引导孩子们画出他们最喜爱的窗户样子以及窗户外面可能有什么样的风景。这次活动开展得非常顺利，之后孩子们围绕“窗户”主题又开展了一系列的学习探索活动。

思考：同样是谈话活动，老师开展的第一次活动失败，第二次活动成功了，你能分析出这两次活动开展成功与否的原因吗？从中我们可以总结出老师设计与组织幼儿园教学活动时，有哪些要点呢？本章学习内容将聚焦于中外古今教育家们的教育观点及课程方案，让我们一起从本章的学习中寻找问题的答案吧。

第一节　西方学前教育的产生与发展

一、西方学前教育思想的萌芽期

（一）柏拉图的学前教育思想

柏拉图（公元前427—公元前347），古希腊哲学家、思想家，教育家。柏拉图是苏格拉底的弟子之一，自幼接受良好的教育。其最著名的著作为《理想国》，其中阐述了一部分学前教育思想。在《理想国》中，柏拉图提出对儿童进行早期教育的重要性，认为早期教育对儿童未来人格形成具有重要影响。在此基础上，柏拉图提出应实施学前公共教育，即由国家开办特定机构，选择合格的教育者和抚养者来养育年幼儿童，鼓励儿童从小接受良好教育，为其将来发展打下基础。

柏拉图还重视优生优育和学前游戏在儿童发展中的作用。他提出年轻人在选择配偶时应首先遵循健康和适龄的原则，这样才能生育出健壮的新生婴儿，从而保持种族血统的纯正和优秀。当然，这种观点受到其生长环境的影响，体现了一定的唯心主义观点，但也强调了优生优育在个体发展中的重要作用。柏拉图还认为游戏是幼儿发展中必不可少的教育手段之一，认为游戏是对幼儿进行道德教育的重要途径之一，教育者和抚养者应为幼儿设计和组织富有法律精神、能够培养幼儿公民意识的游戏活动。其观点体现出对幼儿发展规律的尊重与顺应，但同时也体现出对幼儿发展所实施教育手段的控制原则，其学前教育理论也体现出局限性。

（二）亚里士多德的学前教育思想

亚里士多德（公元前384—公元前322），古希腊哲学家、科学家、教育家，其主要著作为《伦理学》和《政治学》。亚里士多德从小接受良好教育，在青少年时期来到柏拉图开办的阿加德米学院学习，并成为柏拉图的徒弟兼得力助手。柏拉图去世后，亚里士多德开始进行游学，并在晚年时期开办学校，招收学生教授哲学等学科内容。

亚里士多德最重要的学前教育观点是提出按照儿童所处的年龄阶段为其提供合适的教育内容，具体表现为0—7岁为第一个教育阶段，7—14岁为第二个教育阶段，14—21岁为第三个教育阶段。他认为三个教育阶段儿童的身心发展特点不同，应根据其不同的教育需求为其提供适合该年龄段的教育方式和教育内容。

受到柏拉图思想的影响，亚里士多德同样重视胎教和游戏在儿童个体发展中的作用。亚里士多德指出父母应在身体最健康、精力最旺盛的年龄结婚并生育子女，孕妇应在孕期营养保健、孕期合理运动等方面多加注意，同时保持心理健康和情绪情感的稳定状态，这样才能养育出健康的后代。同时亚里士多德反对对儿童实施刻板的教育，主张通过游戏和体质训练的形式对儿童进行教育，教育者需精心选择游戏内容并吸引儿童参加活动，定期组织儿童参加适当的运动训练。除游戏和体质训练以外，亚里士多德还提出可以通过故事的方式对儿童进行教育和引导，为其将来的人生规划和事业发展做准备。

（三）昆体良的学前教育思想

昆体良（公元35—约95），古罗马时期著名的教育家、著名律师、雄辩家，被誉为古罗马最有成就的教育家。其主要著作《雄辩术原理》中提出应从小开始对儿童进行教育的重要观点。昆体良非常重视学前教育，认为应对年幼儿童开展家庭教育，父母及其他主要养育者都应付出努力。在教育内容方面，昆体良提出儿童应主要进行字母、书写和阅读的学习，并第一次提出了双语教育的观点，认为儿童应该同时掌握希腊语和拉丁语两种语言。

昆体良提出要重视游戏和因材施教的重要作用，应该让儿童在游戏的快乐中产生对学习的兴趣，从而学习到有用的知识；同时他提出应结合儿童的实际情况进行教育，避免一刀切，针对儿童的不同特点采取不同的教育方法，提供不同的教育内容。

二、西方学前教育思想的形成期

16世纪后期至18世纪初期，随着文艺复兴运动的发展，学前教育的相关理论逐渐丰富起来。在这一时期出现了许多著名的教育家，代表人物有夸美纽斯、洛克、卢梭、裴斯泰洛奇和福禄贝尔。

（一）夸美纽斯的学前教育思想

夸美纽斯（公元1592—1670），17世纪捷克著名教育理论家和实践家，近代教育学奠基人，其主要著作有《母育学校》和《大教学论》。

夸美纽斯非常重视学前教育，其所著的《母育学校》为世界上第一部论述学前教育的专著。他认为学前时期是接受教育的最佳时期，在学前期应由母亲为儿童提供良好的家庭教育，为之后的学习建立基础。同时，夸美纽斯还强调父母应重视儿童的身心健康问题，认为父母应为儿童提供良好的生活环境和健康的食物，重视儿童良好生活习惯的养成。在智力开发方面，夸美纽斯认为学前时期智育的主要任务是训练幼儿的认知能力、获得各种知识及发展初步技能，为其之后阶段的学校学习做准备。

《大教学论》为夸美纽斯的另一部非常重要的著作，《大教学论》的问世标志着教育学从此成为一门独立学科，也使夸美纽斯被公认为近代教育学的奠基人。在这一著作中，夸美纽斯提出教育要遵循自然规律和幼儿教育以感官教育为主两个观点，强调父母应对婴幼儿进行早期智力启蒙。同时强调游戏在儿童发展中的重要作用，提出父母应通过游戏的形式对儿童进行感官训练，帮助儿童在玩耍中提高其自身的智力水平和身体活动能力。

（二）洛克的学前教育思想

洛克（公元1632—1704），英国著名教育家、哲学家，其最主要的著作是《教育漫话》。在其著作中，洛克建立了绅士教育的思想体系，提出“白板说”理论，认为儿童的发展不是天生就有的，是在后天的生活和学习中逐渐获得的。他认为教育的主要任务是培养具有良好德行、学识和礼仪的绅士。在学前教育方面，洛克重视对幼儿进行健康教育和道德教育，强调饮食健康、运动习惯和良好品行的教育。在教育途径方面，洛克吸收前人观点的精华，主张应让儿童在游戏中进行学习，通过说服教育、榜样教育等方法获得良好的德行和丰富的学识。

（三）卢梭的学前教育思想

卢梭（公元1712—1778），法国启蒙思想家、教育家、哲学家，其主要著作为《爱弥儿》。卢梭出身底层，经历丰富，在与众多法国启蒙思想家的交往中逐渐形成了自然教育的教育思想，强调教育要归于自然，适应儿童天性的发展，反对成人不顾儿童的发展特点而干涉或限制儿童的自由发展。在卢梭的自然教育思想体系中，他认为自然教育的目标是培养自然人，即有见识、有性格、身体和头脑都健康的人。为了达到这个目标，卢梭主张为幼儿创造符合其身心发展特点的情境，引导幼儿在情境中通过观察进行主动学习，而不是由成人对幼儿进行说教或单纯进行书本学习。

卢梭的另一个主要观点是提出了教育年龄分段思想，将儿童的教育分为四个阶段，分别是0—2岁为婴儿期，2—12岁为儿童期，12—15岁为青年期，15—20岁为青春期。每个教育阶段的教育内容和方法各有不同，婴儿期注重生活养育，儿童期侧重感官训练，青年期重点获得知识和技能，青春期则重点进行性教育和道德教育。

（四）裴斯泰洛齐的学前教育思想

裴斯泰洛齐（公元1746—1827），瑞士著名教育家，其主要著作为《林哈德与葛笃德》《葛笃德怎样教育他的孩子》等。裴斯泰洛齐提倡爱的教育，受幼年生活经历影响，他致力于推动贫苦儿童的教育事业发展，被誉为“贫苦者之友”。

裴斯泰洛齐主张实施体、智、德和谐发展的教育，重视儿童身体与道德的发展，重视在家庭教育中帮助儿童获得发展。在体育方面，裴斯泰洛齐提倡儿童通过体操基本动作的练习获得体能、智力的和谐发展；在智育方面，裴斯泰洛齐认为在幼年时期必须重视认知能力和语言能力的发展，主张通过练习和实践获得对事物的直观认识，建议以游戏、案例的形式启发、引导儿童学习；在德育方面，裴斯泰洛齐认为应唤起儿童的道德情感，重视在家庭教育中通过亲人之间的情感发展幼儿的道德感和爱的能力，从而形成良好的道德习惯。

（五）福禄贝尔的学前教育思想

福禄贝尔（公元1782—1852），德国教育家，被誉为“幼儿园教育之父”。福禄贝尔幼年丧母，童年缺乏母爱，在其少年时期接受了教区学校的正规教育，之后再没接受过系统教育。青年时期，福禄贝尔受到裴斯泰洛齐教育思想的熏陶，开始将教育确认为自己的终身事业。

福禄贝尔的教育思想吸收夸美纽斯、卢梭、裴斯泰洛齐教育思想的精华，既强调自然教育的观点，又带有一定的万物有神论色彩。在其教育研究生涯中，福禄贝尔发表了重要著作《人的教育》，在其著作中提出应通过各种活动对儿童进行教育，使儿童内在力量得到发展。而对儿童进行教育应采取合适的方法，尤其是以游戏的方式进行。在此基础上，福禄贝尔设计了一套供儿童使用的活动玩具，取名为“恩物”，以此帮助儿童认识自然、增长知识和发展技能。“恩物”也成为后来儿童游戏活动玩具的雏形，在儿童学习活动中发挥重要作用。

福禄贝尔另一个重要贡献是于1837年在德国的勃兰根堡创办了世界上第一所幼儿学校，因此被誉为“幼儿园教育之父”。福禄贝尔将自己的教育思想融入幼儿园教育中，强调对儿童进行观察，通过各种活动促进儿童的身体发展和智力发展，通过游戏活动的开展和“恩物”的使用促进儿童获得发展，为其之后的小学阶段学习做准备。

三、西方学前教育思想的发展期

（一）蒙台梭利的学前教育思想

蒙台梭利（公元1870—1952），意大利幼儿教育家、医生，其代表著作有《童年的秘密》《蒙台梭利教育方法》《有吸收力的心灵》等。蒙台梭利早年为一名医学博士，担任身心缺陷和精神病患儿的治疗工作。在其医疗工作实践中,蒙台梭利发现可以通过运动和感觉训练活动帮助患儿达到身体动作协调和智力发展的作用。之后蒙台梭利在政府支持下建立了一所特殊儿童学校,开始用教具训练特殊儿童,帮助他们学会日常生活中的一些基本技能,促进其动作、反应、语言等能力的提高。1907年,蒙台梭利在罗马贫民区创办幼儿学校,并将其命名为"儿童之家",免费接纳住宅区中3—7岁贫困家庭的儿童,开始正常儿童学前教育的研究工作。

蒙台梭利教育思想主要体现为以下几个方面:一是认为儿童具有内在的潜能,儿童的发展是在先天的、自发的、能动的内在驱动下进行的,其学习和发展的过程具有独立个体的特征,不是成人任意塑造的没有生命力的泥人;二是认为儿童存在"心理胚胎期",每一个个体独特的"心理胚胎"需要在周围环境中吸收营养,因此需要为其提供一个符合其内在需要的、能够促进其主动学习的有效环境;三是认为儿童具有"吸收力的心灵",儿童有一种本能的吸收能力,能够从外部环境中获得各种感性经验和知识技能,儿童的早期环境对其未来发展至关重要,成人要重视儿童的早期经验获得,重视儿童的早期教育;四是提出儿童的心理发展具有阶段性和敏感期,具体表现为在某一发展阶段幼儿会对某种事物或活动特别敏感,产生一种特殊兴趣和爱好,而对这一类事物和活动的学习也会变得容易而迅速。因此教师和父母必须对儿童进行观察,及时发现其敏感期并对儿童进行引导和支持,帮助其获得此阶段的快速发展。

与福禄贝尔相类似,蒙台梭利在其长期的教育实践中逐渐研究出一套感觉教育教具,用于对儿童进行触觉、视觉、听觉、嗅觉和味觉等感官的训练。感官训练教具的使用需要遵循一定的原则和方法,抓住儿童的敏感期进行训练,儿童使用教具进行操作的过程被形象地称为"工作"。在实际使用过程中,发现教具只针对某一感官进行单一训练,割裂了儿童的感官,同时操作的过程过于机械,忽视了儿童主观能动性的发挥,不利于幼儿的自由发展。之后蒙台梭利又将课程体系进行了丰富,由单一的感官教育扩展为实际生活领域、感觉领域、语言领域、数学领域四个领域的教育活动,同时融入音乐、艺术和运动等教育内容。

蒙台梭利的教育理念在20世纪学前教育发展中有着巨大影响,全世界纷纷建立蒙台梭利学校和蒙台梭利学会。其教育理念虽具有一定的局限性,如孤立的感官训练,缺乏对儿童创造力、社会交往能力和语言能力的培养等,但其对儿童学习发展特点、敏感期的研究在学前教育理论研究中仍占有非常重要的地位。

(二)弗洛伊德的学前教育思想

弗洛伊德(公元1856—1939),奥地利著名精神分析学家、心理学家。其主要思想为将人格结构分为本我、自我、超我三个要素，强调潜意识中的性本能在个体心理发展中的重要作用。

弗洛伊德的教育思想在学前教育领域中也有体现，表现为以下几点：一是强调早期经验在人格发展中的重要作用，童年生活经验会对个体一生发展产生重要影响；二是弗洛伊德人格结构的三要素启示教育者应关注儿童健全人格的发展，而不是只关注知识的传授；三是精神分析学派理论指出应根据儿童的道德认知发展水平进行道德教育，帮助儿童获得安全、自信的成功体验；四是弗洛伊德根据潜意识中的性本能发展阶段，将个体的心理和行为发展划分为口唇期（0—1岁）、肛门期（1—3岁）、性器期（3—6岁）、潜伏期（6—11岁）、生殖期（12岁以后）五个阶段，关注学前时期性本能及潜意识在个体心理发展中的重要作用，关注早期经验对成人阶段行为的影响作用。

（三）维果茨基的学前教育思想

维果茨基（公元1896—1934），心理学家、儿童心理学开创者。维果茨基的主要教育理论包括文化历史理论和最近发展区理论，对学前教育实践产生了深远影响。维果茨基提出的文化历史理论将人的心理机能分为低级心理机能和高级心理机能。低级心理机能包括感觉、知觉、机械记忆、形象思维、情绪等简单心理过程，是在种族发展过程中逐渐形成的；高级心理机能包括逻辑记忆、抽象思维等复杂心理过程，受到人类文化历史发展的影响，体现出不同人类社会环境和社会文化的特点。

维果茨基的最近发展区理论强调教学应该走在儿童发展的前面。他认为成人应该关注儿童的两种发展水平：一种是儿童现有的心理机能发展水平，另一种是儿童在成人指导和帮助下所能达到的解决问题的更高水平，也就是儿童未来发展的目标和方向，两种水平之间的差异被称为最近发展区。维果茨基强调成人应该以儿童的最近发展区为目标，为儿童提供合适的教学内容和教学环境，促进儿童达到更高水平的心理机能水平。教师在评价儿童的发展水平时，不但要关注儿童能达到的发展水平，还要关注儿童在发展过程中借助于教师指导所做出的努力过程。

（四）皮亚杰的学前教育思想

皮亚杰（公元1896—1980），瑞士心理学家，20世纪最伟大的心理学家之一，主要著作有《儿童智慧的起源》《发生认识论导论》等。他对儿童的认知发展开展了大量研究，对学前教育理论研究发展产生巨大影响。

皮亚杰认为儿童的心理起源于主体对客体的动作，是机体与环境之间通过同化与顺应达到平衡的过程。同化是指把环境中的有利因素主动纳入机体已有的认知结构之中，加强和丰富主体的知识经验；顺应则是指主体通过主动改变自身去适应外界环境和客体的变化，两种形式都是为了达到机体与环境的平衡，这一过程被称为适应的过程。

皮亚杰认为儿童的心理发展过程是一个不断同化、顺应、平衡的过程，儿童的心理发展过程根据不同的结构特点分为不同的阶段。他将儿童的心理发展分为感知运动阶段（0—2岁）、前运算阶段（2—7岁）、具体运算阶段（7—11岁）、形式运算阶段（11岁至成人）四个阶段，儿童思维逐渐由直觉行动思维发展为具体形象思维，最后发展到抽象逻辑思维阶段。

（五）班杜拉的学前教育思想

班杜拉（公元1925—2021），美国著名心理学家，社会学习理论代表人物。班杜拉曾主持著名的波比娃娃实验，以此验证儿童的社会行为习得。实验主要通过观察和模仿来完成，整个学习过程是个体、环境和行为三者之间相互作用和影响的过程。

根据班杜拉的研究结果，他提出儿童行为塑造的三种方法，分别是直接强化、替代强化和自我强化。直接强化作用于儿童行为本身，对其行为进行奖励和惩罚；替代强化作用于他人实施的行为，儿童通过观察他人行为产生的后果来决定自己是否实施某种行为；自我强化是儿童根据社会约定俗成的行为判断标准对自身行为进行强化的过程，体现的是自身期望和目标达成的情况。

班杜拉提出的社会学习理论强调应重视环境因素对儿童行为的影响，为儿童的学习创设良好的环境。同时该理论认为成人应为儿童提供正确的榜样示范，教师应成为儿童学习的行为楷模，以此激发儿童产生积极的观察、学习欲望和行为。对于儿童产生的积极行为和消极行为，成人应该多用积极的方式，如奖励、鼓励、肯定等方式对儿童进行正向强化，尽量减少使用惩罚、打骂等消极强化形式。

四、西方当代学前教育的发展趋势

（一）瑞吉欧教育体系

瑞吉欧教育体系兴起于20世纪60年代，起源于意大利一个小城市。该城市具有良好的城市公共教育及生活传统，具有温馨的艺术与人文精神氛围。瑞吉欧教育体系正是建立在这样的社会与人文基础上，被视为欧洲教育改革的典范。

瑞吉欧教育体系受到杜威“做中学”教育思想和皮亚杰建构主义理论的影响，强调儿童的主动学习，提倡发挥幼儿的主观能动性来进行知识的自主建构。在其具体课程实施过程中，方案教学是主要教学形式。教师会根据自己对于儿童的了解以及对于活动开展过程的假设制定出一般性的教育目标，在活动实施过程中教师会根据幼儿的反应以及活动的进程及时修改活动的发展方向和目标。每一阶段的方案教学分为若干个活动，每一个活动目标分为数个小目标，每个小目标彼此相联系，融合成一个大的活动目标，最后形成该阶段的总体课程目标。在教学内容方面，瑞吉欧教育体系没有规定具体的课程内容，所有课程内容来源于社会环境和生活环境中儿童感兴趣的事物、现象和问题，儿童在活动中不断完善活动的方案和内容。除此之外，儿童还会从事一些感兴趣的游戏、故事、表演、家务等活动。

小资料

不，一百种是在那里

——罗里斯·马拉古奇

孩子
是由一百组成的。
孩子有
一百种语言，
一百只手，
一百个想法，
一百种思考方式、游戏、说话的方式，
一百种，总是一百种倾听、惊奇和爱的方式，
一百种歌唱与了解的喜悦。
一百种世界，
等着孩子们去发掘；
一百种世界，
等着孩子们去创造；
一百种世界，
等着孩子们去梦想。
孩子有
一百种语言，
（还多了一百种的百倍再百倍）

但是他们偷走了九十九种。
学校和文化，
把脑袋与身体分开。
他们告诉孩子：
不要用双手去想，
不要用脑袋去做，
只要倾听不要说话，
了解但毫无喜悦，
只有在复活节与圣诞节的时候，
才去爱和惊喜。
他们告诉孩子：
去发现早已存在的世界，
而一百种当中
他们偷走了九十九种。
他们告诉孩子：
工作与游戏、
真实与幻想、
科学与想象、
天空与大地、
理由与梦想，
不是同一国的。
因此他们告诉孩子，
一百种并不在那里。
孩子说：
不，一百种是在那里。

（二）高瞻课程

高瞻课程起源于1962年美国密歇根州海伊斯科普佩里学校的学前教育科研项目，主要依据皮亚杰的认知发展理论来设计课程。

高瞻课程的核心观点是引导儿童在主动的环境和活动中进行学习并获得发展，教师为儿童创设有趣和有效的区域环境，鼓励儿童运用关键经验来进行学习。该课程的主要教育内容是关键经验，即儿童的关键性发展指标，主要表现为语言文字、经验和表征、逻辑推理、时间和空间、自主性与社会关系、运动、音乐等大类,每一大类经验又分为若干小类经验。这些经验主要来源于成人对儿童活动的观察和总结,也是支持与评价儿童发展与活动的指标体系。教师在此基础上预设活动,创设环境,支持儿童的活动并对儿童进行观察记录。

在高瞻课程中,教师的主要任务是对儿童进行观察,记录儿童的行为与表现,同时通过与儿童的交谈了解儿童的想法并作出评价。教师根据儿童的发展变化及时调整活动预设与环境创设,为儿童提供最有效的学习环境。

(三)多元智能理论

多元智能理论的提出者是美国心理学家霍华德•加德纳。1983年,加德纳在其著作《智力的结构》中提出智力结构的新理论,认为个体智力包括八个部分,分别是语言智能、音乐节奏智能、数理逻辑智能、空间智能、身体动觉智能、自省智能、人际交往智能和自然观察智能。这八个部分相对独立存在,每一部分都与特定认知领域相联系,并表现为具体的行为。每个个体均有其优势智能和劣势智能,教育者应对儿童进行观察和评估,为个体提供合适的教育内容。

加德纳的多元智能理论对于学前教育最大的贡献是明确并尊重儿童个体发展的差异性,尊重儿童个体的创造性,提倡根据儿童个体的优势智能因材施教,并尽可能地鼓励儿童发展自身的问题分析和解决能力。同时要求教师观察儿童,及时发现儿童个体的优势智能和劣势智能,并引导儿童在劣势智能领域有所提高,从而获得全面综合发展。

(四)森林教育体系

1927年,森林教育体系理念创始于美国威斯康星州,20世纪50年代被引入瑞典、丹麦及其他欧洲国家,并在之后成为丹麦幼儿教育课程的重要组成部分。如今森林教育体系已成为全球众多国家幼儿教育课程的新形式。

森林教育体系的核心观点是以幼儿为中心的教育理念,教师采用情境教学形式,选取林地作为课程组织的场地,引导儿童从大自然中自由选取感兴趣的内容进行发现式学习,幼儿是学习的主体,教师通过观察、支持儿童的行为对其进行实物教学及感官教育。在学习过程中教师不强制幼儿进行某种活动,幼儿可以充分自由表达自己的意见及决定,教师扮演合作者、支持者、引导者的角色。

森林教育体系融合了杜威的“做中学”教育理念和陈鹤琴的“活教育”理念,充分尊重儿童作为学习者的中心地位,重点培养儿童的感觉能力和逻辑思维能力,对我国现阶段的学前教育课程体系有较好的借鉴作用。

第二节　中国学前教育的产生与发展

一、中国古代学前教育思想的萌芽期

（一）孔子的学前教育思想

孔子（公元前551—公元前479），春秋时期著名思想家、教育家、政治家。孔子是中国儒家学派创始人，晚年整理修订了《诗》《书》《礼》《易》《乐》《春秋》六经，被联合国教科文组织评为“世界十大文化名人”之首。孔子收徒众多，其中有七十二名贤德弟子各有成就。其弟子将孔子在教学过程中的语录收集整编成儒家经典《论语》，并流传后世。

孔子的教育思想比较广泛，其中与学前教育相关的思想体现为他的人本思想和因材施教的教育原则。孔子非常重视人的生命，认为保全生命、健康生活是最重要的，这与《幼儿园教育指导纲要（试行）》中明确提出的“幼儿园必须把保护幼儿的生命和促进幼儿的健康放在工作的首位”观点相一致，尊重了儿童的生命权和生存权。孔子提出“有教无类”“因材施教”的观点，提出应该尊重个体差异性，教师的教学方法和教学内容应根据个体差异有所不同，这也与《幼儿园教育指导纲要（试行）》强调的“尊重幼儿在发展水平、能力、经验、学习方式等方面的个体差异”观点相吻合，体现了以人为本、以幼儿为中心的观点。

孔子的教育思想还对学前教育师资培养产生影响，他的“因材施教”“诲人不倦”“学而不厌”等教育观点与《幼儿园教师专业标准（试行）》中提出的“师德为先，幼儿为本，能力为重，终身学习”的基本理念不谋而合，为学前教育教师培养制定了科学合理的目标。

（二）《颜氏家训》中的学前教育思想

颜之推（公元531—约595），南北朝时期教育家、文学家，著有《颜氏家训》，是中国封建社会最早最完整的家庭教育著作，也是最早最完整的家庭教育教科书。颜之推出身士族家庭，曾受到良好教育，成人后一直为官。他非常重视教育，并体现在自己的家庭教育中，《颜氏家训》就是关于他自身立身、处世、为学教育经验的总结，给后人带来很大启示。

颜之推的教育思想总体来说体现为以下几点。一是提出教育的目的是“多知明达”，即帮助学习者增长见识，明辨是非。二是认为家庭教育和学前教育在个体一生发展中占有非常重要的地位。幼年时期个体心性未定，适合接受教育，且教育效果较好。一旦受到外界不良环境和错误教育内容的影响，教育效果则会大打折扣。三是在教育内容上，颜之推主张进行道德理想和情操的教育，学习者既要学习经史百家知识，也要学习士大夫工作、交往、生活所必需的技艺，以培养治国实用人才为主要目标。四是在教育方法上，颜之推提出要培养勤勉、踏实的学风，只有广学典籍、虚心好学、认真琢磨，才能学有所成。

（三）朱熹的学前教育思想

朱熹（公元1130—1200），南宋时期哲学家、思想家、教育家，著有《诗集传》《周易本义》等，还为儿童编写教材《小学》《童蒙须知》等。朱熹出自书香门第，自幼接受儒学教育和理学教育。成人后曾做官，但仕途不顺。之后投身于教育事业，曾在白鹿洞书院讲学，主持修复岳麓书院并进行教学。

朱熹的教育思想聚焦于童蒙教育方面，主要体现为以下几点：一是将8—15岁定为蒙养教育阶段（即现在的基础教育阶段），主张在此时期对儿童进行系统教育，为之后的教育阶段打下良好基础；二是朱熹强调为儿童创设良好的生活和学习环境，指出应为儿童选择品行良好的教师，在日常生活中也应引导儿童选择品行过关的朋友，培养儿童明辨是非的能力；三是在学习内容方面，朱熹在其编著的《小学》《童蒙须知》等书中明确了童蒙教育时期的学习内容，包括为人处事和日常生活习惯、学习习惯培养等，非常重视儿童道德意识和道德行为的引导和培养；四是在学习方法方面，朱熹指出应为儿童树立良好的学习和模仿榜样，对儿童的评价以正面教育和评价为主，尽量少进行消极评价和负面评价。

二、中国近代学前教育思想的形成期

（一）陈鹤琴的学前教育思想

陈鹤琴（公元1892—1982），中国著名教育家、儿童心理学家，著有《儿童心理之研究》《家庭教育》《活教育理论与实施》《陈鹤琴教育文集》等。

陈鹤琴最主要的贡献是提出了“活教育”教育思想体系，建立并完善了中国化、现代化的儿童教育理论体系，被誉为“中国的福禄贝尔”“中国幼教之父”。在其提出的“活教育”思想体系中，主要包括以下观点：一是提出“活教育”的教育目标是“做人，做中国人，做现代中国人”；二是提出“做现代中国人”要具体达到有健全的身体、建设的能力、创造的能力、能够合作、乐于服务五个方面的要求；三是在“活教育”的内容上，陈鹤琴强调要将大自然、大社会作为学习内容，从自然和社会中汲取知识并进行实践；四是在学习方法上，陈鹤琴指出儿童学习应该“做中教、做中学、做中求进步”，强调通过实践获得直接经验并内化于自身的知识体系；五是建立了“五指活动”课程体系，指出儿童教育应包括儿童健康活动、儿童艺术活动、儿童社会活动、儿童文学活动、儿童科学活动五大方面的内容，五个方面像五个手指头一样相互关联，彼此融合，形成完整的教学体系。

（二）陶行知的学前教育思想

陶行知（公元1891—1946），中国进步教育家、思想家，著有《创设乡村幼稚园宣言书》《如何使幼稚教育普及》等。陶行知曾在哥伦比亚大学学习，师从杜威、孟禄，深受杜威“做中学”“新三中心”理论的影响。

陶行知回国后在高校任教，主张改革旧教育，提倡新教育，积极倡导平民教育运动和乡村教育运动。之后在南京晓庄创办实验乡村师范学校，在实践中系统提出生活教育理论和“教学做合一”理论，即“生活即教育，社会即学校”。抗战时期，陶行知积极投身抗战及战时教育运动，开办难童育才学校，培养有特殊才能的儿童。陶行知被称为“伟大的人民教育家”。

陶行知教育思想的核心是生活教育理论，具体体现为：一是关注生活对个体的教育作用，认为教育能够促进生活的变化，教育也会随着生活的变化而变化；二是强调学校教育要和社会生活联系起来，引导学生关注社会，在社会中学习；三是强调教和学都应该以“做”为中心，即以实践为中心。陶行知的理论反对进行单纯的识字教育，强调在社会背景下、在生活中进行教育，这更加符合儿童的年龄发展阶段和学习特点，体现了对儿童的关注，具有历史进步性。

（三）张雪门的学前教育思想

张雪门（公元1891—1973），中国幼儿教育家，著有《幼稚园行为课程》《新幼稚教育》等，译著有《福禄贝尔母亲游戏辑要》《蒙台梭利及其教育》等。他积极推广国外先进教育理念，拟定幼儿园课程实施方案，为之后的幼稚园行为课程研究打下基础。

张雪门的教育思想核心是“行为课程”理论体系，关注生活教育，要求教师关注儿童行为，简单概括为“生活即教育，行为即课程”，强调引导儿童通过实践获得直接经验。教学内容打破学科界限，以单元课程为主要形式开展，体现对儿童学习中心地位的关注。

张雪门还关注幼稚园师资培训和幼稚师范教育，在其师资培养过程中同样关注实践的重要地位，将见习和实习作为重点进行强调，要求师范生在附属中心幼稚园进行实践，打下学习、从事、热爱幼儿教育事业的基础。

三、中国现代学前教育思想的发展期

（一）新中国成立初期至“文革”前的学前教育发展

新中国成立后，教育事业也迎来巨大的发展契机。

1949年9月，中国人民政治协商会议通过了《中国人民政治协商会议共同纲领》，其中第五章明确指出“要注意保护母亲、婴儿和儿童的健康”。

1951年8月，教育部召开第一次全国初等教育会议和第一次全国师范教育会议，提出“积极地培养幼儿教育师资”“机关、学校和郊区农村主要解决工农劳动妇女对孩子的教养问题，鼓励私人办幼儿园并加强指导，做到公私兼顾办园”，还提出“必须重视依靠群众团体来推动和开展幼儿教育，教育行政部门要加强对幼儿教育的领导”①。

1951年10月，《关于改革学制的决定》开始实施，新中国第一个学制就此产生。新学制的颁布标志着新民主主义教育制度体系的基本形成。在这个学制中，幼儿教育是第一阶段，成为正式学制体系的基础。学制明确规定“实施幼儿教育的组织为幼儿园，招收3—7岁的幼儿，使他们的身心在入学前获得健全的发育”，从此“幼稚园”正式改称为“幼儿园”。

1951年，教育部制定了《幼儿园暂行规程（草案）》和《幼儿园暂行教学纲要（草案）》，并于1952年颁发至全国试行。这两个法规借鉴了苏联的教育理论和经验，其中《幼儿园暂行规程（草案）》包括八章共43条内容，包括总则、学制、设置、领导、教养原则、教养活动项目、入园、结业、组织、编制、会议制度、经费、设备和教育要点，同时明确了体育、语言、认识环境、图画手工、音乐、计算共六科教育纲要，每一科纲要均包括目标、教材大纲、教学要点和设备要点四个方面内容。《幼儿园暂行规程（草案）》和《幼儿园暂行教学纲要（草案）》的颁布明确了幼儿园教养幼儿和减轻母亲负担的双重任务，也明确了幼儿园教育的培养目标、教养原则和活动项目，为新中国学前教育体系奠定了良好基础。

1956年2月，教育部、卫生部、内务部发出《关于托儿所、幼儿园几个问题的联合通知》，明确指出应积极发展托儿所和幼儿园，教育行政部门在可能条件下要办一些示范幼儿园。

---

① 王莉娅，麦少美．中外学前教育史[M]．北京：高等教育出版社，2006：68.

1958年5月，中国共产党第八次全国代表大会第二次会议通过了“鼓足干劲，力争上游，多快好省地建设社会主义”的总路线，之后“左倾”思想在全国泛滥开来。“左倾”思想在学前教育中的体现表现为1958年至1960年，全国幼儿园数量急剧增加，同时大量开办寄宿制幼儿园，导致学前教育出现虚假繁荣的景象。同时高师学前教育专业迅速兴办，幼儿师范学校发展迅速，培养了大量的学前教育师资。

1958年9月，中共中央、国务院发出《关于教育工作的指示》，明确了“教育必须为无产阶级政治服务，教育必须与生产劳动相结合”的教育工作方针。在总体方针的指导下，学前教育确定了“体、智、德、美全面发展”的方针，同时强调了学前教育要加强为生产服务，加强对幼儿的劳动教育。

1961年，中国共产党八届九中全会制定了对国民经济实行“调整、巩固、充实、提高”的方针，使幼儿园的急速发展得到整顿，幼儿教育事业恢复到正常轨道。①

在这一时期，由于“左倾”思想的影响，学前教育领域的学术发展也受到了巨大影响，新中国成立初期制定的《幼儿园教育工作指南》和现代儿童教育家陈鹤琴的教育思想遭到否定，学前教育事业的良性发展受到制约，出现了曲折发展的现象。

（二）改革开放至20世纪末的学前教育发展

1966年开始，中国进入“文化大革命”时期，文化教育事业受到严重破坏，处于停滞不前的境况。1978年12月，中国共产党十一届三中全会召开，标志着中国改革开放新时期的到来，学前教育事业也重新得到蓬勃发展。

党的十一届三中全会后，教育方针得到实质性调整。1979年11月，教育部颁发《城市幼儿园工作条例（试行草案）》，规定了幼儿园的原则方针与具体实施办法；1980年11月，卫生部颁发《城市托儿所工作条例（试行草案）》，对托儿所的举办提出明确规定和要求；1981年6月，卫生部妇幼卫生局颁发《三岁前小儿教养大纲（草案）》，再一次明确托儿所教养工作的目标和要求；1981年10月，教育部颁发《幼儿园教育纲要（试行草案）》，明确幼儿入园年龄、幼儿园教育任务、幼儿园教育内容、幼儿园教育手段和注意事项等要求；1983年9月，教育部印发《关于发展农村幼儿教育的几点意见》，开始关注农村幼儿教育的发展并提出应出台配套措施；1986年6月，国家教育委员会印发《关于进一步办好幼儿学前班的意见》，提出兴办学前班的建议。以上文件的颁布促使学前教育事业进入快速发展时期，办学条件得到保障。通过颁布多项学前教育法规，规范学前教育办学目标、办学内容和办学形式，学前教育开始沿着规范化、科学化的道路发展；1983年和1985年再次明确提出“要努力发展幼儿教育”。1987年10月国务院办

① 王莉娅，麦少美.中外学前教育史[M].北京：高等教育出版社，2006：74-76.

公厅《关于明确幼儿教育事业领导管理职责分工请示》中明确规定幼儿教育事业必须在政府领导下进行，实行“地方负责，分级管理”，教育、卫生、计划、财政、劳动人事、城乡建设、轻工、纺织、商业等部门共同参与，调动全民办教育的积极性。[①]

在以上国家教育发展目标的指引下，1981年《幼儿园教育纲要（试行草案）》颁布，《幼儿园教育纲要（试行草案）》指出：幼儿园的教育任务是向幼儿进行体、智、德、美全面发展的教育，使幼儿身心健康活泼地成长，为入小学打好基础，为造就一代新人打好基础。《幼儿园教育纲要（试行草案）》描述了幼儿的年龄发展特点，并根据幼儿的身心发展特点从生活卫生习惯、体育活动、思想品德、语言、常识、计算、音乐、美术八个方面提出幼儿园的教育内容和要求，并将幼儿园课程设置分为体育、语言、常识、计算、音乐、美术六科组织与实施教育活动。1996年3月，国家教委颁布《幼儿园工作规程》明确指出“幼儿园的任务是：实行保育与教育相结合的原则，对幼儿实施体、智、德、美诸方面全面发展的教育，促进其身心和谐发展。幼儿园同时为家长参加工作、学习提供便利条件。”《幼儿园工作规程》还对幼儿入园和编制、卫生保健、教育、校舍、设备、工作人员、经费等事项作出明确规定。

从学前教育师资培养层面来看，“文化大革命”时期学前教育师资培养工作几近停滞状态。“文化大革命”结束后，各级教育行政部门积极发展不同层次的学前师范教育，形成了以师范院校为主体，各类教育机构共同参与的师资培养体系，对学前教育师资提供职前和职后教育。1978年10月，教育部颁发《关于加强和发展师范教育的意见》，要求“积极办好幼儿师范学校，为幼儿教育培养骨干师资”；1980年8月，教育部颁发《关于办好中等师范教育的意见（试行草案）》，强调中等师范教育要“培养热爱儿童、全心全意为社会主义教育事业服务、身体健康的小学或幼儿园师资”；同一时期社会上还出现一批职业高中幼师班，以此弥补幼儿师范和普通师范幼师班培养的不足；1985年5月，教育部颁发《幼儿师范学校教学计划》，提出增加教育课和教育实习时间，对艺体课试行分组教学；从1983年开始，幼儿园教师在职进修工作开始实施，年轻教师以短期培训为主要形式参加培训，提升自身教学能力，教育行政部门对教师进行考核，鼓励教师参加进修培训；1996年1月，国家教委颁发《关于开展幼儿园园长岗位培训工作的意见》，要求采用多种形式对幼儿园园长进行岗位培训，提升幼儿园管理水平。经过以上各种促进措施，学前教育师资数量和质量得到快速提升，幼儿园教师人数、学历层次、教师素质均有显著提高。[②]

① 王莉娅，麦少美.中外学前教育史[M].北京：高等教育出版社，2006：79-81.

② 王莉娅，麦少美.中外学前教育史[M].北京：高等教育出版社，2006：88-91.

(三)21世纪以来的学前教育发展

2001年7月,教育部印发《幼儿园教育指导纲要(试行)》,再一次强调学前教育的重要地位,并对21世纪的学前教育做出明确要求和规定。《幼儿园教育指导纲要(试行)》指出"幼儿园的教育内容是全面的、启蒙性的,可以相对划分为健康、语言、社会、科学、艺术等五个领域,也可作其他不同的划分。各领域的内容相互渗透,从不同角度促进幼儿情感、态度、能力、知识、技能等方面的发展。"《幼儿园教育指导纲要(试行)》从五大领域出发,对每一个领域的教育目标、教育内容与要求和指导要点作出明确要求,并对幼儿园教育的组织与实施、教育评价提出指导意见,提出"幼儿园教育要与0—3岁儿童的保育教育以及小学教育相互衔接。""评价应自然地伴随着整个教育过程进行。综合采用观察、谈话、作品分析等多种方法。""幼儿的行为表现和发展变化具有重要的评价意义,教师应视之为重要的评价信息和改进工作的依据。"《幼儿园教育指导纲要(试行)》明确了幼儿在学前教育中的主体地位,明确了教师在学前教育中的支持者、引导者和合作者的地位。

2012年10月,为深入贯彻《国家中长期教育改革和发展规划纲要(2010—2020年)》,落实《国务院关于当前发展学前教育的若干意见》,帮助广大幼儿园教师和家长了解3—6岁幼儿学习与发展的基本规律和特点,全面提高科学保教水平,教育部印发《3—6岁儿童学习与发展指南》(以下简称《指南》)。《指南》以促进幼儿体、智、德、美各方面的协调发展为核心,从健康、语言、社会、科学、艺术五个领域描述幼儿的学习与发展。每个领域划分为若干方面,每个方面由学习与发展目标和教育建议两部分组成。目标部分分别对3—4岁、4—5岁、5—6岁三个年龄段末期幼儿"应该知道什么、能做什么、大致可以达到什么发展水平"提出合理期望,指明了幼儿学习与发展的具体方向;教育建议部分列举了一些能够有效帮助和促进幼儿学习与发展的教育途径与方法。《指南》是在《幼儿园教育指导纲要(试行)》基础上对学前教育阶段教育内容和教育方法的进一步细化描述,为广大学前教育工作者提供了宝贵的实践操作经验。

除此之外,值得一提的是2010年学前教育从基础教育中分离出来,独立纳入现代国民教育体系。自2011年开始,国家先后出台三期学前教育三年行动计划,分阶段分重点开展学前教育改革与实践。第一期"学前教育三年行动计划(2011—2013)"提出的重点是着力解决"入园难"问题,满足适龄儿童入园需求,促进学前教育事业科学发展。第二期行动计划改革目标为"到2016年全国学前三年毛入园率达到75%左右",第三期行动计划目标界定为"到2020年基本建成广覆盖、保基本、有质量的学前教育公共服务体系,全国学前三年毛入园率达到85%"。

21世纪以来颁布的学前教育政策法规还包括《中国儿童发展纲要(2001—2020年)》(2001年)、《关于幼儿教育改革与发展的指导意见》(2003年)、《关于规范幼儿园保育教育工作 防止和纠正“小学化”现象的通知》(2011年)、《国家贫困地区儿童发展规划(2014—2020年)》(2015年)、《关于学前教育深化改革规范发展的若干意见》(2018年)、《中华人民共和国学前教育法草案(征求意见稿)》(2020年)、《关于大力推进幼儿园与小学科学衔接的指导意见》(2021年)等。以上文件均围绕21世纪的学前教育发展目标与要求、实施措施提出明确要求,并在全国范围内落实与实施。

二、中国当代学前教育的发展趋势

进入21世纪后,中国学前教育进入快速发展阶段,在各项教育政策、法规、行动计划的指导下呈现出科学化、规范化、创新性等特点。

(一)幼儿园课程体系的重构

幼儿园课程是实现幼儿园教育目的的手段,是帮助幼儿获得有益的学习经验,促进其身心全面和谐发展的各种活动的总和。自福禄贝尔创办第一所幼儿园以来,幼儿园课程体系经过不同历史时期教育改革影响和不同思想家教育思想的熏陶,不断完善并呈现出百花齐放的特点。陈鹤琴建立了“五指活动”课程体系,指出儿童教育应包括儿童健康活动、儿童艺术活动、儿童社会活动、儿童文学活动、儿童科学活动五大方面的内容。张雪门提出了“行为课程”理论体系,将幼儿园课程概括为“生活即教育,行为即课程”,强调引导儿童通过实践获得直接经验,教学内容打破学科界限,以单元课程为主要形式开展。1951年教育部制定的《幼儿园暂行规程(草案)》和《幼儿园暂行教学纲要(草案)》明确了体育、语言、认识环境、图画手工、音乐、计算共六科教育纲要,每一科纲要均包括目标、教材大纲、教学要点和设备要点四个方面内容。1981年《幼儿园教育纲要(试行草案)》将幼儿园课程设置分为体育、语言、常识、计算、音乐、美术六科。2001年《幼儿园教育指导纲要(试行)》将幼儿园的教育内容划分为健康、语言、社会、科学、艺术五个领域,对每一个领域的教育目标、教育内容与要求、指导要点作出明确要求。2012年《3—6岁儿童学习与发展指南》从健康、语言、社会、科学、艺术五个领域描述幼儿的学习与发展,每个领域由学习与发展目标和教育建议两部分内容组成。以上均为现阶段幼儿园课程体系的建立与发展奠定了坚实基础。

随着当代学前教育的发展,伴随着对儿童中心理念的重申与强化,幼儿园课程呈现出新的特点,具体表现为幼儿园综合课程、幼儿园游戏课程、幼儿园自然课程的出现。

1.幼儿园综合课程

幼儿园综合课程又称为幼儿园单元主题课程，是指根据某个儿童感兴趣的主题，教师引导幼儿在一段时间内围绕这个主题进行各种探究学习，从而获得满足自身兴趣与发展需要的知识与经验的课程。幼儿园综合课程具有知识的横向性、灵活性、教育资源多样性、学习的探究性等特点，[①]以儿童的自主探究为主要学习方式，在探究中进行学习。幼儿园综合课程是针对目前将幼儿园课程分领域进行活动组织而提出的新型课程理念，将多领域学习内容进行有机整合，儿童所探究的主题来源于现实生活，在探究的过程中既获得不同领域的知识与经验，又锻炼儿童的实践和应用能力。在课程实施过程中，儿童是课程实施的主体，教师起到支持、引导和帮助的作用，必要时作为合作者参与到儿童的实践过程中。

2.幼儿园游戏课程

游戏是儿童最重要的学习形式，符合儿童身心发展特点。幼儿园一日活动分为教学活动、游戏活动和生活活动等，游戏是幼儿园一日活动的重要组成部分。在长期的幼儿园课程探索实践中，研究者意识到游戏在儿童学习中起到的独特作用，开始探索幼儿园游戏课程模式，将游戏作为幼儿园课程的主要实施途径和方法，打破学科知识的界限，引导幼儿在游戏中获得知识和经验，并以此作为幼儿园课程的主要形式进行实践，取得了较好效果。在幼儿园游戏课程模式中，比较有影响力的是安吉游戏和利津游戏课程模式[②]。

小资料

安吉游戏与利津游戏

安吉游戏起源于浙江省安吉县，是该县幼儿游戏教育的简称，曾获得中国基础教育国家级教学成果一等奖。在安吉游戏中，幼儿是游戏的主宰者，教师的作用是为儿童的游戏提供材料并创设适宜的游戏环境，同时保证幼儿游戏的时间及安全。安吉游戏的实施要求教师“管住手，闭上嘴”，让幼儿“尽情地流汗”，教师不会干预幼儿游戏的过程。教师会运用各种方式观察幼儿的游戏过程，只有在幼儿遇到问题时才会介入幼儿的游戏，提供指导和帮助。

利津游戏是山东省利津县幼儿园户外游戏的简称，由利津县第二实验幼

① 苏敏，朱立萍.幼儿园课程设计与组织[M].上海：华东师范大学出版社，2017:77.

② 曹云云，黄瑜.南北幼儿园户外游戏比较研究——安吉游戏与利津游戏的共性与差异[J].成都师范学院学报，2018(3):63-67.

儿园赵兰会园长带领团队历经十余年探索创建。利津游戏的特色是将中国传统文化融入幼儿的户外游戏中，引导幼儿在游戏过程中对中国传统文化产生浓厚兴趣，萌发爱国主义情感。同时利津游戏重视幼儿户外野趣游戏的设计与组织，强调充分发挥儿童在游戏中的自主性，教师的作用是以同伴的身份参与幼儿的游戏活动，为幼儿提供特定的游戏材料和活动场地。

安吉游戏和利津游戏都重视在游戏活动中释放幼儿的天性，在游戏过程中获得身心发展。两种游戏都重视教师在游戏中的支持者、引导者和合作者的作用，真正做到以幼儿为主体设计幼儿园游戏课程。

3.幼儿园自然课程

自然课程是近年来出现的幼儿园课程模式，其理论依据为陈鹤琴的活教育理念和国外的森林教育体系理念，主张引导儿童在自然中、社会中获得知识和经验，通过自然教育形式促进儿童科学素养和科学探究精神的形成和发展。在我国许多幼儿园中，幼儿园依托周围的自然资源和人文资源，带领儿童在自然中进行观察、体验和探索，从而获得丰富的知识体验和实践能力。如组织幼儿观察幼儿园的四季变化、周围事物的变化过程并由此生成园本课程，将儿童带到博物馆、科学馆、植物园、动物园开展学习探究活动，培养幼儿热爱自然的情感，以此促进幼儿科学素养的发展。

（二）学前教育生态环境的优化

布朗芬布伦纳提出生态系统模型理论，将个体生活于其中并与之相互作用的不断变化的环境称为行为系统，该系统从小到大分为微系统、中系统、外系统和宏系统四个层次，四个系统对儿童产生从直接到间接的影响。

对儿童影响最为直接的系统为微系统，对于大多数儿童来说就是指儿童生活的家庭、幼儿园和学校。在家庭中，儿童除了接受父母的照料，还会受到父母的行为方式、价值观、情感态度等方面的影响，这些影响会导致儿童形成与父母相似，同时又具备个体特点的个性心理特征。除此之外，儿童所生活的幼儿园和学校环境也会对其个性心理特征的形成产生影响，其同伴交往行为、同伴关系都会受到幼儿园、学校氛围的影响，也会受到这些机构中教育者的影响。第二个环境层次为中系统，是指各微系统之间的相互关系。研究表明，如果不能做到家庭和幼儿园教育的有效衔接，不能达到教育的一致，那么可能对儿童产生负面的影响。幼儿园与家庭开展合作有巨大的价值，比如可以有效促进幼儿的身心健康发展、指导和改进家长的教育方法、提高幼儿园工作效率、促进亲子关系良性发展等，因此应有效促进家庭和幼儿园的合作，如开展家园合作、家长课堂、亲子活动等，以达到教育的一致性。

在布朗芬布伦纳的生态系统模型中，第三个环境层次是指儿童并未直接参与但却对他们产生影响的系统，比如父母的工作环境、人际交往环境等；第四个环境层次是指儿童所生活的文化、亚文化及社会环境，社会文化以其约定俗成的社会规范和准则对儿童产生作用，使儿童变成合格的社会人。基于以上两个环境层次对儿童个体发展产生的影响，有必要将社会环境和社会文化纳入学前教育体系中，达到家庭和社会的合作、幼儿园和社会的合作，尤其是利用社区中的人力、物力、环境资源对儿童进行教育，促进儿童的健康发展，如组织儿童参观社区中的各种社会服务机构、参加社区文化活动等。

（三）学前教育阶段的延伸

从狭义上来说，学前教育阶段指的是三至六七岁的教育，即普遍意义上的幼儿园教育阶段。20世纪90年代开始，幼小衔接问题便受到世界各国的普遍重视，并成为世界教育研究的重要课题之一。幼小衔接是指幼儿园与小学在教育教养工作的内容以及实现这些内容的方法上相互联系，实现两个教育阶段的平稳衔接与过渡。从幼儿园过渡到小学，不仅是学习环境发生转变，学习方式、人际交往、师幼关系、行为规范及社会期望等方面都发生了很大的变化，形成了一定的“坡度”，易发生“陡坡效应”，导致儿童学习兴趣低落、疲劳、厌学、焦虑、恐惧等“适应性障碍”。研究表明，幼小衔接工作搞得好，幼儿就可以平稳、顺利地完成从幼儿园向小学学习及生活的过渡。《幼儿园工作规程》指出幼儿园与小学应更加紧密合作并要更加协调，为了解决目前幼儿在从幼儿园到小学阶段存在的转换方面的困难，幼儿园开始主动向小学靠拢，在教育要求、教学内容、教学方法等方面尽量接近小学，并组织幼儿到小学进行参观，了解小学生活等。以上措施尽管取得一定成效，但仍然存在幼小衔接的单向性、幼儿园教育小学化、幼小衔接课程组织局限于教材等方面的问题，同时家长的“衔接观”影响幼小衔接工作的进行及结果，表现为大部分家长都认识到幼小衔接的重要性，积极配合老师的工作，但他们的主要关注点还是集中于孩子知识的掌握、智力的发展，对孩子的社会性发展关注不够，影响了衔接工作的全面开展。以上这些问题都极大影响了幼小衔接工作的顺利、有效开展，亟须得到解决。

针对以上问题，教育部先后出台《关于规范幼儿园保育教育工作 防止和纠正“小学化”现象的通知》（2011年）、《关于开展幼儿园“小学化”专项治理工作的通知》（2018年）、《关于大力推进幼儿园与小学科学衔接的指导意见》（2021年）等文件，从政策角度对幼小衔接过程中的关键问题提出要求，提高幼小衔接的科学性与规范性，力争达到“全面推进幼儿园和小学实施入学准备和入学适应教育，减缓衔接坡度，帮助儿童顺利实现从幼儿园到小学的过渡。幼儿园和小学教师及家长的教育观念与教育行为明显转变,幼小协同的有效机制基本建立,科学衔接的教育生态基本形成”的目标。

2019年,国务院办公厅颁发《关于促进3岁以下婴幼儿照护服务发展的指导意见》,提出“建立完善促进婴幼儿照护服务发展的政策法规体系、标准规范体系和服务供给体系,充分调动社会力量的积极性,多种形式开展婴幼儿照护服务,逐步满足人民群众对婴幼儿照护服务的需求,促进婴幼儿健康成长、广大家庭和谐幸福、经济社会持续发展。”文件提出“到2020年,婴幼儿照护服务的政策法规体系和标准规范体系初步建立,建成一批具有示范效应的婴幼儿照护服务机构,婴幼儿照护服务水平有所提升,人民群众的婴幼儿照护服务需求得到初步满足。到2025年,婴幼儿照护服务的政策法规体系和标准规范体系基本健全,多元化、多样化、覆盖城乡的婴幼儿照护服务体系基本形成,婴幼儿照护服务水平明显提升,人民群众的婴幼儿照护服务需求得到进一步满足。”根据以上要求,2020年起我国儿童托育中心大量开办,托幼服务产业蓬勃发展,0—3岁幼儿的科学启蒙教育与抚养需求得到重视,众多幼儿园也开办托育班,将学前公共教育年龄由三至六七岁拓展到零至六七岁,初步形成托幼一体化的学前教育形式。

(四)学前儿童科技教育的兴起

《幼儿园教育指导纲要(试行)》将幼儿园教育分为健康、语言、科学、艺术、社会五大领域,其中,科学领域提出“幼儿的科学教育是科学启蒙教育,重在激发幼儿的认识兴趣和探究欲望。要尽量创造条件让幼儿实际参加探究活动,使他们感受科学探究的过程和方法,体验发现的乐趣。科学教育应密切联系幼儿的实际生活进行,利用身边的事物与现象作为科学探索的对象。”由此可以看出,科学素养是儿童的必备素养之一,也是儿童在学前教育阶段必须获得的知识经验与能力。

2017年2月,教育部印发《义务教育小学科学课程标准》,提出“科学教育是立德树人工作的重要组成部分,是提升全民科学素质、建设创新型国家的基础。小学科学教育对从小激发和保护孩子的好奇心和求知欲,培养学生的科学精神和实践创新能力具有重要意义。”基于幼小衔接的需要,幼儿园的科学教育也需随之进行调整,更加关注儿童的科学态度、科学知识技能、科学方法能力以及科学行为习惯的培养,以适应新标准下儿童科学素养养成的需要。在学前儿童科学教育理念的带动下,学前儿童科技教育应运而生,产生幼儿户外自然体验课程、科技类夏令营等教育形式。

本章小结

本章重点介绍古今中外教育家、思想家的学前教育观点及其教育实践过程，并对学前教育历史发展的脉络进行梳理，旨在引导学生在了解与掌握的基础上进行思考，能够结合中国学前教育实际思考如何开展学前教育实践。核心内容总结如下。

1. 西方学前教育的产生与发展分为学前教育思想的萌芽期、形成期、发展期三个阶段。萌芽期代表人物有柏拉图、亚里士多德、昆体良等；形成期代表人物有夸美纽斯、洛克、卢梭、裴斯泰洛齐、福禄贝尔等；发展期代表人物为蒙台梭利、弗洛伊德、维果茨基、皮亚杰、班杜拉等。

2. 中国学前教育的产生与发展分为学前教育思想的萌芽期、形成期、发展期三个阶段。萌芽期代表人物有孔子、颜之推、朱熹等；形成期的代表人物有陈鹤琴、陶行知、张雪门等；中国现代学前教育思想的发展期主要表现为颁布了一系列有关学前教育的法律法规促进学前教育的发展，对当代学前教育发展产生重要影响的代表性文件为《幼儿园教育纲要（试行草案）》《幼儿园工作规程》《幼儿园教育指导纲要（试行）》《3—6岁儿童学习与发展指南》《中华人民共和国学前教育法草案（征求意见稿）》等。

3. 国内外学前教育也出现一些新的发展趋势，如瑞吉欧教育体系、高瞻课程、多元智能理论、森林教育体系的推广，幼儿园课程体系的重构，学前教育生态环境的优化，学前教育阶段的延伸，学前儿童科技教育的兴起等。

视野拓展

1.《我们都是探索者：在城市环境中运用瑞吉欧原则开展教学》

丹尼尔·沙因费尔德、凯伦·黑格、桑德拉·沙因费尔德著，屠筱青、戴俊毅译，南京师范大学出版社2014年出版。该书从属于“瑞吉欧幼儿教育精选译丛”系列，主要讲述芝加哥10年实践瑞吉欧教育取得的经验。瑞吉欧幼教人陈述他们的“儿童的形象”，这也就是他们的儿童观。他们所做的一切，从政策的制定，园舍的设计，对儿童教学过程的设计、记录等都阐释了他们如何将这些教育原则和过程渗透到幼儿的教育、与家长的关系、教师的专业成长中。

2.《幼儿园田园课程的理论与实践》

朱激文著，北京师范大学出版社2015年出版。该书从属于“幼儿园课程与教学丛书”系列，详细介绍了浙江宁波梅山中心幼儿园多年来对田园课程的探索。该课程根据《幼儿园教育指导纲要（试行）》和《3—6岁儿童学习与发展指南》，结合幼儿身心发展规律，以五大领域为基础建立目标体系，通过田园主题活动（田园劳作、田园探究、田园故事和田园艺创)和节日活动来实施并达成教育目标,使幼儿在健康、社会、语言、科学和艺术各方面都得到良好的发展。

思考与实训

1.(　　)建立了世界上第一所幼儿园?

A.裴斯泰洛齐　B.福禄贝尔　C.蒙台梭利　D.卢梭

2."活教育"教育体系的提出者是(　　)。

A.孔子　B.张雪门　C.陶行知　D.陈鹤琴

3.提出"教育即生活"的教育家是(　　)。

A.卢梭　B.杜威　C.蒙台梭利　D.福禄贝尔

4.简述班杜拉社会学习理论的主要观点。

5.简述瑞吉欧教育体系的教育内容及课程组织形式对我国学前教育课程的启示。

6.结合实际,说一说幼儿教师应如何根据儿童的最近发展区为其设计合适的教育内容。

专题探讨

"活教育"十七条教学原则对幼儿教师的启示

1.凡是儿童自己能够做的,应当让他自己做。

2.凡是儿童自己能够想的,应当让他自己想。

3.你要儿童怎样做,就应当教儿童怎样学。

4.鼓励儿童去发现他自己的世界。

5.积极的鼓励胜于消极的制裁。

6.大自然大社会是我们的活教材。

7.比较教学法。

8.用比赛的方法来增进学习的效率。

9.积极的暗示胜于消极的命令。

10.替代教学法。

11.注意环境、利用环境。

12.分组学习,共同研究。

13.教学游戏化。

14.教学故事化。

15.教师教教师。

16.儿童教儿童。

17.精密观察。

在之前的学习中，我们学习了陈鹤琴的“活教育”思想体系，他提出“活教育”应采用十七条教学原则，对当今的学前教育实践仍有巨大的启示作用。请以小组为单位，探讨以上十七条教学原则所体现的教育理念及教育要求，并尝试总结这些教学原则对幼儿教师教育实践有哪些具体的启示作用。相信通过此次专题探讨，你们将会对“活教育”思想体系有更加客观、深入的认识与理解。

第三章 学前教育与社会发展

学习目标

- 理解政治、经济、文化与学前教育之间相互影响的关系。
- 熟悉三期学前教育行动计划、“十四五”学前教育发展提升行动计划的目标、重点任务、主要措施和成效。
- 能运用学前教育与社会发展之间的关系，分析和解决教育教学实践中遇到的问题，树立正确的保教观。

学习重难点

- 重点：政治、经济、文化与学前教育之间相互影响的关系。
- 难点：运用学前教育与社会发展之间的关系，分析和解决教育教学实践中遇到的问题。

案例破冰

对症下药 破解“入园难”问题

面对学前教育长期投入不足、问题千头万绪、新老矛盾交织的复杂局面，要谨防“按下葫芦起了瓢”，不能只抓一点、不及其余，而应当学会“弹钢琴”。提及学前教育，人们的脑海中似乎总有些“刻板印象”：底子薄、欠账多，发展不平衡不充分，“入园难”“入园贵”。如何补齐学前教育的短板、为更多家庭排除烦恼，是很多人的现实关切。

随着学前教育三年行动计划的实施，随着以中共中央、国务院名义出台的的重要文件《关于学前教育深化改革规范发展的若干意见》的印发，随着《幼儿园办园行为督导评估办法》《关于开展城镇小区配套幼儿园治理工作的通知》的下发……统筹兼顾、立体施治的思路愈加明确，各地也纷纷推出落实举措。这些抓住了治理学前教育难题的“牛鼻子”，也扣紧了百姓关切，为从根本上破解“入园难”“入园贵”提供了有力保障。

思考：近几年国家在破解“入园难”问题过程中，采取了哪些措施？试分析社会发展与学前教育之间的关系。学习了本章内容之后，会给我们带来一定的启示，帮助我们进一步厘清社会发展与学前教育之间的关系。

第一节　学前教育与政治

一、政治对学前教育的影响

政治是经济的集中表现，反映了经济发展的要求。政治对学前教育的影响主要包括以下方面。

（一）政治制约学前教育的性质

在不同形态的社会中，由于社会统治阶级不同，学前教育的性质也不同。政治制约学前教育的性质和目的，影响学前教育的发展。学前教育是培养人的工作，对哪个阶级和阶层进行教育，进行什么样的教育，要把他们培养成什么样的人，这些关于学前教育的领导权、政策法规、学前教育制度等一系列问题，主要由政治决定。无论何种社会形态，只要有阶级、阶层的存在，哪一个阶级掌握政权，哪一个阶级在教育上就居于统治地位，掌握教育领导权。不同形态的社会，其学前教育的性质也不同。

原始社会不存在剥削、压迫现象，没有阶级，教育也没有阶级性，是完全平等的。自奴隶社会起，人类开始进入阶级社会，教育便有了阶级性。在奴隶社会和封建社会，统治阶级子女的教育由专人负责，其教育目标就是把这些孩子培养成统治者，而下层劳动人民子女只能获得劳动技能的训练。在资本主义社会，从开发人力资源和教育机会均等出发，各资本主义国家从法律上废除了封建教育的等级性，宣扬教育平等，但由于资产阶级和劳动人民之间仍然存在着政治、经济方面的不平等，也就造成了受教育权利的不平等。一些设备好、师资好的学前教育机构收费昂贵，绝非普通人子女可以进入的。

在半殖民地半封建社会时期的中国，清政府办的蒙养院，教育内容和方法保留了浓厚的封建性。在国民党统治时期，幼儿园数量极少，只有少数富裕阶层的子女有机会上幼儿园。中华人民共和国成立后，在接受了原有的幼儿园之外，新办了一批面向广大干部、群众和工农子女的学前教育机构，改半日制为全日制，进行了教育改革。明确制定了幼儿园的教育任务和教育内容，使学前教育具有了社会主义性质。改革开放后，我国的学前教育事业取得一定成效，相继颁布了《幼儿园工作规程》和《幼儿园管理条例》等一系列法规，一定程度上推动了学前教育事业的发展和保教质量的提高。学前教育改革发展的每一步都与所处的社会背景相适应，尤其是与政治背景息息相关。

（二）政治影响学前教育的目标和任务

学前教育的目标通常由国家直接制定，学前教育内容的选择和界定也受国家的影响，学前教育的目标和内容必然反映国家的意志。1952年颁发的《幼儿园暂行规程（草案）》中规定幼儿园的任务是：根据新民主主义教育方针教养幼儿，使他们的身心在入小学前获得健全的发育；减轻母亲养育幼儿的负担，使母亲有时间参加政治生活、生产劳动、文化教育活动等。1989年颁布的《幼儿园工作规程（试行）》中规定，幼儿园的任务是：实行保育与教育相结合的原则，对幼儿实施体、智、德、美全面发展的教育，促进其身心和谐发展；幼儿园同时为幼儿家长安心参加社会主义建设提供便利条件。2016年修订的《幼儿园工作规程》规定，幼儿园的任务是：贯彻国家的教育方针，按照保育与教育相结合的原则，遵循幼儿身心发展特点和规律，实施德、智、体、美等方面全面发展的教育，促进幼儿身心和谐发展。在这些文件中，国家不断调适着幼儿园与国家、幼儿、家庭间的关系，可以看出，在不同时期，不同社会背景下，幼儿园的任务是有区别的。

二、学前教育对政治的影响

学前教育虽然受政治的影响，但它并不是消极被动地受政治的制约，作为一种能动的社会因素，学前教育对政治也具有一定的影响。

（一）学前教育为儿童树立正确的价值观、人生观和世界观奠定基础

学前教育是学校教育和终身教育的奠基阶段，学前教育通过开展社会领域的活动，引导他们初步了解作为一个公民应有的基本行为规范。培养儿童的自我认知和社会认知，即儿童对自我与社会中的人的关系、社会适应、社会环境、社会规范等方面的认知，在社会生活中体验到自尊心、自信心、同情心等情感，与人沟通交往的能力，合作、分享等行为的养成等，为其树立正确的价值观、人生观和世界观奠定基础。

（二）学前教育影响学前儿童的政治观念

任何一种教育总是要向受教育者宣传一定的政治观念，培养他们逐渐形成特定社会所要求的政治观念和政治抱负，如封建社会的教育是培养维护封建制度的捍卫者；资本主义社会的教育向受教育者灌输资本主义的政治观念，用以巩固资本主义。学前教育机构通过向儿童传授体现统治阶级意志的政治观念和思想意识，通过培养婴幼儿

的政治理念和品德，促进和保障一定的社会政治制度与路线的巩固和发展。如学前教育机构开展“铸牢中华民族共同体意识”培育，引导儿童感知中华民族文化符号、启蒙中华民族身份和中华民族情感的认同，并通过环境创设、主题活动、一日生活活动、家园合作等多样化的形式实施爱国主义教育和民族团结进步教育，激发儿童的爱国情感。

第二节 学前教育与经济

一、经济对学前教育的影响

教育作为人类特有的一种社会现象和社会活动，它的发展本身是社会发展的重要组成部分，学前教育的发展离不开社会提供的资源和条件，受客观条件的影响和制约。同时学前教育的发展也在不同程度上促进社会发展，学前教育与社会发展存在着密切关系。

（一）经济影响学前教育机构的产生和发展

经济与学前教育的关系是社会诸多因素中较为重要的一方面，经济是学前教育发展的基础，经济发展影响和制约学前教育机构的产生和发展。学前教育作为一种社会实践活动伴随人类的产生而产生，但学前教育机构产生的历史并不长。由于原始社会生产力低下，儿童很早就要加入劳动中，儿童在劳动和日常生产生活中获得教育，没有专门的学前教育机构。随着社会的发展，劳动日益复杂化、分化，儿童要参加劳动则需要接受一定的培训。在奴隶社会和封建社会，社会生产主要以家庭为基本生产单位，生产力较为低下，儿童在家庭里接受教育，学前教育的基本形式是家庭教育。

15世纪英国的圈地运动使得大批农民聚集于城市，这些贫民子女的保教问题被提上日程，出现了一些专门开展保育和教育的场所和设施，这是近代欧洲学前教育产生的胚胎和根源。随着社会的发展，18世纪以英国为首的欧洲各国发起了第一次工业革命，生产力得到迅速发展，经济发展突飞猛进，为学前教育机构的产生提供了物质基础。同时，工业革命的推动，工厂的发展使得女工数量急剧增加，年幼的儿童无人照料，于是专门的学前教育机构应运而生。一些发展较早的欧洲国家纷纷建立了学前教育机构，如法国的奥柏林创办了编织学校，为所在地区贫民的子女提供教育，这是法国历史上最早的幼儿教育机构。一些经济发展水平较低的国家，专门的学前教育机构建立得较晚，如我国的学前教育机构的建立就比欧美等发达资本主义国家晚了将近一个世纪，1903年创办的湖北幼稚园，于1904年改名为武昌蒙养院，这是我国第一所官办的学前教育机构。

（二）经济制约学前教育发展的规模和速度

学前教育的发展规模和速度要与社会经济发展相适应，学前教育的产生和发展需要一定的物质条件，经济发展是学前教育发展的物质前提，如果不顾经济发展水平而盲目发展就会受挫。如1958年，全国幼儿园由1957年的16400余所激增至695000余所，增长率约41倍，而工农业总产值，1958年比1957年只增长了18.2%，使幼儿园的发展缺乏相应的经济基础，1961年后，很多幼儿园停办，幼儿园数量又恢复到1957年的水平。[①]改革开放以来，我国经济飞速发展，学前教育也得到了迅速发展。根据教育部发布的2022年全国教育事业发展统计公报显示，2022年，学前教育毛入园率89.7%，比上年提高1.6个百分点。全国共有幼儿园28.92万所，其中，普惠性幼儿园24.57万所，占全国幼儿园的比例为84.96%。但各地区学前教育发展受区域经济的制约，发展是不平衡的，以云南省为例，2018年全省学前教育毛入园率为79%，但省内怒江州福贡县，是国家“三区三州”深度贫困地区，农村人口众多，未入园农村幼儿多，学前三年毛入园率仅为66.06%，这也表明经济发展在一定程度上影响和制约学前教育发展的速度和规模。

（三）经济影响学前教育的任务、内容和手段

不同形态的社会经济发展水平不同，对未来劳动者的素质要求也不同，这便导致学前教育的任务、内容和手段也不相同。原始社会生产力低下，儿童四五岁就开始参加社会生产劳动，学前教育的任务和生产生活密切相关，原始社会没有专门的学前教育机构，其学前教育主要是在生产劳动中进行，即通过亲身示范和口头教育的形式。随着生产力的发展，19世纪上半叶，学前教育机构主要是为在工厂工作的母亲照看孩子，承担儿童生活与安全方面的照顾任务。到19世纪下半叶至20世纪上半叶，学前教育机构已经不限于看护儿童，开始对儿童实施促进其身心发展的教育，注重其智力、情感等方面的教育。如德国教育家福禄贝尔于1840年创办的幼儿园以教育而非看护为主要任务。20世纪80年代以来，世界教育改革的浪潮直接影响了学前教育的发展，学前教育的任务转向促进儿童身体、情感、智力等身心全面发展。

学前教育的内容和手段也与经济发展密切相关，现代经济的发展不断促进科学技术的进步与更新，教育内容和手段随着社会的发展而不断丰富和更新，如教育部2001年颁布的《幼儿园教育指导纲要（试行）》中增加了爱护动植物、关心周围环境、建立环保意识等教育内容，注重儿童情感体验和创造性的培养。在教育手段方面，运用录音、

---

① 黄人颂.学前教育学[M].3版.北京：人民教育出版社，2015：43.

视频、多媒体信息技术等现代化手段，寓教育于一日生活之中，丰富了儿童游戏的种类和内容。

拓展阅读

投资儿童早期发展是反贫困的有效途径

全球跟踪研究显示，儿童早期发展阶段每投入1美元，将获得4.1—9.2美元的回报，而在美国，这一回报在7—16美元之间。投资儿童发展比投资青年和成人教育培训更有效，学校教育阶段和成人继续教育阶段的投资回报分别只有2∶1和3∶1。2000年诺贝尔经济学奖得主詹姆斯·赫克曼在论文《婴幼儿投入产出比调研》中指出，社会对儿童，尤其是弱势儿童（孤儿、单亲、贫困等）的前期投入和受助儿童长大成人后产生的社会效益比例可以达到1∶17，甚至更高。他建议，投资于儿童能力发展采取“预分配”方式，而不是事后“再分配”，才是使效率与公平兼得的最佳方法。靠传统的转移支付方式可以提高穷人收入，改善贫困家庭生活，却不能使他们彻底摆脱贫困。2016年世界银行和《柳叶刀》杂志发布了儿童早期发展方面的重要报告，再次突出了儿童早期发展对学业、就业、收入、健康及社会福利开支等的重要作用，深入阐述了儿童早期发展对全球特别是发展中国家积累人力资本的重要作用。所以，越来越多的国家将反贫困政策的重点转向人力资本投资，特别是加大对儿童早期发展的投入（如图3-1所示）。

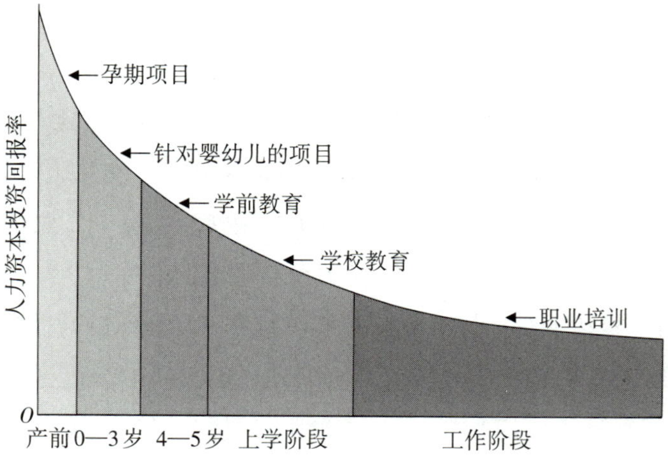

图3-1　儿童早期发展投入是一项聪明的投资

资料来源：中国发展研究基金会.中国西部学前教育发展情况报告[J].华东师范大学学报（教育科学版），2020(1)：97-126.

二、学前教育对经济的影响

(一)学前教育能够推动经济发展,产生更高的经济效益

教育投入与经济增长之间相互促进,经济增长依赖于科技进步,而科技进步的基础在于人才培养,人才培养直接依赖于教育。学前教育是终身学习的开端,是国民教育体系的重要组成部分,是重要的社会公益事业,其良性发展无论是对个人还是对国家都具有重要意义。正如《国务院关于当前发展学前教育的若干意见》(以下简称《意见》)所言“学前教育是终身学习的开端,是国民教育体系的重要组成部分,关系亿万儿童的健康成长,关系千家万户的切身利益,关系国家和民族的未来”。充足的经费投入是学前教育事业发展的重要保障。我国自改革开放以来,随着市场经济的发展,人民生活质量明显提高,学前教育发展也进入了快车道,普及程度逐年提高。2010年颁布的《国家中长期教育改革和发展规划纲要(2010—2020年)》中提出到2020年基本普及学前教育,这是国家继2000年基本普及义务教育后,为实现更高水平的普及教育而做出的又一重大决策。《意见》提出了加快推进学前教育发展的十条政策意见。财政部、教育部联合颁布的《关于加大财政投入支持学前教育发展的通知》充分认识到政府的财政支持对学前教育发展的重要性和紧迫性。在教育与经济增长关系研究的基础上,有研究通过构建学前教育生产函数测算了我国1997—2016年学前教育投入对经济增长的贡献率,澄清了社会上认为教育尤其是学前教育投入对经济增长没有作用或作用不显著的观点。研究结果表明:我国各地区学前教育投入对经济增长具有显著的促进作用,全国总体贡献率为33.10%。[①]

有研究表明,学前教育是产生经济效益的黄金时期。芝加哥大学教授詹姆斯·赫克曼从人力资本的视角对“芝加哥亲子中心研究”“高瞻佩里学前教育”等项目进行了深入分析后指出:在其他条件相同的情况下,幼儿时期投入1美元所产生的回报将比幼儿期之后投入同样金额所产生的回报大得多。在所有教育阶段的投入中,只有学前教育和小学低年级的投入所产生的回报超过了机会成本,教育投入的回报率与受教育者年龄成反比关系,因此,学前教育是一个非常值得投入的教育领域。[②]这些数据有力地说明了在保证学前教育质量的前提下,加大对学前教育的投入能产生更高的经济效益。

---

① 宋乃庆,郑文虎,江长州.我国学前教育投入对经济增长的贡献率研究[J].教育与教学研究,2019(5):32-44.

② 裘指挥,刘焱.国外学前教育的社会经济效益研究[J].比较教育研究,2011(6):1-4.

(二)学前教育增加了妇女就业机会,为社会创造更多的社会价值

公共学前教育机构未出现之前,儿童的早期教育主要在家庭中进行,为了养育儿童,父母花费了很多时间和精力,尤其是母亲,妇女参加社会生产劳动的首要困难就是年幼子女无人照管。学前教育通过承担保教儿童的任务,将家庭妇女从单纯的家务劳动和养育儿童中解放出来,投入社会生产劳动。学前教育的普及和发展有利于增加妇女就业率和提高妇女就业的工作质量,从而创造更多的社会价值。加拿大的克里夫兰和克拉辛斯基通过研究发现,给2—6岁的儿童提供高质量、全日制的幼儿教育产生的效益是其他公共投资的2倍,其中,接近一半的社会效益源于母亲就业率的增加。[①]

① 芦苇.学前教育学[M].北京:中国人民大学出版社,2015:33.

第三节 学前教育与文化

一、学前教育对文化的影响

学前教育总是在一定的文化环境中开展的，学前教育的发展除了受政治、经济的影响和制约，也受文化的影响。文化是一个使用十分广泛的概念，广义的文化指人类所创造的物质财富和精神财富的总和，狭义的文化特指人类创造的精神财富，即社会的思想、道德、科技、教育、文化、艺术、习俗、各种制度等。这里主要讨论狭义的文化对学前教育的影响。

（一）文化影响学前教育的目标

学前教育的目标既受政治的影响，也受文化的影响。一定的文化传统，具有独特的道德标准、风俗习惯等，这会对该文化背景下的学前教育目标产生直接影响。由于文化的差异性，各国对教育培养人的要求存在较大差异，如美国，在学前教育目标中特别强调"鼓励幼儿独立思考和行动""培养良好的社会态度"等。在我国漫长的封建社会时期，由于受到儒家文化的影响，教育目标被定为"明人伦"，即"父子有亲，君臣有义，夫妇有别，长幼有序，朋友有信"，其目的在于维护上下尊卑的社会秩序和道德观念。凡此种种，都说明了文化深刻地影响、制约着学前教育的目标。

（二）文化影响学前教育的内容

学前教育的内容来自人们对文化的选择。在中国历史上，长期成为儿童读物的《三字经》《百家姓》《千字文》等蒙学读物，所反映的主要是儒家思想、伦理道德。《幼儿园教育指导纲要（试行）》明确指出：幼儿园的教育内容是全面的、启蒙性的，可以相对划分为健康、语言、社会、科学、艺术五个领域，也可作其他不同的划分。各领域的内容相互渗透，从不同角度促进幼儿情感、态度、能力、知识、技能等方面的发展。这些内容无不来源于人类积累下来的精神文化遗产，学前教育的内容很大程度上受文化因素的影响。中华优秀传统文化中可利用的教学资源丰富多彩，包含语言、民间游戏、民俗文化传统等，充分体现了教育内容的丰富性和多元性。如民间游戏承载了民族传统文化，是儿童接触和学习优秀传统文化的重要途径。民间游戏以活生生的情感形态存在于时空之中，它来自民间、来自大众，植根于民族传统文化，与儿童的现实生活紧密相连，是人们在生活中根据需要、经验创编的儿童喜闻乐见的游戏活动，与儿童的生活状态和生活实际紧密贴近，呈现出更多教育的原生态，体现出儿童的内在需求。

二、学前教育对文化的影响

（一）学前教育影响文化的传承和选择

中华民族历史悠久，源远流长，在数千年的历史进程中，独立创造和发展了自己的原生文化和灿烂文明，包括价值观念、政治制度、思想意识、语言文字、农业技术、诗词歌赋、音乐绘画、书画艺术、审美趣味、木构建筑、饮食茶艺等，形成了和其他文化完全不同又独树一帜的文化体系。中华优秀传统文化是中华民族生生不息，延续数千年的“根”与“魂”，学习、掌握和传承中华优秀传统文化应该是每一个中国人的基本素养、基本自觉和基本追求。[①]传承中华优秀传统文化是学前教育的基本职能之一，让学前儿童从小在中华优秀传统文化的熏陶中成长，春风化雨、润物无声地培养幼儿对国家和文化的认同感。同时，文化受社会经济和时代的影响，文化中既有社会发展和个人成长所需的东西，也有落后于社会发展和个人成长的东西，因此，学前教育应选择适宜于学前儿童成长和社会发展的正向的、可持续的文化，营造适切的文化氛围，助力其形成正确的价值观。

（二）学前教育影响文化的创新和发展

文化总是处于不断发展的过程中，创新和发展是文化生命力的生动体现。任何文化只有不断推陈出新，才能源远流长，充满活力。学前教育实践的发展，通过幼儿园课程资源、图画书、绘本等资源的开发和更新，推动着文化的创新。学前教育领域先进的教育思想也会对当时的社会文化进行创造与更新。如针对当时旧教育理论脱离实际，学校脱离社会，教学脱离儿童实际的弊端，陈鹤琴提出“活教育”理论，认为传统的“死教育”只让儿童死读书本，而“活教育”最主要的特征是强调教育和现实生活、社会实际紧密相连，大自然、大社会是知识的主要源泉。陈鹤琴的“活教育”理论对当时的文化进行了创新和发展，对现在的学前教育实践产生着深刻影响。同时，学前教育在传承文化的过程中，把已有的社会文化内化为儿童的精神财富，变为他们的知识、思维能力和实践能力，使其具备创新文化的能力和个性，进而推动文化的发展与创新。

---

① 任文静，张林，张淑利．学前教育学[M]．北京：首都师范大学出版社，2019：56.

拓展阅读

中华优秀传统文化融入学前教育是国家认同的奠基性工程

《幼儿园教育指导纲要(试行)》明确规定,要引导幼儿实际感受祖国文化的丰富与优秀,激发幼儿爱家乡、爱祖国的情感。将中华优秀传统文化融入学前教育,就是让我们的孩子从小就在中华优秀传统文化的熏陶、浸泡中成长,春风化雨、润物无声地使幼儿对祖国文化乃至国家十分自然地产生认同感和归属感,这也完全符合陈鹤琴先生提倡的中国幼儿教育的重要使命:“做人,做中国人,做现代中国人。”“做人”就是为幼儿的一生奠基,让他们在幼儿期养成良好的行为习惯、个性品质和文明修养;“做中国人”就是塑造幼儿的国家认同和文化认同,激发幼儿热爱家乡、热爱祖国的情感,对自己的国家和文化产生归属感、自豪感;而做“现代中国人”则是更进一步,幼儿教育要为培养既有国家意识、本土情怀,又具备现代文明理念、独立人格和科学素养的人奠基。我们现在动不动就喜欢说“从娃娃抓起”,没有意识到恰恰文化认同、国家认同才真正必须从娃娃抓起,在这方面我们有着深刻的教训。改革开放打开国门以来,大量西方的文化产品包括儿童文化产品涌入中国,西方文化不断侵蚀我们的本土文化包括儿童文化,我们的80后、90后、00后都是看着《天线宝宝》《猫和老鼠》《奥特曼》《樱桃小丸子》,过着“感恩节”“圣诞节”和其他商业文化制造的狂欢节日成长起来的,他们对本土的、传统的儿童文化不感兴趣,甚至有隔阂,他们对祖辈曾经的放牛生活,即使不是一无所知,也基本上很难再产生兴趣。正是由于童年生活的奠基性价值,我们要理直气壮地提倡“中华优秀传统文化传承从娃娃抓起”。幼教工作者要在尊重儿童身心发展特点的前提下进行中华优秀传统文化传承启蒙教育,让幼儿产生对国家基本的认同感和归属感。

资料来源:杨宁.中华优秀传统文化融入学前教育的基本主张[J].学前教育研究,2021(9):1-4.

第四节 学前教育与行动计划

一、第一期学前教育行动计划

2010年11月，国务院发布了《关于当前发展学前教育的若干意见》，明确指出要“统筹规划，实施学前教育三年行动计划”。要求各省(区、市)政府要深入调查，准确掌握当地学前教育基本状况和存在的突出问题，结合本区域经济社会发展状况和适龄人口分布、变化趋势，科学测算入园需求和供需缺口，确定发展目标，分解年度任务，落实经费，以县为单位编制学前教育三年行动计划，有效缓解“入园难”问题。

(一)第一期学前教育行动计划的编制要求

2011年1月，教育部要求各地要扎实做好学前教育三年行动计划的编制工作。首先，做到“三个落实”。落实目标任务，将三年有效缓解“入园难”的总体要求具体化，落实到区县；落实政府责任，将相关项目纳入当地政府逐年实施的民生工程；落实政策措施，要紧密结合各地实际，在扩大资源、加大投入、加强教师队伍建设等方面制定切实可行的措施。其次，要建立切实有效的领导协调机制，进一步完善学前教育工作联席会议制度等协调机制，调动和发挥各有关部门的积极性和创造性，加大统筹协调力度，明确任务分工，加强对三年行动计划编制和实施过程的组织领导。教育部门要切实履行主管职能。再次，要注重内涵发展。各地要把内涵发展和质量提高作为编制行动计划的重要内容，在加快城乡幼儿园建设的同时，统筹考虑师资配备和内涵发展，做到建设一所，合格一所，全面提高师资水平和教育质量。最后，要建立有效的推进机制。加大对行动计划编制和实施情况的督查力度，确保各项工作落到实处。

(二)各地第一期学前教育行动计划的出台

各地切实把学前教育纳入教育工作和改善民生的重要方面，行动迅速，推进力度大，纷纷出台了行动计划和实施方案，落实政策措施。据报道，天津市政府在全国率先出台了学前教育三年行动计划，落实解决“入园难”的政策措施和工程项目。计划新建改扩建120所公办幼儿园，改造146所乡镇中心幼儿园，建设500所村办标准化幼儿园，扶持进城务工随迁子女接受学前教育。福建省政府下发《关于加快学前教育发展的意见》,提出到2012年底有效缓解“入园难”,计划三年内新建469所公办幼儿园,学前三年毛入园率达到91%。2010年已安排4亿元,用于新建改扩建一批公办幼儿园,同时对办园规范、质量合格、低收费的普惠性民办幼儿园按生均给予补助。江苏省政府办公厅下发了《关于加快学前教育改革发展的意见》,进一步强化政府在政策、规划、投入等方面的责任。对学前教育改革发展各项工作进行了任务分解,下派目标任务书给相关部门和单位,确保“事事有人管”“件件有落实”“项项有考核”。山东省教育厅等八个部门出台了《学前教育普及计划》。明确提出以政府投入为主发展学前教育,建立政府主导、公办为主、民办补充的办园体制,到2015年公办幼儿园及在公办园就读的幼儿分别达到总数的70%以上。北京市计划五年投入50亿元,新建、改扩建600所幼儿园,使全市公办园比例达到70%以上,生均财政拨款标准从200元提高到1200元。上海市在2006—2008年实施“学前教育三年行动计划”的基础上,研究制定新一轮三年行动计划,进一步加大投入力度,使公共财政投入在学前教育成本中的分担比例在现有68%的基础上,继续有一定程度的提高。

(三)第一期学前教育行动计划的成效

第一期学前教育行动计划的实施,有力推动了学前教育的快速发展。首先,幼儿园的数量和在园幼儿数大幅增长。据统计,2013年全国共有幼儿园19.86万所,比2010年增加4.82万所,增长了32%;在园幼儿达到3895万人,比2010年增加918万人,增长了31%。全国学前三年毛入园率达到67.5%,比2010年增加了10.9个百分点,提前实现了“十二五”规划提出的60%的目标。其次,经费投入大幅增长,普惠性资源增加。据介绍,2011年至2013年,中央财政学前教育项目经费投入500亿元,带动地方各级财政投入1600多亿元。全国财政性教育经费中学前教育占比从2010年的1.7%提高到2012年的3.4%。最后,幼儿园教师队伍持续壮大,保教质量不断提高。2013年全国幼儿园教职工达283万人,比2010年增加98万人,增长53%。为了加强幼儿园教师队伍建设,教育部颁布了《幼儿园教职工配备标准》,各地加快核定公办园教师编制,通过特岗计划、小学教师培训后转岗、接收免费师范生、公开招聘等多种途径,充实幼儿园教师队伍。此外,教育部不仅加大了幼儿园教师的培养力度,批准升格了9所幼儿师专,2013年培养幼儿园教师的高等院校和中等师范学校已达739所,在校生规模达53.7万人,比2010年增加了25.8万人,增长了近1倍;而且还加大了培训力度,幼儿园教师国培计划投入11亿元,培训农村幼儿园教师29.6万名。

二、第二期学前教育行动计划

为认真贯彻党的十八大“办好学前教育”和十八届三中全会“推进学前教育改革发展”的要求，进一步落实国务院《关于当前发展学前教育的若干意见》，促进学前教育持续健康发展。教育部、国家发展改革委、财政部于2014年11月，联合印发《关于实施第二期学前教育三年行动计划的意见》，决定2014—2016年实施第二期学前教育三年行动计划。

（一）第二期行动计划的主要目标

实施第二期行动计划，到2016年全国学前三年毛入园率达到75%左右；城镇和经济发达地区的农村全面普及学前三年教育，其他农村地区特别是集中连片特困地区学前三年毛入园率有较大增长；初步建成以公办园和普惠性民办园为主体的学前教育服务网络；逐步建立起以公共财政投入为主的农村学前教育成本分担机制；幼儿园办园水平和保教质量显著提高。

（二）第二期行动计划的重点任务

1. 扩大总量

着力扩大农村学前教育资源，重点解决好连片特困地区、少数民族地区、留守儿童集中地区学前教育资源短缺问题；充分考虑城镇化发展、老城区改造和人口流动的实际，重点解决好城镇及城乡接合部学前教育资源总量不足的问题；努力增加残疾适龄儿童的入园机会。

2. 调整结构

调整资源结构，扩大城乡公办园和普惠性民办园的覆盖面；调整布局结构，努力实现就近入园、方便入园；调整投入结构，在继续扩大资源的基础上加大对条件保障的投入力度。

3. 健全机制

完善政府投入、社会举办者投入、家庭合理分担的投入机制，努力做到保工资、保安全、保运转、保发展；健全公办园教职工编制核定、补充制度，依法保障幼儿园教职工合法权益；完善学前教育管理体制和办园体制。

4. 提升质量

深入贯彻落实《3—6岁儿童学习与发展指南》；健全幼儿园动态监管机制；提高幼儿园教师、卫生保健人员的专业素质和实践能力；提升办园水平，各类幼儿园的师资、班额、玩教具、园舍等逐步达到国家和地方规定的标准。

(三)第二期行动计划的主要措施

1.加快发展公办幼儿园

以区县为单位制订幼儿园总体布局规划，合理确定公办园的布局，逐年安排新建、改扩建一批公办园；加大农村公办幼儿园建设力度；2015年底前，城镇小区按国家和地方相关规定补足配齐幼儿园。

2.积极扶持普惠性民办幼儿园

落实用地、减免税费等优惠政策，多种方式吸引社会力量办园；各地根据普惠性资源布局和幼儿入园需求，认定一批普惠性民办园，通过政府购买服务、减免租金、派驻公办教师、培训教师等方式，支持民办园提供普惠性服务，有条件的地区可参照公办园生均公用经费标准，对普惠性民办园给予适当补贴；鼓励民办园提供多形式、多层次的学前教育服务，满足家长不同需求。

3.进一步加大学前教育投入

各地要切实加大财政投入力度，落实学前教育投入的主体责任。地方根据本地实际，研究制订公办幼儿园生均公用经费标准或者生均财政拨款标准，并逐步达到；按规定程序调整保教费收费标准，将家庭负担控制在合理范围；财政性学前教育投入要最大限度地向农村、边远、贫困和民族地区倾斜；加大对家庭经济困难儿童、孤儿和残疾儿童接受学前教育的资助力度；中央财政继续安排专项资金，鼓励和引导地方积极发展学前教育；除继续鼓励地方完善幼儿资助制度、实施幼儿教师国家级培训计划外，将原来的校舍改建类和综合奖补类项目整合为扩大学前教育资源奖补项目，支持地方改扩建和新建公办幼儿园、利用社会力量举办普惠性幼儿园、改善办园条件，并向中西部地区和薄弱环节倾斜，引导和激励地方完善学前教育公共服务体系。

4.加强幼儿园教师队伍建设

各地要落实《幼儿园教职工配备标准(暂行)》，通过多种方式补足配齐各类幼儿园教职工，有条件的地方出台公办幼儿园教职工编制标准；完善幼儿园教师工资待遇保障机制，落实国家规定的工资待遇；通过生均财政拨款、专项补助等方式，支持解决好公办园非在编教师、农村集体办幼儿园教师工资待遇问题，逐步实现同工同酬；引导和监督民办园依法保障教师工资待遇，足额足项为教师缴纳社会保险和住房公积金。各省(区、市)制定幼儿园教师培养规划，扩大培养规模；建立满足不同层次和需求的培训体系，各地2015年底前完成对幼儿园园长和教师的全员专业培训。

5.健全幼儿园监管体系

各地要加强对幼儿园的监管，县级政府履行主体责任，有关部门按职能履行职责，建立健全日常管理和随机抽查制度。教育行政部门要充实管理力量，落实幼儿园年检制度，加强对幼儿园办园资质、教师资格、办园行为、收费等的监管，建立幼儿园信息公示制度，及时发布幼儿园基本信息，接受社会监督；教育督导部门加强学前教育专项督导，向社会发布督导报告；幼儿园要建立健全定期自查自纠制度和家长委员会制度，对卫生、消防、园舍等方面的安全隐患及时发现并消除，对事关幼儿和家长切身利益的事项应充分征求家长委员会的意见。

6.加强幼儿园保育教育指导

根据幼儿园数量和布局，划分学前教育教研指导责任区，安排专职教研员，定期对幼儿园进行业务指导；完善区域教研和园本教研制度，充分发挥城市优质幼儿园和农村乡镇中心幼儿园的辐射带动作用，及时解决教师在教育实践中的困惑和问题；构建幼儿园保教质量评估体系，建立科学导向，着重加强对师资配备、教育过程和管理水平等方面的评估；坚持小学一年级“零起点”教学，严禁幼儿园提前教授小学教育内容。

（四）第二期学前教育行动计划的成效

第二期行动计划的实施，学前教育改革发展取得显著成效，突出表现在“两个提高”和“两个加强”。首先，学前三年毛入园率大幅提高。截至2016年，幼儿园数量达24万所，增长了20.6%，在园幼儿规模4414万人，增长了13.3%，毛入园率达77.4%，三年提高10个百分点，比2009年提高了27个百分点。其次，学前教育财政投入大幅提高。2014—2016年，中央财政投入518亿元，支持各地扩大普惠性资源，带动地方投入超过2000亿元。2016年全国财政性学前教育经费占比达到4%左右，比2010年的1.6%翻了一番多。再次，幼儿园教师队伍建设明显加强。幼儿园教职工规模快速增加，专业化水平不断提高，编制待遇问题有了一定突破。最后，幼儿园管理和指导明显加强。学前教育管理制度进一步健全，江苏、辽宁、云南、吉林、青岛、宁波、深圳等相继出台《学前教育条例》，各地认真落实《3—6岁儿童学习与发展指南》，健全教研指导体系，幼儿园保教质量明显提高。

三、第三期学前教育行动计划

为贯彻落实党的十八届五中全会“发展学前教育，鼓励普惠性幼儿园发展”的要求，进一步推进学前教育改革发展，经国家教育体制改革领导小组会议通过，教育部等四部门于2017年4月联合印发《关于实施第三期学前教育行动计划的意见》。第三期学前教育行动计划以普及为主题，普惠为主线，确定了到2020年全国学前三年毛入园率达到85%、普惠性幼儿园覆盖率达到80%左右的“双普”规划目标。要求各地要聚焦第三期的主要目标任务，抓住重点难点，集中解决好一些长期制约学前教育发展的瓶颈问题。

（一）第三期行动计划的目标

实施第三期行动计划，到2020年，基本建成广覆盖、保基本、有质量的学前教育公共服务体系；全国学前三年毛入园率达到85%，普惠性幼儿园覆盖率（公办幼儿园和普惠性民办幼儿园在园幼儿数占在园幼儿总数的比例）达到80%左右；管理体制和办园体制逐步理顺，发展学前教育的责任进一步落实；学前教育成本分担机制普遍建立，运行保障能力显著增强；幼儿园教师配备和工资待遇保障机制初步建立，师资力量进一步加强；幼儿园保教质量评估监管体系基本形成，办园行为普遍规范，“小学化”现象基本消除。

（二）第三期行动计划的重点任务

1.增加普惠性资源供给

重点加强脱贫攻坚地区、两孩政策新增人口集中地区和城乡接合部幼儿园建设；大力发展公办幼儿园，提供广覆盖、保基本的学前教育公共服务；积极鼓励社会力量举办幼儿园，扶持普惠性民办幼儿园；改善办园条件，满足基本保育教育活动需要。

2.深化体制机制改革

落实地方各级政府发展学前教育的责任。理顺机关、企事业单位、城镇街道办幼儿园办园体制；建立与公益普惠要求相适应的学前教育成本分担机制；深化幼儿园教师培养培训机制、补充机制和工资待遇保障机制改革。

3.提升保育教育质量

深化幼儿园教育改革，坚持正确的办园方向，尊重幼儿身心发展规律和学习特点，坚持以游戏为基本活动，保教并重，养成良好的品德与行为习惯，锻炼幼儿健康的体魄，激发幼儿探究兴趣，培养积极的交往与合作能力，促进幼儿身心全面和谐发展；建立健全幼儿园保教质量评估体系，推进幼儿园质量评估工作；加强学前教育教研力量，健全教研指导网络。整体提升农村幼儿园教育质量。

（三）第三期行动计划的主要措施

1. 发展普惠性幼儿园

逐年安排新建、改扩建一批幼儿园，支持企事业单位和集体办园，扩大公办资源；老旧城区、棚户区改造和新城区、城镇小区建设要按需要配建幼儿园；开展城镇小区配套幼儿园专项整治，对未按规定建设或移交、没有办成公办园或普惠性民办幼儿园的要全面整改，2018年底前整改到位；继续办好公办乡镇中心幼儿园，充分发挥辐射指导作用，大村独立建园，小村联合办园，优先利用中小学闲置校舍进行改建；加快集中连片贫困地区乡村幼儿园建设。各省（区、市）制定普惠性民办幼儿园认定标准，逐年确定一批普惠性民办幼儿园。

2. 理顺学前教育管理体制和办园体制

建立健全“国务院领导，省地（市）统筹，以县为主”的学前教育管理体制；省级、地市级政府加强统筹，加大对贫困地区支持力度；落实县级政府主体责任，充分发挥乡镇政府的作用。积极推动各地理顺机关、企事业单位、城镇街道办幼儿园办园体制，实行属地化管理，通过地方政府接收、与当地优质公办园合并、政府购买服务等多种形式，确保其面向社会提供普惠性服务。

3. 健全学前教育成本分担机制

各地要按照非义务教育成本分担的要求，建立起与管理体制相适应的生均拨款、收费、资助一体化的学前教育经费投入机制，保障幼儿园正常运转和稳定发展；根据幼儿园可持续发展需要和当地实际，逐步制定公办园生均拨款标准和普惠性民办园的补助标准；进一步健全资助制度，确保建档立卡等家庭经济困难幼儿优先获得资助；根据经济发展状况、办园成本和家庭经济承受能力，对公办幼儿园的保教费收费标准进行调整。

4. 构建幼儿园教师队伍建设支持体系

根据普及学前三年教育的要求，确定高等学校、中等师范学校学前教育专业的培养规模和层次，加大本专科层次幼儿园教师的培养力度；支持地方通过多种方式为农村和边远贫困地区培养补充合格的幼儿园教师；采取核定编制、区县统一招考管理等方式及时补充公办幼儿园教师；根据国家有关规定和当地实际情况，采取多种方式切实解决公办幼儿园非在编教师工资待遇偏低问题，逐步实现同工同酬；引导和监督民办幼儿园依法配足配齐教职工并保障其工资待遇，幼儿园教职工依法全员纳入社保体系。

5.加强幼儿园质量监管和业务指导

教育部制定幼儿园保教质量评估指南，各省（区、市）建立完善幼儿园质量评估体系，将各类幼儿园全部纳入评估范围；落实县级政府对幼儿园和培训机构的监管责任，加大监管机构和队伍的建设力度。完善幼儿园动态监管机制，规范办园行为，强化安全管理；加强玩教具配备，为幼儿创设丰富的教育环境。深入贯彻《幼儿园工作规程》和《3—6岁儿童学习与发展指南》，指导幼儿园教师根据幼儿的发展需要制定教育计划、指导游戏活动、安排一日生活，提高保教质量。发挥乡镇中心幼儿园的辐射作用，加强对农村学前教育的业务指导，探索农村乡镇幼儿园和村幼儿园一体化管理。健全幼儿园内部财务制度，加强幼儿园经费使用和收费行为的监管。

（四）第三期行动计划的成效

《国家中长期教育改革和发展规划纲要（2010—2020年）》实施以来，连续实施三期学前教育行动计划，不断扩大普惠性资源供给，提升保育教育质量，目前基本建成广覆盖、保基本、有质量的学前教育公共服务体系。2020年，全国学前教育毛入园率为85.2%，比2010年提高28.6个百分点，远高于《国家中长期教育改革和发展规划纲要（2010—2020年）》“达到70%”的目标。全国共有幼儿园29.2万所，其中公办幼儿园12.4万所，民办幼儿园16.8万所，分别是2010年的1.9倍、2.6倍和1.6倍。全国共有幼儿园专任教师291.3万人，是2010年的2.5倍。

四、“十四五”学前教育发展提升行动计划

国家连续实施三期学前教育行动计划，推动学前教育取得快速发展，有效缓解了“入园难”问题。为深入贯彻落实党的十九届五中全会“完善普惠性学前教育保障机制”“建设高质量教育体系”的部署要求，积极服务国家人口发展战略，进一步推进学前教育普及普惠安全优质发展，教育部等九部门于2021年12月印发《“十四五”学前教育发展提升行动计划》。

（一）“十四五”学前教育发展提升行动计划的主要目标

进一步提高学前教育普及普惠水平，到2025年，全国学前三年毛入园率达到90%以上，普惠性幼儿园覆盖率达到85%以上，公办园在园幼儿占比达到50%以上；覆盖城乡、布局合理、公益普惠的学前教育公共服务体系进一步健全，普惠性学前教育保障机制进一步完善，幼儿园保教质量全面提高，幼儿园与小学科学衔接机制基本形成。

（二）“十四五”学前教育发展提升行动计划的重点任务

1.补齐普惠资源短板

多渠道持续增加普惠性资源供给，大力发展公办幼儿园，积极扶持普惠性民办园，支持和规范社会力量办园。加强村级幼儿园建设，城市新增人口、流动人口集中地区新建改扩建一批幼儿园，完善城乡学前教育布局和公共服务网络，切实保障适龄幼儿入园。

2.完善普惠保障机制

切实落实各级政府发展学前教育责任，优化完善学前教育管理体制、办园体制，落实政府投入为主、家庭合理分担、其他多渠道筹措经费的机制，健全幼儿园教师配备补充、工资待遇保障制度，提升教师专业能力，促进普惠性学前教育可持续发展。

3.全面提升保教质量

深化幼儿园教育改革，坚持以游戏为基本活动，全面推进科学保教，加快实现幼儿园与小学科学有效衔接。推进学前教育教研改革，强化教研为教师专业成长和幼儿园保育教育实践服务。健全幼儿园保教质量评估体系，充分发挥质量评估对保教实践的科学导向作用，提高教师专业素质和实践能力。

（二）“十四五”学前教育发展提升行动计划的主要措施

1.优化普惠性资源布局

推进教育公平，增加普惠性资源供给，充分考虑出生人口变化、乡村振兴和城镇化发展趋势，逐年做好入园需求测算，完善县（区）普惠性幼儿园布局规划，原则上每三年调整一次。结合三孩生育政策实施和地方实际，及时修订和调整居住社区人口配套学位标准，推动城市居住社区、易地搬迁安置区配套建设与人口规模相适应的幼儿园，产权及时移交当地政府，确保提供普惠性服务，满足就近入园需要。完善农村学前教育资源布局，办好乡镇公办中心幼儿园，通过依托乡镇中心幼儿园举办分园、村独立或联合办园、巡回支教等方式满足农村适龄儿童入园需求。充分发挥乡镇中心幼儿园的辐射指导作用，实施乡（镇）、村幼儿园一体化管理。鼓励有条件的地方探索实施学前教育服务区制度。

2.推进普惠性资源扩容增效

国家实施教育提质扩容工程和教育强国推进工程，新建改扩建一批公办幼儿园，支持人口集中流入地、农村地区、“三区三州”、原集中连片特困地区县和片区外国家扶贫开发工作重点县普及学前教育。各地实施幼儿园建设项目，补齐普惠性资源短板，确保城乡学前教育资源全覆盖。加大扶持力度，落实财政补助、划拨方式供地、减免税费和租金等政策，鼓励支持政府机关、国有企事业单位、军队、街道、农村集体举办公办幼儿园，积极扶持民办园提供普惠性服务。逐步化解和消除学前教育"大班额"现象，防止出现新的无证园。全面改善办园条件，消除园舍安全隐患。各类幼儿园按照国家和地方的有关要求配备丰富适宜的玩教具和游戏材料。

3.健全经费投入与成本分担机制

各省（区、市）以提供普惠性服务为衡量标准，科学核定普惠性幼儿园办园成本，明确分担比例，统筹制定财政补助和收费政策，合理确定家庭支出水平。优化完善财政补助政策，逐步提高学前教育财政投入水平，保障普惠性学前教育有质量可持续发展。健全学前教育资助制度，切实保障家庭经济困难儿童接受普惠性学前教育。加强幼儿园收费监管，各省（区、市）综合考虑经济发展水平、群众承受能力和办园成本等因素，动态调整公办幼儿园收费标准、普惠性民办幼儿园最高收费限价。

4.提高幼儿园师资培养培训质量

鼓励各地结合实际加大农村和欠发达地区幼儿园教师培养力度。深化学前教育专业改革，完善培养方案，强化学前儿童发展和教育专业基础，注重培养学生观察了解儿童、支持儿童发展的实践能力。在高等学校学前教育专业增加特殊教育专业课程，提高师范生的融合教育能力。各地制定幼儿园教师和教研员培训规划，加大培训力度，实施全员培训，突出实践导向，提高培训实效。鼓励高校、教科研机构和优质幼儿园结对帮扶基层、边远和欠发达地区幼儿园。

5.保障幼儿园教师配备和工资待遇

各地要及时补充公办园教职工，严禁"有编不补"、长期使用代课教师。民办园按照配备标准配足配齐教职工。落实公办园教师工资待遇保障政策，统筹工资收入政策、经费支出渠道，确保教师工资及时足额发放、同工同酬。民办园要参照公办园教职工工资收入水平，合理确定相应教职工的工资收入。各类幼儿园教职工依法全员纳入社会保障体系，畅通缴费渠道，农村集体办园的教职工社会保险可委托乡镇中心幼儿园代缴，农村小学附属幼儿园由小学代缴。各类幼儿园依法依规足额足项为教职工缴纳社会保险和住房公积金，社会保障、医疗保障、税务等有关主管部门依法依规对幼儿园教职工缴纳社保情况组织检查，积极开展医保参保宣传进校园等活动，切实保障教职工合法权益。

6.完善幼儿园规范管理机制

落实县级人民政府和各有关部门的监督管理责任，提升跨部门协同治理能力，完善动态监管机制，强化对幼儿园办园条件、教师资格与配备、安全防护、收费行为、卫生保健、保育教育、财务管理等方面的动态监管。加强民办园财务监管，非营利性民办园收取费用、开展活动的资金往来，要使用在教育行政部门备案的账户，确保收费主要用于保障教职工待遇、改善办园条件、提高保教质量。严禁非营利性民办幼儿园举办者通过任何方式取得办学收益、分配或转移办学结余。

7. 强化幼儿园安全保障

严格落实幼儿园安全主体责任和有关部门安全监管责任，建立全覆盖的安全风险防控体系。幼儿园要健全房屋设备、消防、门卫、食品药品、幼儿接送交接、幼儿就寝值守和活动组织等安全防护和检查制度，及时排查安全隐患，严防各类事故发生。加强人防、物防、技防建设，幼儿园门口设置隔离栏、隔离墩或升降柱等硬质防冲撞设施，专职保安配备、一键式紧急报警、视频监控装置配备和封闭化管理全面达标。

8. 加大不规范办园行为治理力度

加强办园行为督导，重点对存在危房、“三防”不达标等安全隐患及园长和教师不具备规定资格等不规范办园行为进行动态督查，限期整改，整改不到位的依法进行处罚。对出现虐童、体罚及变相体罚等严重师德失范行为的幼儿园，年检实行一票否决，对涉事教职工、管理者和举办者依法追究法律责任。加大校外培训机构执法检查力度，对面向学龄前儿童开展线上培训和以学前班、幼小衔接班、思维训练班、托管班等名义开展线下学科类（含外语）培训，以及其他违反儿童身心发展规律和接受能力的培训活动，一经发现，严肃查处，并追究相关人员的责任。

9. 深化幼儿园教育改革

深入贯彻落实《3—6岁儿童学习与发展指南》《幼儿园教育指导纲要（试行）》，以先进的实践经验为引领，切实转变教师观念和行为，促进幼儿在快乐的童年生活中获得有益身心的学习和发展经验，提升教师职业成就感。深入推进幼儿园与小学科学衔接，在认真开展试点、加强实践探索的基础上，全面构建衔接机制，强化幼儿园和小学深度合作，切实提高入学准备和入学适应教育的科学性和有效性，坚决纠正超前学习、拔苗助长等违反幼儿身心发展规律的行为。

10. 推动学前教育教研改革

坚持教研为幼儿园教育实践服务，为教师专业发展服务，为教育管理决策服务。加强学前教育教研工作，遴选优秀园长和教师充实教研岗位，每个区县至少配备一名学前教育专职教研员，形成一支专兼结合的高素质专业化学前教研队伍。完善教研指导责任区、区域教研和园本教研制度，实现各类幼儿园教研指导全覆盖。教研人员要深入幼儿园保教实践，了解教师专业成长需求，分类制定教研计划，确定教研内容，及时研究解决教师保教实践中的困惑和问题。充分发挥城镇优质幼儿园和乡镇中心幼儿园的辐射指导作用，推动区域保教质量整体提升。

本章小结

本章主要讨论了社会中的经济、政治和文化等因素与学前教育发展的关系，以及三期学前教育行动计划和“十四五”学前教育发展提升行动计划的目标、重点任务、主要措施和成效。

1. 社会政治制约学前教育的性质，影响学前教育的目标和任务。同时，学前教育对政治也有一定影响，学前教育为儿童树立正确的价值观、人生观和世界观奠定基础，学前教育影响学前儿童的政治观念。

2. 社会经济影响学前教育机构的产生和发展，制约学前教育发展的规模和速度，影响学前教育的任务、内容和手段。同时，学前教育能够推动经济发展，产生更高的经济效益，学前教育增加了妇女就业，为社会创造更多的社会价值。

3. 社会文化影响着学前教育的目标和内容，反过来，学前教育影响社会文化的传承和选择，学前教育影响社会文化的创新和发展。

4. 国家连续实施三期学前教育行动计划，推动学前教育取得快速发展，有效缓解了“入园难”问题。“十四五”学前教育发展提升行动计划将进一步推进学前教育普及普惠安全优质发展。

视野拓展

1.《教育与美好生活》

伯特兰·罗素著，张鑫毅译，上海人民出版社2017年出版。罗素在《教育与美好生活》中传递了许多充满前瞻性的教育理念，该书的诸多教育主张，对于教育者更新教育理念以及如何运用有着深刻的意义。该书回答了从孩子起步阶段到长大成人期间教育方面的困惑，这本书给了我们一些指引，可以促使我们对于孩子成长过程中的诸多困惑进行思考。

2.《爱弥儿》

卢梭著，彭正梅译，上海人民出版社2014年出版。《爱弥儿》是法国思想家卢梭创作的教育学著作。该书依次论述了自然教育、社会教育和公民教育三种教育形式，在西方教育史上首次系统地提出了新的儿童教育观，从而在教育史上掀起了一场“哥白尼式的革命”。全书反映了自然主义教育思想，阐述性善论，其思想对后世许多教育家都有启发和影响。

思考与实训

1. 分析经济、政治、文化和学前教育发展之间的关系。

2. 阅读我国最新的学前教育政策法规，分析经济、政治对我国学前教育政策法规的影响。

3. 分析三期学前教育行动计划到《“十四五”学前教育发展提升行动计划》的发展演变。

4. 材料分析。

三字经+武术！新样态幼儿园把优秀传统文化渗透到学前教育[①]

2020年11月2日，由教育部教育发展研究中心、广东省教育厅、广州市教育局、广州市荔湾区人民政府主办，广州市荔湾区教育局承办的第三届全国新样态学校论坛暨荔湾教育高质量发展峰会“传统文化与幼儿园课程构建”分论坛在荔湾区协和幼儿园召开，来自全国各地的幼教专家、同行受邀参加了本次论坛。同时，荔湾区第三届区域醒目教育课程幼儿园文创作品展也在协和幼儿园拉开了序幕。

“身如桅杆脚如船，伸缩如鞭势如澜”，随着三字经武术操轻快的节奏，现场身着蓝色武术服的孩子们形神兼备，一招一式散发着蓬勃的生机，协和幼儿园的孩子展示了融入岭南元素和传统国学元素的原创幼儿武术操——《三字经武术操》。伴随着洪水警报声，孩子们又化身为勇敢无畏的小战士，在困难重重的“抗洪救灾”主题体育游戏《小小协和抗洪军》中了解红色文化。

据介绍，协和幼儿园在课程中不断注入传统文化思想动能，让传统文化在孩子心中慢慢生根发芽，在强身健体中铸造国魂，通过主题游戏增强民族认同感，增强了孩子们的爱国意识。

问题：(1)请结合案例分析“优秀传统文化进幼儿园”的意义。

(2)幼儿园可以通过哪些途径开展优秀传统文化活动？

---

① 叶斯茗，彭华明. 三字经+武术！新样态幼儿园把优秀传统文化渗透到学前教育[N]. 南方都市报，2020-11-02.

专题探讨

随着现代社会大众传媒的迅速发展，网络和电视对儿童心理发展产生重要影响。电视的普及在某种程度上可以给儿童提供娱乐，提供大量的知识和信息，使孩子学习及掌握大量在幼儿园学不到的知识和信息，对儿童的反应能力及智力发育有好处，因此，家长和教师的正确引导可以使电视和网络对儿童的发展有益无害。

请论述上述说法是否正确，说明理由，并联系实际说明社会环境对儿童发展的作用。

第四章

学前教育与儿童发展

学习目标

- 了解儿童发展的含义和特点。
- 理解学前教育在儿童发展中的重要性。
- 理解儿童身心发展的影响因素,树立正确的学前教育观。

学习重难点

- 学习重点:影响儿童身心发展的因素,正确的学前教育观。
- 学习难点:学前教育与儿童发展的辩证关系,学前教育的重要性。

案例破冰

为什么是在幼儿园呢?

1978年,75位诺贝尔奖获得者在巴黎聚会。人们对于诺贝尔奖获得者非常崇敬,有个记者问其中一位:“在您的一生里,您认为最重要的东西是在哪所大学、哪所实验室里学到的呢?”这位白发苍苍的诺贝尔奖获得者平静地回答:“是在幼儿园”。记者感到非常惊奇,又问道:“为什么是在幼儿园呢? 您认为您在幼儿园里学到了什么呢?”

这位诺贝尔奖获得者微笑着回答:“在幼儿园里,我学会了很多很多。比如,把自己的东西分一半给小伙伴;不是自己的东西不要拿;东西要放整齐;饭前要洗手;午饭后要休息;做了错事要表示歉意;学习要多思考,要仔细观察大自然。我认为,我学到的全部东西就是这些。”所有在场的人对这位诺贝尔奖获得者的回答报以热烈的掌声。

思考:在上述案例中,为什么诺贝尔奖获得者会认为人生中最重要的东西是在幼儿园获得的?学习本章内容之后,会给我们带来一定的启示,帮助我们解答上述问题。

第一节　学前教育在儿童发展中的作用

学前教育是一种社会实践教育活动，它的教育对象是学前儿童。儿童期是人的生理、心理发展的关键时期。为儿童成长提供必要的条件，给予儿童必需的保护、照顾和良好的教育，将为儿童一生的发展奠定重要基础。正因为如此，学前教育在世界范围内受到了普遍关注，许多发达国家积极采取措施，优先发展学前教育，在普及学前教育与提高学前教育的质量上做了很大的投入。学前教育与儿童发展存在着相互依赖、相互制约的关系，学前儿童身心发展的规律是教育的依据，学前教育工作者只有在了解了儿童的发展后，才可能选择最适当的教学方法，对儿童进行有的放矢的教育，适当的学前教育又能促进儿童的健康发展。

一、儿童发展概述

（一）儿童发展的含义

儿童发展是指儿童身体的成长和心理的成熟过程，两方面的发展相互联系，互为依存。身体的发展为心理的发展提供基础与前提条件，而心理的发展又影响着身体的发展。如儿童大脑的发育完善，神经系统的不断发育等为其感知觉、思维等心理发展提供了保证。同时，儿童的心理发展对儿童的生理发展有一定的影响作用。

身体的成长和机能的成熟，是指身体各器官和系统的结构与形态由不完善到完善的过程，以及功能上由简单到复杂、由低级到高级的成熟。例如神经系统大脑细胞的体积渐渐增大，皮层增厚，大脑皮层的沟回加深，神经纤维加长，并逐渐髓鞘化，神经树突的分支不断增多，从而形成复杂的网络等，这些都是神经系统结构与形态上的生长变化。神经系统兴奋与抑制的不断增强，各种条件反射的建立，便是神经系统机能不断成熟的表现。其他器官与系统在适宜的条件下也在逐渐成长与成熟。儿童心理成熟是指儿童通过掌握社会经验，形成心理特征和能力。如儿童认知、情感和意志力的发展，这是心理的成熟，也包括人的社会性发展。儿童两方面的发展既不可分，又不可缺，它们统一构成儿童的发展，这是儿童发展的全面观。[①]

① 梁志燊.学前教育学[M].3版.北京：北京师范大学出版社，2014:52.

(二)儿童发展的特点

1.阶段性

儿童身心发展是一个复杂的矛盾斗争的过程,既是一个连续的、渐进的量变过程,也是身心发展到一定时期或程度而发生质变的过程。在量变与质变的交替变换中,儿童身心发展形成了相对稳定的发展阶段。一般而言,从出生到成熟经历着如下几个阶段:学前早期(0—3岁)、学前期(3—6岁)、学龄期(6—16岁)。阶段与阶段之间不仅有量的差异,也有质的差异。每一阶段儿童身心发展都有着不同的发展水平,有其主要的活动形式,标志着该阶段的特征。这些阶段又按一定的顺序,相互联系,前一阶段是后一阶段的必要准备,后一阶段是前一阶段必然的发展趋势。发展阶段并非阶梯式的,而是有一定程度的交叉和重叠。儿童发展与成年人的发展相比较,最明显的特点是变化发展速度快。儿童年龄越小,年龄特征的变化越迅速,1岁以内的儿童身心发展的变化特征以月龄计,3岁以内的儿童发展特征以半年计,6岁以内的儿童身心发展的变化特征以1年计,之后年龄特征的表现间隔时间渐长,直到成年人年龄间隔几年,发展特征并不十分显著。

2.顺序性

儿童发展的特征是依一定的顺序表现的,同一年龄儿童的生理与心理有着较为普遍的特点。例如,儿童在1岁以内,动作发展的一般特点是:2个月的儿童,在成人用手撑住背部直立抱起后,头可抬起,观看四周;3个月的儿童可以俯卧,用前臂自行支撑抬起头;4个月的儿童可以扶坐片刻不倒;5个月会翻身和俯卧支撑上身;六七个月会爬行,由成人扶腋下可直而稳地站立;八九个月可扶栏站立;10个月可扶栏走动;11个月会独自站立或由成人握住一只手走路;12个月开始独立迈步走。再如3岁前儿童的思维特点是直觉行动性的,3岁后儿童渐渐以具体形象思维为特征,之后发展到简单的逻辑性思维。总之,儿童的生理与心理发展,是前一个特征为后一个特征的出现做准备,这是普遍性的规律。儿童发展的特点随着社会生活与教育条件的变化而缓慢变化。例如,现在的儿童身体生长的年龄指标,比过去有所提高,儿童心理能力的发展也比过去有所提前,这便是儿童发展特征除具有稳定性外,还具有可变性。

3.个别差异性

儿童发展有着普遍的规律性,它是以年龄特征表现的。但在同一年龄组中,各个儿童又以不同的个人特征表现着。儿童个体发展中,有些特征与普遍特征相一致,而有些特征则超前或滞后于普遍特征。此外,在生理与心理的某些方面还表现了明显不同的个别差异性,因此,在同一年龄组的儿童中,也绝无发展完全一样的儿童。这种差异性，既取决于先天的因素，更取决于后天的环境条件，掌握儿童个体的发展差异，有针对性地施教，才能产生较好的效果。

二、学前教育的重要性

学前教育是专门研究学前教育规律的学科。对儿童的教育从出生后就开始，从出生到3岁前这一阶段为婴儿教育，3至6岁阶段为幼儿教育。3岁前是儿童发展和教育极为重要的时期，婴儿教育和幼儿教育相互连接、性质相近又密切联系。

（一）学前教育对人的社会性、人格品质发展的重要性

社会性、人格品质是个体素质的核心组成部分，它通过社会化的过程逐步形成与发展。学前期是个体社会化的起始阶段和关键时期，在后天环境与教育的影响下，在与周围人的相互作用过程中，婴幼儿逐渐形成和发展着最基本的对人、事、物的情感、态度，奠定着行为、性格、人格的基础。研究表明，6岁前是人的行为习惯、情感等基本形成的时期，是儿童养成良好社会性行为和人格品质的重要时期；这一时期儿童的发展状况具有持续性影响，其影响并决定着儿童日后社会性、人格的发展方向、性质和水平；同时，儿童在学前期形成的良好的社会性、人格品质有助于儿童积极地适应环境，顺利地适应社会生活，从而有助于他们的健康成长、成才。

学前期是儿童形成各种行为、习惯和性格的重要时期，而该时期所受到的环境和教育影响则是其行为、性格形成的基础。儿童社会性、人格的健康发展需要成人提供良好、适宜的教育环境。学前期适宜的社会性教育能够有力地促进儿童社会交往能力、爱心、责任感等社会性、人格品质的发展，而不良的学前教育则容易使儿童形成消极的社会性及人格品质。

（二）学前教育对人的认知发展的重要性

学前期是人的认知发展最为迅速、最重要的时期，在人一生认识能力的发展中具有十分重要的作用。在关键期内，个体对于某些知识经验的学习或行为的形成比较容易，如果错过这一时期，在较晚的阶段再来弥补则是很困难的，有时甚至是不可能的。

处于学前期的儿童虽然发展变化迅速，具有巨大的学习潜力，但这种发展特点只是说明了婴幼儿具有很大的发展可能性。要将这种发展的可能性变为现实性，需要成人提供适合儿童发展的良好环境，尤其是良好的教育影响。已有研究证明，早期教育对于儿童的认知发展具有重要影响。单调、贫乏的环境刺激和适宜的学前教育的缺乏，会造成儿童认知方面的落后，而为儿童提供丰富的感性经验并给以积极的引导、帮

助和教育则能够促进其认知的发展。另外，学前教育的质量还直接关系到儿童能否形成正确的学习态度、良好的学习习惯和强烈的学习动机，从而对个体的认知发展和终身学习产生重要影响。适宜的、遵循儿童身心发展规律的学前教育能够积极地促进儿童各种智力和非智力因素，包括语言能力、思维、想象力、创造性、学习动机、求知欲、自我效能感等的发展，而不适宜的学前教育（如单纯对儿童进行机械的学业知识和技能训练）不但会损害儿童的学习兴趣、学习积极性和内在的学习动机，降低其自我效能感，而且会使儿童逐渐丧失独立思考的能力和创新精神，从而对儿童的认知发展产生长远的消极影响。

（三）学前教育对教育事业发展的价值

学前教育作为我国学制的第一阶段、基础教育的有机组成部分，必然对我国教育事业的整体发展，尤其是基础教育的发展具有重要的作用与影响。通过帮助幼儿做好上小学的准备（包括社会适应性、学习适应性、身体素质以及良好的学习与行为习惯、态度和能力等方面准备），学前教育有助于儿童顺利适应小学的学习和生活。我国教育部和联合国儿童基金会历时5年合作进行的“幼小衔接研究”，通过儿童入学前半年和入学后半年的连续实验研究发现，对学前儿童做好入学前准备，包括学习适应方面的准备（如培养幼儿小学学习所需要的抽象思维能力、观察能力、对言语指示的理解能力和读写算所需要的基本技能等）以及社会适应方面的准备（如培养幼儿任务意识与完成任务的能力、规则意识与遵守规则的能力、独立意识与独立完成任务的能力以及主动性、人际交往能力等），能够使儿童进入小学后在身体、情感、社会性适应和学习适应等方面都有良好的发展，从而顺利地实现由学前向小学过渡。我国已将普及九年制义务教育作为教育事业发展的重要目标，学前教育可以有效提高义务教育的质量与效益，为促进这一目标的实现做出积极的贡献。

（四）学前教育对家庭和社会的价值

众多事实表明，孩子能否健康成长和发展已成为家庭生活是否和谐幸福的一个关键性因素。家庭又是社会最基本的单位，每一个幼儿都连接着一个或几个家庭，因此学前教育牵动了全社会，在许多国家成为政府关心国民的窗口。当前我国幼儿的入园率正在逐步上升，学前教育机构承担着从实践上为家长参加工作和学习提供便利的任务。此外，在家长普遍重视幼儿发展和早期教育的当今时代，学前教育质量更成为家长关注的核心。

第二节 影响儿童身心发展的因素

儿童作为发展中的个体，在发展过程中不可避免地要受到遗传、环境、教育及其自身活动等因素的影响。

一、遗传在儿童发展中的重要作用

遗传是由于染色体中基因的组成部分（主要成分为脱氧核糖核酸，DNA）及其排列组合特点所形成的，它是储藏、复制、传递遗传信息的重要物质基础。这些成千上万的基因在人的遗传素质中起重要作用。儿童通过遗传获得人的机体的生理解剖机制及特点，如体型、皮肤、五官的个人特点以及神经系统，特别是大脑结构和机能的特点等。如出生后不久的新生儿，在惊跳反应的类型上、条件反射的形成上、睡眠清醒的周期上，都表现出明显的个别差异。在非常态情况下，遗传差异之大是惊人的，它构成了两个极端的儿童——先天缺陷、痴呆儿童和超常儿童，而这两类儿童在世界总人口中所占的比例是非常小的。大量的实验研究证明遗传在儿童发展中具有重要作用。

（一）遗传素质提供了儿童身心发展的前提条件和物质基础

首先，儿童发展总要以从遗传获得的生理结构为其前提，如失明或色盲的儿童无从发展视力，很难培养成为画家。其次，遗传素质决定了儿童身心发展的基本过程。每个阶段的儿童具有该阶段的年龄特征，如动作的发展，儿童总是先学会爬，再学会坐，而后学会站立、走和跑。

（二）遗传素质也决定了儿童的某些个别差异

一些婴儿在出生时就表现得比较安静，较少哭，哭声小，而另一些婴儿可能大声哭泣。另外，遗传因素决定了儿童体貌、生理机能等方面的细微差异，这些差异使儿童的心理也出现一定的差异性。在神经类型方面，天生敏感的孩子可能对周围的一切变化反应较灵敏和迅速。随着年龄增长，遗传和其他先天因素对人的发展影响在整个发展过程总体上呈减弱趋势。

遗传素质虽然重要，却不能单一地决定儿童的发展，如出生后与人类社会隔绝，生活在动物群中的儿童,不可能获得人的特点。而且遗传素质在后天条件影响下,又是发展变化的。如大脑的发育在胚胎阶段就受母体环境的影响,出生后早期经验也影响大脑的结构与机能。

二、环境和教育在儿童发展中的重要作用

一切生物的生存和发展离不开环境。人和其他生物还不同,人所处的环境是社会环境和经过人改造的自然环境。儿童自出生后就在社会中生活,周围环境、家庭及照管儿童的成人对儿童有着很大影响。儿童在与环境发生相互作用的过程中得到发展,并随着社会条件的变化而发生变化。

环境为儿童的发展提供了多种可能,包括机遇、条件与对象。儿童生活在不同的环境中,这些环境所提供的条件的质量不同,对于儿童个体发展的意义也是不同的。从儿童身体方面来看,儿童的可塑性很强,容易受外界环境的影响,在良好的生活环境、营养和保育条件下,可使儿童的身体获得正常发育。儿童的心理发展也依赖于外界环境,外界环境的刺激是心理发展的源泉。儿童虽有遗传而来的高度发展的大脑,但必须有外界刺激的诱发,才能使这些功能发生作用,并日趋完善。儿童心理发展的特征和品质是在与人们的交往以及周围环境的相互作用中发展和形成的。环境对学前儿童发展的影响,比其他年龄阶段更大。儿童自出生后,社会化的过程实际上是从零开始,周围的一切对他都是新奇的、有吸引力的。儿童会自发地从环境中受教育,而且儿童年龄愈小,这种自发受教育的比重和作用就愈大。当然,在强调早期经验对儿童发展产生作用的同时,还要看到环境和教育对儿童的发展仍有重要作用,能弥补或改变以前形成的智力或个性的偏差。

《幼儿园教育指导纲要(试行)》中明确指出:幼儿教育是基础教育的组成部分,是我国学校教育和终身教育的奠基阶段。幼儿教育应为幼儿的近期和终身发展奠定良好的素质基础。[①]《幼儿园工作规程》中指出幼儿园的任务是:贯彻国家的教育方针,按照保育与教育相结合的原则,遵循幼儿身心发展特点和规律,实施德、智、体、美等方面全面发展的教育,促进幼儿身心和谐发展。幼儿园同时面向幼儿家长提供科学育儿指导。通过教育,一能促进幼儿身体正常发育和机能的协调发展,增强体质,促进心理健康,培养良好的生活习惯、卫生习惯和参加体育活动的兴趣;二能发展幼儿智力,培养正确运用感官和运用语言交往的基本能力,增进对环境的认识,培养有益的兴趣和求

① 中华人民共和国教育部.幼儿园教育指导纲要(试行)[M].北京:北京师范大学出版社,2001.

知欲望，培养初步的动手探究能力；三能萌发幼儿爱祖国、爱家乡、爱集体、爱劳动、爱科学的情感，培养诚实、自信、友爱、勇敢、勤学、好问、爱护公物、克服困难、讲礼貌、守纪律等良好的品德行为和习惯，以及活泼开朗的性格；四能培养幼儿初步感受美和表现美的情趣和能力。①

三、儿童的活动经验在儿童发展中的重要作用

以上谈到了遗传、环境和教育对儿童成长的重要影响，但这只能说明它们为儿童的成长提供了必要条件，并不意味着儿童的成长是完全被动的，更不意味着遗传和环境最终决定着儿童的成长和发展。一方面，儿童是独立的生命个体，有自己的身体和心理结构，有自己的内部动力，自己的需要和兴趣，接受自己所需要的东西，拒绝不需要的东西，是主动的学习者。新生儿对外部刺激就有选择性，同样的环境对不同儿童可以产生不同的影响。从教育实践经验来看，任何有效的教育必须以受教育者自身的活动作为内因，教育要通过内因才起作用。另一方面，从儿童的心理发展来看，儿童认识外界是儿童内部主动的过程。关于这一问题，皮亚杰曾作了较具体的说明，他提出认识活动犹如生理上的消化活动一样，是一项有组织的活动。个体为什么能对刺激做出这样或那样的反应，是由于个体具有某种图式（动作的结构，是人类认识的基础），能同化（个体把客体纳入主体的图式之中）这种刺激，而引起图式量的变化。有时图式不能同化客体，就产生顺应（调整原有图式或建立新的图式），引起图式质的变化，以适应新环境，达到认识上的新的平衡。通过教育或外界刺激，个体不断进行新的同化和顺应，如此在循环中提升，儿童的认识结构得以不断更新，儿童的心理发展由低水平到高水平。事实表明，儿童充满好奇，天生就是一个探索者。孩子生下来不久，就能随声响转动头部，眼睛也能追随物体。当孩子能抓握、行走时，孩子就会不停地进行各种活动。婴儿虽然年纪小，但仍有一定的自主性。因此，教师或家长应该创造各种环境和条件，让儿童以主人的身份与外部环境进行相互作用，自由、独立地在各种活动中得到发展。儿童只有亲身参与活动，在活动中积累感性经验，才能保证其身体发育良好，精神丰富和完善，才能不断建构自己丰富的内心世界和自尊自爱、自信自强的人格。

综上所述，儿童的发展是一个统一、完整、不断变化的过程，儿童的发展不是某一因素单独影响的结果，而是全部因素综合的、系统影响的结果，是生物因素和社会因素

① 中华人民共和国教育部.2016年版《幼儿园工作规程》：附《幼儿园工作规程》新旧对照[M].北京：首都师范大学出版社，2016：1-10.

互相结合、互相作用的过程。各种因素发挥作用又依赖于儿童主动的实践活动。儿童在内部动力和能动性与生物因素、社会因素的多层次相互作用中获得发展。静止地看待儿童的发展，孤立地强调遗传、环境和教育的作用，抹杀儿童主动活动，都不能科学地认识教育和发展的问题。①

① 黄人颂.学前教育学[M].3版.北京：人民教育出版社，2015：83.

第三节 正确学前教育观的树立

学前教育观是如何看待、对待学前教育目标、学前教育任务、学前教育内容、学前教育途径、学前教育手段和学前教育方法等观点的总和，拥有正确的教育观，是深化学前教育改革的必要前提。为了树立科学的学前教育观，教师要热爱儿童、尊重儿童，通过多种形式对儿童进行全面发展的教育，寓教育于托儿所、幼儿园的一日活动之中，以儿童为中心，因材施教，争取家庭的支持和配合。

一、热爱儿童

儿童身体的成长离不开物质营养，儿童心理的发展离不开精神营养，而爱则是儿童发展过程中最重要的精神食粮。《幼儿园教师专业标准(试行)》(以下简称《专业标准》)从关爱幼儿、尊重幼儿、信任幼儿等方面，对幼儿园教师的儿童观进行了明确规定。教师的儿童观直接影响幼儿园教师的教育理念、路径、方式和实际行动。没有爱，便没有教育。有人曾说：做老师很美丽，领着一群小鸟飞来飞去；做老师很神气，说上一句话也惊天动地；做老师很神奇，让所有的难题变成了乐趣；做老师是那么有意义，放飞了希望，画出了彩虹。这所有的一切都是建立在爱的基础上的，没有爱就没有真正意义上的教育。[①]所以，热爱儿童是儿童正常发展的重要前提条件。为此，教师应注意如下几点。

首先，教师要热爱每一个儿童，不论其性别、年龄、相貌、发展水平如何，不论其父母的职业、文化程度、经济收入、住房怎样，都应一视同仁。其次，教师要关心儿童，爱护儿童。例如，在寒冷的冬天，当幼儿都在午睡时，教师把全班幼儿的鞋子拿到阳光下晒一晒，这样，幼儿起床后就能穿上暖和的鞋子，更好地投入下午的活动中。再次，教师对儿童的爱要讲理智，而不应溺爱。比如，当幼儿园大班的教师发现幼儿不喜欢吃某种食物时，就要有意识地在午餐前教儿童学说“我喜欢吃……”以诱发幼儿产生吃某种食物的愿望。

---

① 高慧斌.教师专业标准与专业成长.幼儿教师[M].广州:世界图书出版广东有限公司,2013:14.

二、尊重儿童

儿童是独特的人，也有做人的尊严，教师只有尊重儿童，才能赢得儿童的敬重和爱戴，促进儿童自尊心和自信心的发展。苏联第一代教育家克鲁普斯卡娅认为：对孩子光爱还不够，必须善于爱。幼儿园教师的“善于爱”，首先应体现在尊重孩子上。1989年11月20日，联合国大会一致通过了《儿童权利公约》，这是一个划时代的文件，尊重儿童是公约的一项重要原则。根据公约的精神，尊重儿童就是要尊重儿童的人格、尊重儿童的权利、尊重儿童的个性。《专业标准》明确提出：“尊重幼儿人格，维护幼儿合法权益，平等对待每一位幼儿。不讽刺、挖苦、歧视幼儿，不体罚或变相体罚幼儿。”①

案例

珍惜孩子的成果

为了准备孩子们的画展，小何老师鼓励小朋友们在家练习绘画，并将绘画作品带到幼儿园交给老师。过了几天，孩子们纷纷带来了自己的作品。小何老师对孩子们说：“小朋友们很认真，画了许多画。老师将挑选好的绘画作品布置成美丽的画展，好吗？”“好！”孩子们高兴地回答。在孩子们自由活动时，小何老师精心挑选“好的作品”，随手将“不好的作品”丢到废纸篓里，而废纸篓就放在小朋友经常活动的走廊内，美丽的画展终于布置好了。在画展前，小何老师快乐地欣赏着。但他只看到大部分孩子高兴和兴奋的眼神，却没有留意个别孩子失望沮丧的目光。

——根据万迪人《现代幼儿教师素养新论》案例改编，南京师范大学出版社2002年出版。

那么教师该如何尊重儿童呢？第一，要信任儿童。苏联教育家苏霍姆林斯基总结了自己多年的教育经验，要求教师一定要相信儿童，要看到每个儿童的长处，相信他们都是有能力的，经过教育能不断取得进步。第二，要保护儿童的自尊心。儿童的自尊心比较脆弱，教师不要当着别人的面，揭儿童的短处。比如，有的幼儿园通过开展“埋藏缺点”的活动，即要求幼儿把自己的缺点画在纸上，不让别人看见，然后把画纸揉成一团，在种植园地里挖个小洞，把纸团埋藏起来，不让它长出地面，以消灭自己的缺点。第三，要杜绝体罚儿童。教师不能歧视儿童、虐待儿童、体罚或变相体罚儿童，侮辱儿童的人格，以免损害儿童身心健康发展。

① 高慧斌.教师专业标准与专业成长·幼儿教师[M].广州：世界图书出版广东有限公司，2013：20.

三、全面教育儿童

学前儿童体、智、德、美诸方面的教育是互相渗透、有机结合的,且彼此相互联系、相互制约,因此应对儿童进行全面发展的教育,同时注意不能偏颇其中任何一方。

体育是儿童生长发展之本,重视学前儿童的体育,有助于儿童身心健康成长。健康的体魄和愉悦的身心既是幼儿成长的目标,也是他们实现终身可持续发展的基本前提,只有保证了身体的健康,才能实现幼儿在心理、智力、精神等方面的完满发展。由于现代生活方式的变革和生活空间的变换,当代幼儿通过运动和动作来发展身体机能和提升体质的机会越来越少。①

学前儿童的体育和德育有密切的关系,重视儿童的体育锻炼,有助于儿童良好性格的形成。美国哈佛大学的教育家认为,培养人才最重要的不是灌输知识,而是塑造性格,体育场上的竞技活动是锻炼儿童性格的最好途径,强健的体魄和坚韧不拔的性格对于儿童以后在社会上的成功是必不可少的。

学前儿童的智育也和体育有着紧密关系,在发展儿童语言的同时,也有利于儿童良好卫生习惯的形成。例如,儿童学习儿歌《漱口》:“手拿花花杯,喝口清清水,抬起头,闭着嘴,咕噜咕噜吐着水。”这既对儿童语言发展起到积极的作用,又能帮助儿童形成爱清洁、讲卫生的习惯。

学前儿童的美育和智育也有着密切的联系,对儿童进行艺术熏陶,有助于儿童智力的提高。《美国科学院院报》又称为PNAS,它与Nature、Science齐名,提供具有高水平的前沿研究报告。2018年它刊登了一篇研究报告,其内容大致为将74名4至5岁的孩子随机分配到三个组,即钢琴训练组、阅读训练组和无接触对照组。第一组在六个月内每周接受三节45分钟的钢琴课训练,第二组接受了相同时间的阅读训练,第三组没有接受任何训练。这项研究表明儿童大脑的某些区域可以从早期的音乐训练中受益。

加拿大多伦多大学心理学家格伦·谢伦贝格进行了一项研究,并在《心理科学》杂志上发表了一篇论文,名为《音乐课提高智商》,这项研究将144个孩子随机分配到四个小组中:一个学习了一年的键盘,一个学习唱歌,一个参加了表演班,还有一个对照组没有进行课外训练。两个音乐小组中的孩子的智商在一年中平均上涨了7分;其他两组平均得分为4.3分,这证明音乐对智力具有转移作用。②此外,学前儿童的美育还和体育、德育有着密切的关系。舞蹈是一门综合艺术,包含了音乐美术、表演等多方面

---

① 周强猛,唐吉平.幼儿体质健康促进的社会支持主体及其协同关系[J].学前教育研究,2019(9):81-84.

② 潘比安.音乐教育对儿童的智育开发研究[J].艺术评鉴,2021(17):15-18.

的内容,其功能远不止于单纯学技能技巧。学舞蹈不仅对儿童成年后的基本形态、举止行为有着重要影响,而且还对发展儿童的形象思维创意能力以及毅力有明显的促进作用。

四、寓教于活动之中

学前儿童全面发展的教育任务是渗透在儿童一日生活的各项活动中完成的。

第一,教师要为儿童提供操作活动的机会。现代心理学认为:儿童大脑当中的操作模式根本上是来自外部动作模式的内化,儿童内部思维的综合能力,只能源于外部,特别是在手指上所进行的“拆分”和“拼凑”活动。

第二,教师要为儿童提供游戏活动的机会。游戏是学前儿童的基本活动,教师要为儿童创造条件,开展角色游戏、结构游戏、表演游戏、智力游戏、音乐游戏、体育游戏等各种游戏活动。游戏是一种综合性活动,其中融合了人际交往、材料操作、身体动作、语言符号、情绪情感等多种多样的要素,为参与其中的儿童提供了丰富的发展社会性、认知、身体运动、语言、审美等能力的学习内容。这些学习内容不是分别产生影响,而是相互促进、整合地发挥作用。这种作用或功能的整合性有两层含义。一是身心发展各个维度的整体发展。如,儿童在进行假装游戏时往往伴随着语言运用,从而锻炼了儿童的语言能力,而随着语言能力的发展,儿童的假装游戏情节也变得更富想象力、更复杂,又进一步促进了儿童社会性能力的发展。儿童语言能力与社会性能力在这里便是相互联系、相互促进的。二是完整的人或生命意义上的整合发展。好的游戏能够带给儿童最重要的收获,是儿童全身心投入游戏时所体验到的生命的完整性、自由感与充盈状态,一种充满愉悦、幸福、美好的存在体验。我们让幼儿游戏的理由不应该只是游戏能让他们获得知识经验,成为学习主体,更充分的理由应该是游戏让幼儿从体验的意义上成为真正完整的、自由的人。也只有在这个基础上,所有的知识、经验才是有意义的。[①]

第三,教师要为儿童提供教学活动的机会。教学活动是托幼机构一日活动中的重要组成部分,随着儿童年龄的增长,教学活动的内容逐渐增加。在幼儿园教学过程中,教师要注意开展语言、科学、音乐、体育、美术等方面的教学活动,并注意挖掘潜在的教育因素。比如,在语言教学活动中,教师在组织中班儿童进行看图编故事时,启发儿童得出“小鸡遇到了困难,小鸭主动去帮助它;小鸭遇到了困难,小鸡也主动去帮助它;小

---

① 黄进.体验为本的游戏——再论“游戏是一种学习”[J].学前教育研究,2003(6):11.

鸡和小鸭团结友爱,互相帮助,它们是好朋友”的结论,然后又引导儿童说出“小朋友之间也是好朋友,大家要像小鸡和小鸭一样,你帮我,我帮你,互相帮助,团结友爱”的话语。

第四,教师要为儿童提供劳动活动的机会。劳动是儿童认识世界的阶梯,儿童在劳动中成长。教师要帮助儿童学会自我服务,并给儿童创造为集体服务、参加劳动的机会。例如,为了让儿童迅速掌握穿衣服的技能,教师把穿衣服的要领“抓领子,盖房子,小老鼠,出洞子,吱扭吱扭上房子”教给儿童,使儿童逐渐做到自己的事情自己做。

第五,教师要为儿童提供观察、散步、娱乐等方面活动的机会,使儿童潜移默化地受到教育。例如,午睡起床后,教师可带儿童离开园所外出散步,在附近的花园里观赏五颜六色的花,闻一闻花的芳香,比一比花的枝叶,培养儿童对花草树木的爱心,或到马路上数一数高楼大厦的层数,说一说各幢大楼之间的异同点,使儿童亲身感受到建筑的美和家乡的巨大的变化。在庆祝“三八妇女节”的活动中,教师为儿童提供剪刀、细绳、各种颜色的吸管,教儿童制作项链、手镯、戒指,送给自己的妈妈,向妈妈表达自己的感激之情,这既培养了儿童动手操作能力,又萌发了儿童爱妈妈的情感。

五、教育要与家庭教育相结合

家庭是学前儿童成长的第一所学校,父母是学前儿童的第一位教师,家庭教育对儿童的影响非常重要,托幼机构只有和家庭密切配合,充分调动家长在儿童成长发展中的积极性,才能保证学前教育作用的全面发挥。首先,教师要向家长宣传学前教育法规的精神,使家长能正确理解学前教育。有一所幼儿园进行素质教育的改革试验,在绘画活动中,老师鼓励儿童大胆想象,用自己的眼睛看世界,结果儿童把马涂成了蓝色、绿色,把“苹果”画得五颜六色、形态各异,把自己和小伙伴画成长着翅膀的天空飞人,和外星人一起做游戏等,展示了儿童独特的想象和创造能力。但80%的家长看到孩子的作品后非常生气,认为画得一点也不像,太荒谬,指责教师是在误人子弟,纷纷要求退出绘画活动。教师如果能在开展此项活动前,向家长解释清楚,儿童绘画重要的是给他们一个想象和创作的空间,培养他们的创造力和想象能力,奉行“画得像,才是画得好”的评价标准,只能培养儿童的模仿能力,而创造能力比模仿能力对儿童未来的发展更为重要,这样,幼儿园的教育活动就能变被动为主动,得到家长的支持。其次,教师要利用幼儿入园的时间,及时与家长沟通。教师不仅要主动了解儿童在家中的情况,而且还要善于把儿童在园所一天的情况及时向家长反馈,在反映儿童缺点的时候,要注意“告状”的艺术。最后,教师要教给家长一些卫生保健知识,使家长能帮助孩子形成正确的卫生习惯。许多父母望子成龙心切,希望自己的孩子成为智力超群的人,因而不断地向孩子灌输各种知识技能,使孩子受到过大的心理压力,从而影响了睡眠。①

学前儿童的健康生活与成长离不开幼儿园和家庭两个重要场所,父母和教师在其健康成长中发挥着重要的作用,幼儿在园的良好适应和健康成长不仅是幼儿园的责任,更需要家园合力,因此良好的家园合作就显得尤为重要。

本章小结

本章主要厘清儿童发展概念、特点、学前教育与儿童发展关系等内容。核心内容总结如下。

1. 儿童发展是指身体的成长和心理的成熟过程。两方面的发展是相互联系、互为依存的。身体的发展为心理的发展提供基础与前提条件,而心理的发展又影响着身体的发展。

2. 儿童发展的特点:阶段性、顺序性和个别差异性。

3. 学前教育的重要性:学前教育对人的社会性、人格品质发展、认知发展、教育事业发展和家庭及社会的价值。

4. 儿童作为发展中的个体,在发展过程中不可避免地要受到遗传、环境、教育及其自身活动等因素的影响。

5. 正确学前教育观的树立:热爱儿童、尊重儿童、全面教育儿童、寓教于活动之中、教育要与家庭教育相结合。

视野拓展

现代科学儿童观的内涵

1. 儿童是人

儿童是权利的主体,《儿童权利宣言》(1959年11月20日联合国大会通过),肯定儿童和成人一样,应当得到尊重,享有生存、受保护、生活和学习的权利。面对儿童就是面对儿童的权利,在我们所做的一切教育活动中,必须把尊重儿童的四个基本权利作为最重要的原则。尊重儿童还包含尊重身心发展规律。毫无疑问,尊重儿童权利的教育是好的教育,不尊重儿童权利的教育是坏的教育。

① 李生兰.学前教育学[M].上海:华东师范大学出版社,1999:73.

2. 儿童是发展中的人

儿童具有充分的发展潜力和可塑性,在适当的教育与环境的相互作用下,有可能最大限度地发展儿童的潜力。儿童容易受到好奇心的驱使,有强烈的探索欲望,并在探索中实现发展,所以教育者应给儿童创造与世界万物交互的机会,坚信儿童具有一种无法限制的潜力,他们渴望与世界交流,为世界作出贡献,所以我们要支持儿童的这种好奇心,支持儿童的学习。

3. 儿童是具有独特个性的人

每个儿童都是独特的个体,发展水平和速度不同,兴趣和爱好不同。教育要看到儿童的个性差异,做到一把钥匙开一把锁。要求教育者应关注每个幼儿朝着目标发展和进步,尊重每一个幼儿的发展速度和进程,教育者应将科学儿童观念落地生根,进一步解放儿童的学习与生活,把童年还给儿童。

思考与实训

1. 结合本章案例破冰中的实际问题,运用所学知识,尝试回答学前教育与儿童发展的关系是什么?

2. 儿童发展的特点有哪些？请结合实际举例说明。

3. 为什么不能把《3—6岁儿童学习与发展指南》作为一把"尺子"衡量所有的幼儿?请说明理由。

4. 请分析下列材料中教师的适宜行为有哪些？为什么？

小班入园第二周,王老师发现琳琳在用餐与运动后,仍会哭着要妈妈。老师抱着她,感觉她身体绷得紧,便问她要不要去小便,她摇头。老师又问要不要去大便,她点头。老师牵带到卫生间,她只拉了一点就离开了。过一会儿,她又哭了。老师给她新玩具和她一起玩游戏,但她的情绪还是不好。离园时,老师与她妈妈约谈,了解到琳琳在幼儿园拉不出大便。

第二天早操后,琳琳又哭了,老师蹲下轻声问:"琳琳,你想上厕所了吗?"她点头。老师带她去上厕所,她又只拉一点就站起。"老师陪你多蹲一会儿,把大便都拉出来,好吗?"琳琳又蹲下,但频频回头。这时,自动冲厕水箱的水"哗"的一声冲水,琳琳"哇哇"大哭,扑到老师身上。老师紧紧地抱住她,轻柔地说:"老师抱着你,好吗?"老师将水箱龙头关小,把琳琳抱到离冲水远一点的位置蹲下,琳琳顺利拉完大便。连续一段时间,老师们轮流陪琳琳上厕所,并指导她观察、了解水箱装满水会自动冲水。琳琳渐渐适应了幼儿园的厕所,笑容又回到了脸上。

专题探讨

幼儿园需要提前做好入小学准备吗？

在某幼儿园大班的家长座谈会上，家长们纷纷提出：孩子快上小学了，幼儿园应减少游戏时间，增加算术、识字等教学内容，以便于孩子提前适应小学的学习生活。

那么，幼儿园需要提前做好入小学的准备吗？为什么？请查阅资料去厘清学前教育与幼儿发展的关系、幼儿发展的特征、幼儿学习的主要方式，并为幼儿家长提供科学育儿的知识。相信你对该问题会有一个更加客观、深入的理解。

第五章

学前教育的目标与内容

学习目标

● 了解“学前教育目标”的概念、价值取向，理解“学前教育目标”与“教育目的”的关系。

● 理解“学前教育目标”的结构，掌握“学前教育目标”的实现要求。

● 理解“学前教育目标”与“学前教育内容”的关系，增进对“学前教育内容”的认同。

学习重难点

● 学习重点：“学前教育目标”在学前教育中的重要性，“学前教育目标”是教育目的在学前阶段的具体体现。

● 学习难点：“学前教育目标”与“学前教育内容”的关系，“学前教育内容”的时代性。

案例破冰

幼儿园举办集体婚礼？

2013年，郑州一家幼儿园举行了一场“集体婚礼”，主角是100多名孩子。孩子们穿着礼服互相承诺，“新郎”要给“新娘”戴戒指，家长也在现场见证。园方称，此举有利于孩子日后性心理健康发展，之前经历过“婚礼”的孩子责任感更强了。

思考：你如何看待上述现象？幼儿在生活中发生的每一个事件都蕴含着学前教育的价值取向，也就是要把学前儿童培养成什么样的人。学前教育的教育目标是什么呢？根据学前教育目标，应该设计和组织的学前教育的内容又是什么？学习本章内容之后，会给我们带来一定的启示，帮助我们解答上述问题。

第一节 学前教育目标的价值取向

一、教育目的概述

教育作为培养人的社会活动，培养什么样的人都是由相应的教育目的加以规定的。不存在没有目的的教育活动，也不可能有脱离教育活动的纯粹的教育目的。[①]

（一）教育目的的含义

教育目的是一切工作的出发点，也是教育工作的最终目的。教育目的有广义和狭义之分。广义的教育目的是指对具体教育活动具有指向作用的目的和领域，含有不同层次预期实现的目标系列。其结构层次有上下位次之分，依次为：教育目的—培养目标—课程目标—教学目标等，各位次名称的含义及所产生的作用的特点既有相同性，也有各自的独特性。狭义的教育目的特指一定社会（国家或地区）为所属各级各类教育（或者说整个教育事业）而确定的人才培养规格或总体要求，是整个教育意欲达到的根本所在。[②]教育目的即“培养什么样的人”，教育目的具有调控、定向和评价的作用。

教育目的与教育方针既有联系又有区别，所谓教育方针是国家或政党在一定历史阶段提出的有关教育工作的总方向和总指针，是教育基本政策的总括。它是确定教育事业发展方向，指导整个教育事业发展的战略原则和行动纲领。[③]在本章中，讨论的是狭义的教育目的。

（二）我国的教育目的

教育目的规范教育活动的整个过程，让教育活动平衡国家需要和个人需求。我国的教育目的是随着经济和社会发展的要求而变化的。2020年，党的十九届五中全会通过《中共中央关于制定国民经济和社会发展第十四个五年规划和二〇三五年远景目标的建议》，指出我国已经进入高质量发展阶段，创新能力不适应高质量发展要求，明确到2035年建成教育强国，建设高质量教育体系的重要目标。2021年《中华人民共和国教育法》（修订版）第五条：“教育必须为社会主义现代化建设服务、为人民服务，必须

① 王北生.当代教育基本理论论纲[M].北京：人民教育出版社，2012：161.
② 全国十二所重点师范大学联合编写.教育学基础[M].2版.北京：教育科学出版社，2008：59.
③ 柳海民.教育学概论[M].北京：北京师范大学出版社，2015：137.

与生产劳动和社会实践相结合，培养德智体美劳全面发展的社会主义建设者和接班人。”

2010年《国务院关于当前发展学前教育的若干意见》、2012年《3—6岁儿童学习与发展指南》对学前教育的发展与目标提出了新要求。

二、学前教育目标概述

学前教育目标是教育目的在学前教育阶段的具体体现，它制约着学前教育任务的确定和内容的选择。

（一）学前教育目标确定的依据

1. 以学前儿童的身心发展水平和特点为依据

学前儿童身心发展水平及特点，展示了学前儿童作为教育对象接受教育的现有基础和对发展的需求。学前教育是对0至6岁学前儿童进行的保育和教育，在学前期，学前儿童的各器官和系统、感知觉、注意力、思维、想象力均迅速发展，道德感、美感、理智感开始形成；坚持性、自制力发展较快；个性倾向开始萌芽，逐渐表现出性格、兴趣、能力等方面的个人特点。学前教育目标要以学前儿童身心发展特点和要求为依据，避免目标的普遍化、小学化，体现学前阶段的独特性。

2. 以社会发展和时代要求为依据

学前教育目标是学前教育各途径、全过程、各年龄段的目标，以国家、时代和社会要求为依据，结合幼儿的身心发展特点提出。如在幼儿园教育、家庭教育、社会教育中都既有不同又有一致性；在0—3岁、3—6岁不同年龄段都有不同的要求，这些目标和要求在不同的时代背景、不同的国家都是有所不同的。

（二）学前教育目标的作用

1. 学前教育目标是学前儿童的培养方向和评价依据

学前教育目标指明了幼儿发展的领域和基本范围，描绘了幼儿发展的蓝图。同时，教育目标是衡量教育成效和幼儿发展的尺度。因此，学前教育目标也是学前教育评价体系的重要依据。

2. 学前教育目标是学前教育工作的出发点和归宿

学前教育的工作是为了促进儿童的学习与发展，而幼儿教师是教育活动的组织者，是教育活动方向的把握者。学前教育要有明确和正确的目标意识，要做到“心中有目标、眼中有儿童”，践行“一日生活皆课程”，丰富课程资源，让儿童主动、自信、快乐地成长。

3.学前教育目标指导学前教育全过程

学前教育过程是一个多因素参与的过程，是一个既封闭又相对开放的系统。教育环境的创设、教师的指导、学前儿童学习发展的内容等要素都要以学前教育的目标作为导向，使教育过程围绕、指向目标。

三、学前教育目标的价值取向

学前教育目标规定了学前教育的方向，指导学前教育的全过程，在学前教育的发展过程中，由于政治和经济制度、科学技术、文化发展水平的差异，各个国家学前教育目标的价值取向也不相同，体现了学前教育目标价值取向的差异。

（一）个人本位价值取向

个人本位论主张教育目的应根据人的需要来确定，他们认为个人价值高于社会价值，教育的目的就是把受教育者培养成人，充分发展受教育者的个性，增进受教育者的个人价值。在他们看来，个人价值高于社会价值，社会只有在有助于个人的发展时才有价值，评价教育的价值也应该以其对个人的发展所起的作用来衡量。[①]个人本位论的代表人物为卢梭、福禄贝尔、裴斯泰洛齐、马斯洛等。

个人本位的价值取向把儿童视为教育目标的根本，在人类历史的进程中对科学儿童观的树立，具有积极意义。特别是在文艺复兴后，个人本位价值取向对于打破宗教神学和封建专制对儿童的束缚，促进科学地对待儿童，认识学前教育的价值具有深远的历史意义。

（二）社会本位价值取向

社会本位论主张教育目的应该从社会需要出发，根据社会需要来确定，即培养社会需要的人。社会本位论的代表人物为赫尔巴特、涂尔干、孔德等。如孔德认为：真正的个人是不存在的，因为不管从哪方面看，我们个人的一切发展都有赖于社会。涂尔干认为：我们心身之中最好的部分，我们活动之中最高的形式，都从社会而来。[②]在社会本位论看来，教育的一切活动都是服务于社会需要的，教育的目的就是造就能促进社会发展的人。

① 王道俊，王汉澜．教育学[M].2版．北京：人民教育出版社，1999：102.
② 吴俊升．教育哲学大纲[M].福州：福建教育出版社，2011：185.

社会本位价值取向重视教育的社会功能，强调学前教育是为社会发展服务，满足社会发展的需要，学前儿童的生存和发展依赖于社会和国家的支持，学前儿童也是一个国家及社会发展的未来及希望。从一个国家和社会发展的需求来看，社会本位的价值取向不可否认。

第二节 我国学前教育目标

一、我国学前教育目标的结构

学前教育目标就是根据国家提出的总的教育目的，结合学前儿童身心发展水平而提出的具体目标，它是教育目的在学前教育中的具体体现。[①]学前教育目标的实现是一个长期、连续的过程，而且学前教育的目标要和国家的教育目的一致，学前教育目标是实现国家教育目的重要组成部分，在学前教育目标中，有其相应的目标层级结构。

（一）国家的教育目的

国家的教育目的是对国家提出统一的人才培养规格和要求，代表一个国家管理教育的最高决策规定。2002年党的十六大报告《全面建设小康社会，开创中国特色社会主义事业新局面》中提出“全面贯彻党的教育方针，坚持教育为社会主义现代化建设服务，为人民服务，与生产劳动和社会实践相结合，培养德、智、体、美全面发展的社会主义建设者和接班人。”

国家的教育目的是总的纲领性规定，教育目标是教育目的的具体化，它规定着教育目标的方向。2021年国务院印发《中国儿童发展纲要（2021—2030年）》，其中指出总体目标为：保障儿童权利的法律法规政策体系更加健全，促进儿童发展的工作机制更加完善，儿童优先的社会风尚普遍形成，城乡、区域、群体之间的儿童发展差距明显缩小。儿童享有更加均等和可及的基本公共服务，享有更加普惠和优越的福利保障，享有更加和谐友好的家庭和社会环境。儿童在健康、安全、教育、福利、家庭、环境、法律保护等领域的权利进一步实现，思想道德素养和全面发展水平显著提升，获得感、幸福感、安全感明显增强。展望2035年，与国家基本实现社会主义现代化相适应，儿童优先原则全面贯彻，儿童全面发展取得更为明显的实质性进展，广大儿童成长为建设社会主义现代化强国、担当民族复兴大任的时代新人。

（二）我国学前教育总目标

我国学前教育作为整个教育阶段的基础部分，依据社会发展和学前儿童身心发展

① 黄人颂.学前教育学[M].3版.北京：人民教育出版社，2015:101

的特点制定学前教育目标，以促进我国学前教育的发展。2016年教育部颁布的《幼儿园工作规程》，规定幼儿园的任务是：贯彻国家的教育方针，按照保育与教育相结合的原则，遵循幼儿身心发展特点和规律，实施德、智、体、美等方面全面发展的教育，促进幼儿身心和谐发展。幼儿园同时面向幼儿家长提供科学育儿指导。

幼儿园保育和教育的主要目标是：促进幼儿身体正常发育和机能的协调发展，增强体质，促进心理健康，培养良好的生活习惯、卫生习惯和参加体育活动的兴趣。发展幼儿智力，培养正确运用感官和运用语言交往的基本能力，增进对环境的认识，培养有益的兴趣和求知欲望，培养初步的动手探究能力。萌发幼儿爱祖国、爱家乡、爱集体、爱劳动、爱科学的情感，培养诚实、自信、友爱、勇敢、勤学、好问、爱护公物、克服困难、讲礼貌、守纪律等良好的品德行为和习惯，以及活泼开朗的性格。培养幼儿初步感受美和表现美的情趣和能力。

（三）学前儿童年龄阶段目标

学前儿童的身心发展有自身独特的规律和特点，不同年龄段儿童的发展任务也不相同，我国学前教育年龄段一般划分为0—3岁婴幼儿阶段和3—6岁幼儿阶段，不同年龄段具有不同的目标。

0—3岁婴幼儿阶段：2019年国务院办公厅发布《关于促进3岁以下婴幼儿照护服务发展的指导意见》提出，到2020年，婴幼儿照护服务的政策法规体系和标准规范体系初步建立，建成一批具有示范效应的婴幼儿照护服务机构，婴幼儿照护服务水平有所提升，人民群众的婴幼儿照护服务需求得到初步满足。到2025年，婴幼儿照护服务的政策法规体系和标准规范体系基本健全，多元化、多样化、覆盖城乡的婴幼儿照护服务体系基本形成，婴幼儿照护服务水平明显提升，人民群众的婴幼儿照护服务需求得到进一步满足。

依据该要求，国家卫生健康委于2021年发布《托育机构保育指导大纲（试行）》提出：托育机构保育工作应当遵循婴幼儿发展的年龄特点与个体差异，通过多种途径促进婴幼儿身体发育和心理发展。保育重点应当包括营养与喂养、睡眠、生活与卫生习惯、动作、语言、认知、情感与社会性等。

例如：营养与喂养。

1. 目标

（1）获取安全、营养的食物，达到正常生长发育水平。

（2）养成良好的饮食行为习惯。

2.保育要点

(1)7—12个月

①继续母乳喂养,不能继续母乳喂养的婴儿使用配方奶喂养。

②及时添加辅食,从富含铁的泥糊状食物开始,遵循由一种到多种、由少到多、由稀到稠、由细到粗的原则。辅食不添加糖、盐等调味品。

③每引入新食物要密切观察婴儿是否有皮疹、呕吐、腹泻等不良反应。

④注意观察婴儿所发出的饥饿或饱足的信号,并及时、恰当回应,不强迫喂食。

⑤鼓励婴儿尝试自己进食,培养进餐兴趣。

(2)13—24个月

①继续母乳或配方奶喂养,可以引入奶制品作为辅食,每日提供多种类食物。

②鼓励和协助幼儿自己进食,关注幼儿以语言、肢体动作等发出进食需求,顺应喂养。

③培养幼儿使用水杯喝水的习惯,不提供含糖饮料。

……

3—6岁幼儿阶段:2012年教育部颁布《3—6岁儿童学习与发展指南》,从健康、语言、社会、科学、艺术等五个领域描述幼儿学习与发展,分别对3至4岁、4至5岁、5至6岁三个年龄段末期幼儿应该知道什么、能做什么,大致可以达到什么发展水平提出了合理期望。同时,针对当前学前教育普遍存在的困惑和误区,为广大家长和幼儿园教师提供了具体、可操作的指导和建议。

例如:具有一定的力量和耐力的年龄目标(表5-1)。

表5-1　具有一定的力量和耐力的年龄目标

3—4岁	4—5岁	5—6岁
1.能双手抓杠悬空吊起10秒左右 2.能单手将沙包向前投掷2米左右 3.能单脚连续向前跳2米左右 4.能快跑15米左右 5.能行走1千米左右(途中可适当停歇)	1.能双手抓杠悬空吊起15秒左右 2.能单手将沙包向前投掷4米左右 3.能单脚连续向前跳2米左右 4.能快跑20米左右 5.能行走1.5千米左右(途中可适当停歇)	1.能双手抓杠悬空吊起20秒左右 2.能单手将沙包向前投掷5米左右 3.能单脚连续向前跳8米左右 4.能快跑25米左右 5.能行走1.5千米以上(途中可适当停歇)

(四)幼儿园课程目标

幼儿园课程目标是幼儿园为实现学前教育目标在相应领域的落实。2001年《幼儿园教育指导纲要(试行)》中指出:幼儿园的教育内容是全面的、启蒙性的,可以相对划分为健康、语言、社会、科学、艺术五个领域,也可作其他不同的划分。各领域的内容相互渗透,从不同的角度促进幼儿情感、态度、能力、知识、技能等方面的发展。

例如,语言领域的课程目标如下。

1.乐意与人交谈,讲话礼貌。

2.注意倾听对方讲话,能理解日常用语。

3.能清楚地说出自己想说的事。

4.喜欢听故事、看图书。

5.能听懂和会说普通话。

二、我国学前教育目标的分类

学前教育目标按照不同的属性可以分为不同的类别。

(一)按照学前教育具体的年龄阶段划分

按照学前教育具体的年龄段划分可分为0—3岁婴幼儿教育目标,3—6岁幼儿教育目标。

1. 0—3岁婴幼儿教育目标

1981年,卫生部妇幼卫生局颁布《三岁前小儿教养大纲(草案)》提出托儿所教养工作的任务是:培养小儿在体、智、德、美几方面得到发展,为造就体魄健壮、智力发达、品德良好的社会主义新一代打下良好基础。

2019年国务院办公厅发布《关于促进3岁以下婴幼儿照护服务发展的指导意见》提出:建立完善促进婴幼儿照护服务发展的政策法规体系、标准规范体系和服务供给体系,充分调动社会力量的积极性,多种形式开展婴幼儿照护服务,逐步满足人民群众对婴幼儿照护服务的需求,促进婴幼儿健康成长、广大家庭和谐幸福、经济社会持续发展。

2021年国家卫生健康委发布的《托育机构保育指导大纲(试行)》提出:托育机构保育是婴幼儿照护服务的重要组成部分,是生命全周期服务管理的重要内容。通过创设适宜环境,合理安排一日生活和活动,提供生活照料、安全看护、平衡膳食和早期学习机会,促进婴幼儿身体和心理的全面发展。

2. 3—6岁幼儿教育目标

在我国,3—6岁儿童可进入幼儿园接受有目的、有计划的学前教育。幼儿园教育的目标由国家制定，根据社会发展的需求和对新一代学前儿童素质要求而不断变化，如1996年《幼儿园工作规程》中指出幼儿园的任务为：实行保育与教育相结合的原则，对幼儿实施德、智、体、美诸方面全面发展的教育，促进其身心和谐发展。幼儿园同时为家长参加工作、学习提供便利条件。2016年的《幼儿园工作规程》的内容则删除“幼儿园同时为家长参加工作、学习提供便利条件”，改为了“幼儿园同时面向幼儿家长提供科学育儿指导”，体现了我国幼儿园教育的目标从“福利性”向“科学性”“教育性”转变的特点。

（二）按照学前教育的途径进行划分

学前教育的途径可在家庭、幼儿园和社会（区）三个方面实现，由此学前教育的目标可分为学前家庭教育目标、托幼机构教育目标和社区学前教育目标三个方面。

1. 学前家庭教育目标

家庭教育是学前儿童最早接受的教育，具有情境性、随机性、生活性等特点。家庭是一个人最早接触、生活时间最长的场所，也是学前儿童社会化的第一步，在家庭中，父母是学前儿童的第一任教师，家庭教育是学前儿童健康全面发展的重要教育途径。家庭教育一般在家庭的日常生活中随机地完成，其目的性和计划性与幼儿园教育相比具有更大的广度。《中华人民共和国家庭教育促进法》第三条提出：家庭教育以立德树人为根本任务，培育和践行社会主义核心价值观，弘扬中华民族优秀传统文化、革命文化、社会主义先进文化，促进未成年人健康成长。

2. 托幼机构教育目标

我国托幼机构按照学前儿童的年龄分为不同机构，根据《国务院办公厅关于促进3岁以下婴幼儿照护服务发展的指导意见》，0—3岁婴幼儿服务的机构分为非营利性婴幼儿照护服务机构和营利性婴幼儿照护服务机构。为3—6岁幼儿服务的称为幼儿园。在《3—6岁儿童学习与发展指南》中，我国的托幼机构的目标是让幼儿园教师和家长了解3—6岁幼儿学习与发展的基本规律和特点，建立对幼儿发展的合理期望，实施科学的保育和教育，让幼儿度过快乐而有意义的童年 。

3. 社区学前教育目标

当前社区学前教育一方面是促进所辖社区学前儿童的健康发展，包括协同妇联宣传科学的育儿知识，提高家长的教育素质与教育水平，同时在社区提供一些孕期保健，新生儿、婴幼儿保健等教育活动；另一方面主要是配合幼儿园教育，为幼儿园提供其所需的人力、物力和财力的支持，促进学前教育质量的提升。

（三）按照学前教育目标的可操作性划分

学前教育目标按可操作性可划分为幼儿园教育总体目标、幼儿园课程目标、幼儿园年龄阶段目标、幼儿园教育活动目标和幼儿园集中教育活动目标。

1.幼儿园教育总体目标

幼儿园教育总体目标是由国家制定并通过法规和其他的行政文件颁布的，规范和指导各学前教育机构的教育内容、教育管理等。

2.幼儿园课程目标

2001年颁布的《幼儿园教育指导纲要（试行）》将人的发展价值取向作为核心，强调将幼儿的情感、兴趣、态度、个性的发展与知识、动作技能的掌握进行整合。为了实现和满足学前儿童全面发展的现实需要，在幼儿园课程总目标的要求下，各幼儿园又根据幼儿发展需要，幼儿园的办园理念及目标，设计和制定本幼儿园的课程目标。如中华女子学院附属实验幼儿园“生活化课程”的目标是：“感受与情感”“知识与认知”“动作与技能”，并且将“感受和情感”设定为课程目标的灵魂。

3.幼儿园年龄阶段目标

幼儿的年龄阶段目标是根据幼儿的发展要求和幼儿园课程目标制定的，为能让幼儿在不同年龄阶段有不同的发展任务及要求，如在《3—6岁儿童学习和发展指南》中，科学领域的科学探究就对不同年龄段幼儿的发展要求做了不同的要求（表5-2）。

表5-2　亲近自然、喜欢探究年龄目标

3—4岁	4—5岁	5—6岁
1.喜欢接触大自然、对周围的很多事物和现象感兴趣	1.喜欢接触新事物，经常问一些和新事物有关的问题	1.对自己感兴趣的问题总是刨根问底
2.经常问各种问题，或好奇地摆弄物品	2.常常动手动脑探索物体和材料，并乐在其中	2.能经常动手动脑寻找问题的答案
		3.探索中有所发现时感到兴奋和满足

4.幼儿园教育活动目标

幼儿园一日生活皆课程，幼儿园的教育活动由生活活动、户外活动、集中教育活动、游戏活动等活动类型构成，当前幼儿园课程类型以主题课程为主，有较强的统合性和生成性。

例如：《斑鸠一家》的主题目标如下。

（1）观察斑鸠的外形特征、生活习性，感受鸟类生活的多姿多彩。

(2)乐于表现自己对斑鸠的认识和感受,体验创作的快乐。

(3)了解斑鸠的现实生存状况,树立保护鸟类的意识,关爱大自然,关爱生命。

(4)感受斑鸠父母照顾宝宝的辛劳,萌发感恩之情。

(5)能运用多种表征形式,创造性地表达自己的感受。

5.幼儿园集中教育活动目标

学前教育的目标要通过具体的教育活动来实现,其中比较重要的一种就是集中教育活动,它以面向全体幼儿,在较短的时间中给幼儿知识经验为主,成为幼儿园重要的教育活动类型。

例如:小班数学活动《整理照片》的活动目标如下。

(1)进一步感知5以内数量,知道点子可以表示物体的数量特征。

(2)能按数量给物体分类,并用点子表示分类结果。

(3)能积极与材料互动,体验活动的乐趣。

学前教育目标的分类可根据目标的不同属性划分为不同的类型,但无论如何划分,学前教育的总目标都是最上位目标,主导其他目标,其他的目标在纵向和横向落实学前教育总目标,成为实现总目标的有效环节。

第三节　我国学前教育的内容

康德曾经说过：在教育这门艺术里，有一个原理尤其值得那些负责制定教学计划的人注意，那就是，对孩子们的教育，不应以当前人类状况为准，而应以未来人类可能获取的更佳状况为准。学前教育目标具有教育价值取向的导向性和前瞻性，体现了培养学前儿童质量规格的要求，学前教育是保教一体的，当前世界各国都把学前儿童全面和谐发展作为学前教育的根本目标，由此学前教育的内容体现在学前教育的德育、智育、体育、美育和劳动教育五个方面。

一、学前儿童德育

阿莫纳什维利说过："儿童的精神世界不可能是闲置着的。儿童的精神世界犹如一座神殿，把他弃之不顾，这无异于就是教育的犯罪行为。"①学前儿童在学前期属于价值观和德育发展的萌芽期，需要对其进行正确的价值引导。从古代的颜之推到近代的鲁迅等，都十分推崇和提倡对儿童开展德育教育。在我国的《幼儿园工作规程》《幼儿园教育指导纲要（试行）》《3—6岁儿童学习与发展指南》的内容都体现了对幼儿德育的要求。

2017年国务院办公厅发布的《关于深化教育体制机制改革的意见》提出："要健全立德树人系统化落实机制，构建以社会主义核心价值观为引领的大中小幼一体化德育体系。"学前儿童的德育是学前教育的重要内容。

（一）学前儿童德育的概念和意义

学前儿童德育是教育者根据一定的社会要求，有目的、有计划地对学前儿童施加影响，以培养学前儿童道德品质的教育。学前儿童德育是德育的最初阶段，学前儿童的身心发展特点决定了学前儿童的道德认识、道德情感、道德意志和道德行为均处于发生发展的初期，因此在学前期进行品德的启蒙是道德教育的开端。

1.学前儿童德育对落实立德树人、体现社会主义核心价值观具有重要意义

党的十八大提出，倡导富强、民主、文明、和谐，倡导自由、平等、公正、法治，倡导爱

---

① [俄]阿莫纳什维利．孩子们，你们生活得怎么样[M]．朱佩荣，高文，译，北京：教育科学出版社，2005:15.

国、敬业、诚信、友善，积极培育和践行社会主义核心价值观。富强、民主、文明、和谐，是国家层面的价值目标；自由、平等、公正、法治，是社会层面的价值取向；爱国、敬业、诚信、友善，是公民个人层面的价值准则。这24个字是社会主义核心价值观的基本内容。落实立德树人、践行社会主义核心价值观，需要从小培养学前儿童形成正确的关于"公平""自由""美丑"等的正确观念，例如在生活中为什么要"排队"，首先人和人是平等的，需要通过规则，也就是排队来保证每个人都能得到平等的对待；其次在排队中允许老人、幼儿优先，体现尊老爱幼、相互关心，是一种社会美德。在学前期进行品德教育，对幼儿进行价值引导，对幼儿幼小衔接及一生的发展都具有重要意义。

2. 学前儿童德育可促进学前儿童个性品质的发展

学前儿童是在具体的生活、游戏和活动中学习和发展的，具有情境性、发展性的特点，容易受到外界的各种刺激和教育影响，并在大脑中留下深刻的痕迹。2015年10月，党的十八届五中全会曾明确提出"全面实施一对夫妇可以生育两个子女的政策"。2021年8月20日，全国人大常委会会议表决通过了关于修改人口与计划生育法的决定，修改后的人口计生法规定，国家提倡适龄婚育、优生优育，一对夫妻可以生育三个子女。全面二孩和三孩政策的出台，为学前儿童品德教育提供了更好的教育契机，也让学前儿童有了更多学习合作、分享、友爱等的机会。如我国传统的道德教育故事"孔融让梨"，在独生子女家庭中，学前儿童对于"兄友弟恭"的学习是停留在道理上的，可在当前全面二孩和三孩政策的施行后，很多家庭都有两个或三个孩子，学前儿童有了更多的机会去学习"公平"（"规则公平""机会公平"和"分配公平"），学习在如何保持公平的同时不压制自己的合理欲望。

（二）学前儿童德育的目标

1. 萌发幼儿爱祖国、爱家乡、爱集体、爱劳动、爱科学的情感

立德树人，首先就要培养幼儿爱祖国、爱家乡，在生活中和各种活动中，践行社会主义核心价值观；爱集体是在幼儿园生活中能对自己的班级、幼儿园有归属感，能对家人、同伴及老师们有积极正向的情感等；爱劳动则是依据自己的年龄特点能自我服务和管理，做力所能及的事；爱科学则是有探究和探索精神。

2. 培养幼儿诚实、自信、团结、友爱、勇敢、有同情心、遵守规则、有礼貌、不怕困难等良好品德行为及习惯

学前儿童良好的品德及行为习惯的培养需要幼儿园和家庭的配合，在家庭和幼儿园教育中通过大量的有意义的教育活动去实现和完成。如让幼儿在与同伴的交往和互动中学习分享、友爱、获得移情能力，从而发展幼儿的同情心和自信心；在一日生活中遵守规则，尊重他人，建立良好的亲子关系和师幼关系。

3.培养幼儿良好的个性品质

学前儿童德育促进学前儿童社会性的发展，让幼儿能更好地理解社会规范及自己与他人的关系，从而更好地认识自己，培养幼儿良好的个性品质。

人物介绍

梁启超及家庭教育

梁启超，中国近代思想家、政治家、文学家、史学家、教育家，他潜心学问，仅遗留下来的著作就有1400多万字。在忧国忧民、投身社会、匡国济时、勤奋著书的同时，也注重对下一代的教育，因此他的孩子个个成才：长子梁思成是众所周知的建筑学家，次子梁思永是考古学家，梁思礼则是火箭控制系统专家——九个子女中出了三个中国科学院院士。“一门三院士，九子皆才俊”传为佳话。

梁启超一生中给子女们写了400多封家书，这些家书充分体现了梁启超家庭教育思想的精髓，主要涵盖四个方面：

一是趣味教育。

二是爱国主义教育。

三是心理健康教育。

四是情感教育。

（三）学前儿童德育的实施要领

1.在日常生活中渗透德育

学前儿童道德品质的形成是一个潜移默化、日积月累的过程，需要在日常的生活中不断练习、实践，要充分利用日常生活的情境和契机开展德育活动。

2.通过专门的教育活动开展德育活动

在幼儿园开展德育活动，可根据幼儿园教育活动的特点，组织幼儿园专门的教育活动，例如利用端午节、中秋节、国庆节等节庆开展德育活动；幼儿园也可根据本班幼儿的特点开展专门的德育活动。

二、学前儿童智育

在学前儿童的教育中，智育始终占据着重要的地位。智育是全面发展教育的重要组成部分，在现代社会的发展中，科学知识和技术发展日新月异，智育的作用更加显著。

（一）学前儿童智育的概念及意义

学前儿童智育是有目的、有计划地使学前儿童学习和掌握与周围生活相关的基本知识与技能，促进学前儿童智力发展与良好学习品质培养的教育活动。

1.学前儿童智育为全面发展教育提供了智力基础

根据学前儿童身心发展特点和规律可知，学前期是学前儿童感知觉、动作和语言发展的最佳期，学前儿童智育的重点在于帮助幼儿学习建立与周围生活的感性经验，从而发展幼儿的认知能力，培养幼儿解决问题的能力，促进幼儿学习品质的发展。传统的智育观把智育等同于知识与技能的学习，只知灌输大量的知识，认为智育学习就是死记硬背，却不知道这样机械的学习方式会让学前儿童的学习兴趣降低。在全面发展的教育中，智育与其他各育互为条件，没有相应的知识和技能的支持和发展，其他各育也无法进行。

2.学前儿童智育有助于培养幼儿良好的学习品质

学习品质指的是能反映儿童自己以多种方式进行学习的倾向、态度、习惯、风格等。它不是指儿童所要获得的那些知识、技能本身，而是指儿童自己怎样去获取各种知识、技能。一般包括好奇与兴趣、主动性、坚持与注意、创造与发明、反思与解释等具体内容。良好学习品质的培养需要在日常生活中进行。

（二）学前儿童智育的目标

1.发展以思维能力为核心的感知力、观察力、注意力、想象力、记忆力等能力

思维能力是智力发展的核心，在学前儿童的心理发展中，感知觉和动作发展是智力的基础。培养学前儿童良好的智力品质，在幼儿的一日生活中，应帮助幼儿发展其感知觉、观察事物的准确性、敏锐程度等；引导幼儿积极地尝试自己分析问题、解决问题，并能和同伴一起合作。

2.促进学前儿童学习品质的发展和语言运用能力的提高

学习品质是幼儿思维能力的重要体现，培养幼儿的学习兴趣和好奇心，能主动去探索自己感兴趣的事物，并能向家长、同伴和老师寻求支持与帮助，对自己的发现能用

个人喜欢的方式进行表征，能坚持并用自己的语言表达。

3. 培养学前儿童对环境的认识和适应能力、解决问题的能力

学前儿童是在一定文化的环境中学习和发展的，在不同的环境中，儿童接受的感知觉的发展也是不同的。在幼儿园教育中，环境创设是儿童学习发展的重要资源，儿童通过环境进行学习与发展，并在不同环境和情境中分析问题、解决问题。

（三）学前儿童智育的实施要领

1. 注重专门教育活动与日常生活的结合

学前儿童的学习与发展包括健康、科学、社会、艺术与语言五大领域，五大领域都促进学前儿童的发展，五大领域的学习也是促进学前儿童智力发展的重要载体。一方面通过专门组织有目的、有计划的教育活动促进学前儿童发展，另一方面也在日常的生活中通过自己的感知、探索，与周围的世界产生有意义的互动，调整自己的经验而获得发展。

2. 注重学前儿童的主动探究与教师支持、促进的结合

学前儿童好奇、好问，对周围的生活和事物充满了探究的欲望，但是受到自身知识经验不足的限制，不能深入系统地探索了解。此外，并非所有学前儿童好奇的问题都是对学前儿童的身心发展和智力发展具有促进作用的，因此，需要教师对儿童想要了解的问题进行价值的判断与筛选，从而促进学前儿童进行有意义的学习。

3. 注重学前儿童智力因素与非智力因素的结合

学前儿童在生活中自主、自由、个性化地发展与学习，获得身心协调发展，不仅需要发展学前儿童的智力因素，还需要发展其非智力因素，即坚持性、胜任感、自信心和自制力等因素。实践证明，如果只注重发展学前儿童的智力因素，关注学前儿童知识与技能的学习，忽视了其他因素的发展，学前儿童的学习和发展就会受到阻碍。

三、学前儿童体育

（一）学前儿童体育的概念及意义

学前儿童体育，是遵循学前儿童身心发展的规律，以促进学前儿童身体素质、基本动作和运动能力发展为目的一系列教育活动。

1. 学前儿童体育是全面发展教育的充分条件

学前儿童的身体发育迅速，提高学前儿童的身体素质、运动能力，可以为学前儿童其他领域的发展奠定基础。重视学前儿童的体育,有助于学前儿童身心健康发展;可以促进学前儿童良好个性和卫生习惯的形成;也有助于学前儿童智力的提高。

2.学前儿童体育促进学前儿童良好个性品质的发展

实践证明,基本运动能力发展充分的儿童更愿意积极地运动,而且这一类儿童在参与其他活动也能表现得更加自信,经常参与体育锻炼及基本运动能力发展充分的儿童更能保持健康的体态,增强心肺功能和肌肉的力量,也更愿意迎接挑战、乐于分享、参与群体活动。

(二)学前儿童体育的目标

1.促进学前儿童身心健康发展

《幼儿园教育指导纲要(试行)》中明确提出:“幼儿园必须把保护幼儿的生命和促进幼儿的健康放在工作的首位。”人们对学前儿童健康教育的需求主要表现为:养育健康聪明的孩子,促进孩子的潜力发展。[①]学前儿童的健康不只是身体的健康,还有心理的健康,而身体健康是心理健康的基础。

2.培养学前儿童基本运动能力,增强体质,培养对体育活动的兴趣

学前儿童基本运动能力分为:身体控制与平衡能力、身体移动能力和器械(具)操控能力。基本运动能力的功能具有多样性,体现在身体素质、运动认知、运动创意和运动社会等多个方面,这些功能经常重叠在一起。[②]通过发展学前儿童的基本运动能力,让学前儿童的走、跑、跳、投掷、攀爬和钻爬等基本动作得到发展,在活动中培养学前儿童参与体育活动的兴趣。

3.培养学前儿童良好生活卫生习惯和促进安全自护能力的发展

良好生活习惯的养成是学前儿童发展的重要任务,也是学前儿童健康教育的重要内容。学前期是学前儿童日常生活能力快速发展的关键期,虽然良好习惯的养成是一个漫长的过程,但在家长和幼儿园老师的帮助下,学前儿童能在日常生活中学习自我服务,养成良好的生活卫生习惯。

学前儿童安全自护能力是指幼儿获得的日常生活中最基本的安全知识和技能,可以让学前儿童学习自我保护与爱护他人。家长和幼儿园应结合生活实际对儿童进行安全自护教育。

---

① 柳倩,周念丽,张晔.学前儿童健康学习与发展核心经验[M].南京:南京师范大学出版社,2016:4.
② 柳倩,周念丽,张晔.学前儿童健康学习与发展核心经验[M].南京:南京师范大学出版社,2016:12

(二)学前儿童体育实施要领

1.制定科学合理的生活制度

生活制度是以学前儿童身心发展规律和季节、地区实际等客观条件为依据,合理安排幼儿的一日生活的各项活动,包括入园、进餐、盥洗、睡眠、如厕、离园等活动的时间及安排,以保证学前儿童身心健康成长。制定科学合理的生活制度不仅有助于学前儿童养成良好的生活卫生习惯,也有助于学前儿童有规律地学习与发展。

2.创设安全、适宜的运动环境与设施

为保证和促进学前儿童广泛开展体育运动,幼儿园需要提供充分的时间、多样化的场地和适宜的运动设施,为学前儿童的体育提供充足的条件和支持。我国《幼儿园工作规程》中规定,要保证幼儿园每天两小时户外运动的时间。雾霾或者雨天不适合开展户外运动时,可适当开展室内运动。

3.通过开展多样化的体育活动,提高学前儿童的身体运动能力

学前儿童的体育活动有早操、户外体能大循环、体育游戏、专门的体育教学活动等形式,教师要根据幼儿身体运动的特点和规律,制定适宜的计划,为学前儿童身体运动能力的发展提供支持,以保证学前儿童身体运动能力的发展。

4.重视学前儿童安全自护能力的培养

学前儿童安全自护能力的培养可以通过“专门教育”和“随机教育”两种方式来进行,通过两种不同形式的教育活动,可以增强学前儿童的安全和自我保护意识。幼儿园专门的教育活动中可以设计一些贴近幼儿生活的活动,注重趣味性和游戏性;在家庭中,利用随机教育帮助幼儿了解周围环境中不安全的事物,促进幼儿自我保护能力的发展。

小资料

运动概念

“运动概念”是体育课程的知识部分。如果说运动技能是指身体能够做什么,那么运动概念指的就是身体在哪里做、如何做以及由哪一部分肢体来做。换句话说,如果运动技能指的是身体的“动词”,那么运动概念就是指身体的“形容词或副词”,学习这些运动概念不仅有助于确定或者丰富运动技能的范围,也能增强儿童运用技能的效果。运动概念主要有以下三类。

1. 空间意识：身体在空间运动的位置，包括距离、方向、高度和动作路线。

2. 作用力意识：身体在空间中运动的方式，包括时间意识（动作的速度、节奏）、力量意识（指动作的力量大小、创造性、专注程度）和控制意识（或者称动作的流利程度意识）。

3. 身体意识（或关系意识）：身体构建的各种关系，包括自我意识（对自己身体部位、体形和身体部位作用的意识）以及他人与环境的关系（位置）。

四、学前儿童美育

（一）学前儿童美育的概念和意义

学前儿童美育就是学前儿童的审美教育，是培养学前儿童感受美、表现美、欣赏美、创造美的一系列教育活动。

1. 学前儿童美育是全面发展教育的重要组成部分

学前儿童对美的东西总是充满了兴趣，想要看一看、摸一摸、听一听、闻一闻，如果是自己喜欢的，还要亲一亲。学前儿童对美的事物具有行动性的特点，学前儿童美育是其他各育的基础。学前儿童美育可以帮助儿童了解真、善、美，培养积极向上的精神和活泼开朗的性格。学前儿童美育也可以增强学前儿童感知觉和注意力的发展，从而提高其思维能力。

2. 学前儿童美育具有独立的功能

在学前期，通过美育，学前儿童感受到自然美、日常生活中的美、社会生活中的事物和现象的美、艺术作品中的美。美育让学前儿童对生活产生更多的热爱，能对周围的事物建立更多积极、正向的联系，养成积极乐观的生活态度，从而让童年生活更加美好。

（二）学前儿童美育的目标

1. 培养儿童感受美和表现美的能力

学前儿童对美的事物的感受能力具有表面化和情感性的特点，如小班幼儿就喜欢夸张、色彩鲜艳，或者是印有自己喜欢的卡通图案的事物，而忽略其整体的和谐。在学前期，家长和老师们要根据学前儿童美感的发展特点，引导幼儿感受大自然、社会生活中的美，并能通过各种教育活动，用自己身体、动作和语言等表现美。

2.培养学前儿童欣赏美和创造美的能力

通过各种活动培养学前儿童对美的感受力和表现力,还要引导学前儿童发展欣赏美和创造美的能力。在实践中,许多家长认为美育就是让学前儿童到各种特长班学习绘画、舞蹈、钢琴,增强学前儿童的技能。其实学前儿童美育不仅仅是技能的提高,更重要的是提高学前儿童的审美能力,从而能创造美。

(三)学前儿童美育的实施要领

1.通过大自然和社会生活进行美育教育

大自然的一草一木、一树一花都是学前儿童美育的宝库。在大自然中,丰富多彩的色彩、春夏秋冬四季中动植物的变化,不仅是学前儿童学习与发展的内容,也是美育的重要内容,因此要让学前儿童多和大自然接触,领略大自然的风光,让学前儿童感受自然之美。

在社会生活中,各种建筑、服饰等组成了日常生活,学前儿童每天也在日常生活的环境中感受美、欣赏美。

2.通过艺术作品进行美育教育

艺术作品的种类丰富,如建筑设计、实用工艺、绘画、雕塑、音乐、舞蹈、语言艺术和戏剧、电影等,各种艺术作品都有其独特的审美特点和不同的表现形式。利用丰富的艺术作品,让学前儿童投入音乐、舞蹈、美术和文学艺术活动中,发展学前儿童表现美和创造美的能力,如在儿童诗的学习中,让幼儿学习创编,感受和表现语言的节奏美。

五、学前儿童劳动教育

2020年3月,中共中央、国务院发布《关于全面加强新时代大中小学劳动教育的意见》,指出劳动教育是中国特色社会主义教育制度的重要内容,强调坚持立德树人,把劳动教育纳入人才培养过程。新时代幼儿劳动教育课程要坚持马克思主义的劳动价值观,强调“人类劳动的价值在于人不断地改造、创造世界并推动人实现自身的自由全面的发展,学前儿童劳动教育也是学前教育的重要内容”。[①]学前儿童劳动教育的实施和开展要与德育、智育、体育和美育进行有效融合,促进劳动教育的开展与实施。

---

① 程从柱.劳动教育何以促进人的自由全面发展——基于马克思主义劳动观和人的发展观的考察[J].南京师大学报(社会科学版),2020(3):16-26.

本章小结

本章主要厘清了教育目的与教育目标的关系,介绍了学前教育目标的概念,学前教育目标制定的依据、结构和分类,同时介绍了学前教育的内容。核心内容总结如下。

1. 狭义教育目的概念:狭义的教育目的特指一定社会(国家或地区)为所属各级各类教育(或者说整个教育事业)而确定的人才培养规格或总体要求,是整个教育意欲达到的根本所在。

2. 学前教育目标的概念:学前教育目标是教育目的在学前教育阶段的具体体现,它制约着学前教育任务的确定和内容的选择。

3. 学前教育目标制定的依据:以学前儿童的身心发展水平和特点为依据;以社会和时代发展为依据。

4. 我国学前教育的内容:为了实现学前教育目标所开展的学前教育德育、智育、体育、美育和劳动教育五个方面。

视野拓展

1.《儿童的世纪》

菲力浦·阿利埃斯著,沈坚,朱晓罕译,北京大学出版社2013年出版。阿利埃斯考察四个世纪的绘画和日记,以及游戏、礼仪、学校及其课程的演变来追溯儿童的历史。作者将童年时期视为一个最特殊的人生阶段,这个观念自此扎根于现代西方思想之中,并席卷了整个现代世界,成为无可动摇的价值观。自1962年出版以来,该书在西方史学界引起了极大反响,被视为儿童史和家庭史的奠基之作。

2.《拉扯大的孩子:民间养育学的文化家谱》

安超著,社会科学文献出版社2021年出版。该书是一个乡村女孩在成为母亲之后,通过口述的形式写就的中国乡村百年传续的教育家谱,对家庭教育中的亲缘共育、恩德训育、吃苦伦理、青春期悸动、贵人相助、阶层摆渡、现代养育焦虑、完美母职、象征性父权等话题进行了深入的探讨。在这里,我们既能看到一个农村家族的五代人在百余年间如何面对苦厄、动荡、无常把孩子"拉扯大"的复杂经验,也能看到个人命运与国家命运休戚相关的"野孩子"们的长大成人的多条路径。

思考与实训

1. 结合篇首案例中的实际问题，运用本章的所学知识，尝试回答学前教育目标和内容的关系是什么，学前教育目标的达成有哪些途径。

2. 结合实际，说一说学前教育目标确定的依据是什么，请举例说明。

3. 请结合实际谈谈幼儿园的德、智、体、美、劳五育的关系。

专题探讨

什么是STEM教育？

STEM教育是近年来教育界一个非常热门的词汇，STEM代表Science（科学），Technology（技术），Engineering（工程），Mathematics（数学），STEM教育这个概念正在逐渐替代原来的“科学教育”的概念。

当前国际科技竞争的日渐加剧，各科技大国意识到科技实力的提升要从儿童抓起，STEM教育遂成为国际教育竞争的一个抓手，STEM教育也走向了低龄化，走到了幼儿，甚至婴幼儿的层次，那么，学前教育阶段要开展STEM教育吗？为什么呢？请你课后查阅资料去了解STEM教育开展的背景、STEM教育的目标和内容，相信你对该问题会有一个更加客观、深入的理解。

第六章

学前教育活动

学习目标

●了解学前教育活动的概念、类型、特点、相关理论。

●理解学前教育活动设计的基本原则，初步掌握学前教育活动设计的本质特点和基本环节。

●理解活动在学前教育中的重要地位，熟悉几种常用的评价方法，并能根据具体的评价目的和内容，恰当选择评价方法进行初步的评价。

学习重难点

●学习重点：活动在学前教育中的重要地位，能从活动价值取向的角度进一步设计学前教育活动。

●学习难点：学前教育活动的基本原则，根据具体的评价目的和内容，恰当选择评价方法进行初步的评价。

案例破冰

大班区域活动:小小规划师

在传统的建构区中，我们基本上是收集废旧物品来开展建构区活动，如纸盒、奶粉桶、牙膏盒、易拉罐盒等。孩子们一开始还颇有兴趣，但过了一段时间以后，这些废旧物品就无人问津了。自《幼儿园保育教育质量评估指南》颁布后，现在的建构区材料使用安全方便，形式多样，又拥有很多参考样图、使用技巧和各种风格的建筑欣赏图，老师以观察和记录、回应和支持幼儿为主，在这一年的时间里,建构区依然是最受孩子们欢迎的区域之一。这是孩子们搭建的城堡,他们还会认真地给大家讲解建筑的名称、造型、房子的主人等。这是孩子们规划的城市,有房子、公园、公路、汽车等,应有尽有哟!这是孩子们搭建的大桥……作为老师,真为这些宝贝们感到骄傲和自豪,为未来的设计师们鼓掌喝彩!

思考:在上述关于《小小规划师》的案例中,学前教育活动的正面价值取向是当前幼儿教师所追随的,区域活动中教师的角色定位、材料的丰富性等值得我们学习。学习了本章内容之后,会给我们对学前教育活动的认识带来一定的启示,促进幼儿教师的专业发展。

第一节　学前教育活动概述

一、学前教育活动的内涵

(一)活动

广义的“活动”指一切物体和人的运动。从这一意义上看，动物也有活动，如猫头鹰夜晚活动。狭义的“活动”专指人类有目的的行动。心理学认为，活动是由共同目的联合起来并完成一定社会职能动作的总和。活动由目的、动机和动作构成，具有完整的结构系统。哲学上讲的活动指主体与客体相互作用的过程。因为只有人才能成为主体，所以，尽管二者说法不同，但都是从主体为人的角度来界定“活动”的概念。

人类的活动与动物的活动有着本质不同。动物的活动是一种生物本能，是对生存环境做出的被动反应，其活动内容和水平是几乎不变的。人类的活动是一种社会性活动，人类在自己的活动中能发挥主观能动性，使活动的内容和水平随着社会发展而不断向前，人类的活动是发展变化的。

(二)学前教育活动

学前教育活动是在特定环境条件下人的活动。与人的其他活动相比，其特殊性在于，学前教育活动不是一个人的活动，而是由教育者和受教育者共同作用的。学前教育活动也有广义与狭义之分。广义的学前教育活动指对受教育者(学前儿童)施加教育影响的一切活动。狭义的学前教育活动专指在学前教育机构实施的活动，包括幼儿园教育活动和托儿所教育活动。随着我国托幼一体化教育进程的加快，独立的托儿所越来越少，幼儿园大多开设了托儿班。鉴于这一事实，学前教育机构教育活动基本可以等同于幼儿园教育活动。本章所涉及的学前教育活动，如无特别说明都指狭义的学前教育活动。

《幼儿园教育指导纲要(试行)》(2001年)、《3—6岁儿童学习与发展指南》(2012年)和《幼儿园工作规程》(2016年)相继指出，幼儿园教育活动是教师以多种形式，有目的、有计划地引导幼儿生动、活泼、主动活动的教育过程。可见，“幼儿园教育活动”的概念是被当作幼儿园课程实施系统的组成部分来使用的。它反映了以下两个变化。

一是幼儿园课程活动化。以往，由于过于关注课程的知识分类与分科教学，忽视幼儿的学习特点，导致幼儿园课程学科化。但其实幼儿的学习是通过“行动”“做”来实现的。现在，幼儿园课程以“活动课程”为主要形式，因为活动更能反映幼儿的这种学习的本质与特点。①

二是幼儿园教育活动超越“教学”的范围。在教育学界，教学形成了它特定的含义，教学是教师事先准备好的知识加以转化的过程，即教师将外部知识转化为学生内在发展的过程。教师转化什么样的知识及如何转化是教师工作的基本内容甚至全部内容。人们习惯称这样的教学为“上课”。但学前儿童学习和发展的独特性要求我们不能采取这种方式的“教学”，况且，幼儿园教育除了专门教学外，还应寓教育于学前儿童的一日生活当中。

二、学前教育活动的相关理论

(一)主动活动理论

主动活动理论来源于认知心理学派的学习理论，以皮亚杰为主要代表人物。

皮亚杰提出关于知识的建构理论以及认知发展的过程和阶段理论。他认为知识不是被动地从环境中吸收，也不是预先在儿童头脑中形成，而是随着儿童的成熟随时出现，且由儿童通过其心理结构与所处环境之间的相互作用所主动建构的。儿童能在自己计划、进行和反应的活动中获得更好的学习。只有顺应和适合儿童，促进儿童自主建构、自我调节的活动才能真正促进他们的智慧发展。由此，在学前教育活动中，应视儿童为主动的学习者、建构者，在活动中重视为儿童提供和创设丰富的学习材料和环境，鼓励儿童自己动手操作，通过儿童自身的感知、操作等积累经验，在思考、推理和解决问题的过程中促进儿童在其原有认知结构和新学习知识间建立联系以获得浅显的逻辑概念。②

(二)主导活动理论

苏联心理学家埃利科宁和达维多夫不仅提出了儿童主导活动发展的阶段理论，而且认为儿童活动的发展是一个渐进的、由量变到质变的过程。主导活动在儿童的一日活动中发生频率最高和占用时间最多，是儿童自发的，与儿童一定年龄发展阶段相适应的，是适合并决定儿童身心发展状况的活动。儿童一出生，其主导活动是婴儿与成

① 冯晓霞.幼儿园课程[M].北京：北京师范大学出版社，2000:15.
② 黄瑾.幼儿园教育活动与指导[M].上海：华东师范大学出版社，2007:20-21.

人的交往活动，这种活动能满足他们维持生命、安全和机体生长发育的需要。随着儿童的身心发展，产生了用自己的身体活动去理解和影响周围环境的需要，因此，实物活动是这一时期的主导活动。进入学前期以后，游戏便成了儿童的主导活动。学前期儿童无意想象已高度发展，有意想象也逐渐产生和发展，为游戏的发生创造了心理条件。儿童身体活动的需要、社会性交往的需要都要通过游戏来满足。①

（三）行为主义学习理论

以华生、斯金纳为代表的行为主义者认为，当学习者对某种特殊的刺激作出适应的反应就表明产生了“学习”，这种刺激与反应的联结正是行为主义学习理论的要点。在此意义上看，学前儿童的一切活动都可以说是一种学习活动。

行为主义学习理论要求教育重视环境的作用，因此，学前教育活动要重视对学习环境的设计、对儿童学习任务的分析，把创设学习情境、促进儿童学习作为最重要目标之一。受行为主义“程序教学”思想方法以及“小步子、循序渐进、序列化、学习者参与、强化、自定步调”等教学原则的影响，学前教育活动注重对活动组织形式的思考，教师更关心的是如何发展儿童未来的能力，从把握和确认儿童原有的知识水平开始，以小步递进的方式实施教育活动和教学。受“强化”这一基本原理的影响，学前教育活动特别注重为达成活动的结果而进行适当强化。教师促进儿童获得信息和巩固信息的主要活动策略和手段是依靠练习、增加训练。

三、学前教育活动的类型

（一）按活动性质划分

学前教育活动按其性质不同可分为一日生活活动、教学活动、游戏活动和区域活动。

1. 一日生活活动

一日生活活动是学前儿童在幼儿园一日之内要经历的满足其基本生活需要的活动，主要包括进餐、睡眠和盥洗等。幼儿园一日生活活动的合理组织和安排，关系到培养学前儿童良好的生活习惯，提高学前儿童生活的自理能力和社会适应性，促进学前儿童身心全面和谐发展。同时，有利于幼儿园教育中各项工作有计划、有步骤地进行，从而提高各项活动的开展效率。

---

① 倪敏．幼儿园课程与教育活动设计[M]．北京：中国劳动社会保障出版社．2001：28-29.

2.教学活动

教学活动是一种由教师专门组织的、有很强计划性的、对学前儿童施加影响的活动。它更多强调教师的作用,强调教学的结果,承担着向学前儿童传递人类和民族文化遗产的任务。教学应符合学前儿童的学习特点,注重教学的游戏化、生活化等。

3.游戏活动

游戏是最能表现与肯定学前儿童主动性、独立性与创造性的主体性活动,是在学前教育阶段培养学前儿童主体性的适宜途径,对学前儿童主体性的培养与发展具有重要的价值。游戏本身多种多样,包括自由游戏、益智游戏、建构游戏、角色游戏、表演游戏等。

4.区域活动

区域活动是幼儿园教育的重要组织形式,是一种差异化和环境化的教育,也是一种需要教师精心组织和有效引导的教育,它为学前儿童提供了一个更为综合和全面的学习环境。

区域活动作为一种基于儿童立场的综合性教育活动更具开放性和生成性,要实现区域活动中幼儿的深度学习,就需要教师及时有效地观察儿童的活动状态和活动需求,并能因时、因人、因事做出有效的应对,也只有这样才能增进儿童对学习主题的感知、体验和思考,才能够在拓展经验的同时不断发展幼儿发现问题和解决问题的能力,以及形成良好的学习品质和个性品质。①

(二)按活动的形式划分

1.集体教育活动

集体教育活动是教师面向全体儿童的教育活动。教师的方法以直接指导为主,儿童在同一时间内做相同的事情,如集体教学、游戏、参观、听故事等。该类活动的优点是便于教师对学前儿童实施统一的活动管理,在全体儿童面临共同的问题或有共同的学习需要时可以采用。如果教师的引导方法适当,可以保证活动的效率较高。但集体教育活动的缺点也比较明显,不是所有内容的学习都适合采用集体活动,教师在集体活动时与单个儿童的互动机会非常有限,很难照顾到儿童的个别需要,从而影响教学效果。

2.小组教育活动

小组教育活动是教师面向部分儿童的教育活动。通常是教师将儿童分组,自己轮

① 赵玲.利用区域活动培养幼儿的学习品质[J].学前教育研究,2018(3):64-66.

流在各组重点指导。这种形式适合于班额不大的情况,且与一定的学习任务分工有关。小组教育活动有利于教师分组、分层指导,也有利于儿童间的合作与交流。

3.个别教育活动

当教育对象只有一个儿童的时候,便是个别教育活动,它是教师根据个别儿童的特点进行的教育指导,例如教师和单个孩子进行的晨间谈话。个别教育活动是因材施教理念的具体体现。

集体、小组、个别教育活动都是在一定条件下开展的,具有一定适用范围,且各自具备一定优势,对教师的要求也不同。集体教育活动需要教师对儿童年龄的一般特点与学习共性有较为全面的认识,对教学的总体要求和教学内容的难易度有恰当的分析与把握,要求教师具备组织活动与开展教学的能力,以及一定程度上对班级全体儿童的掌控能力。小组教育活动和个别教育活动,教师除需要具备基本的理论素养,还需要准备更丰富的操作环境,便于教师间接指导。其实,对幼儿园教育活动的任何划分都是相对的。在开展活动时,各种活动可以互相结合,优势互补。

(三)按活动对象的关联程度划分

按活动对象的关联程度划分,学前教育活动可分为学前单科教育活动、学前领域教育活动、学前主题教育活动及学前区域教育活动。学前教育活动的对象是某些事物或关于事物的知识,事物间总是具有或多或少的关联性。当关联性较强的事物归结在一起时,就构成了领域。按领域划分,学前教育活动可以分为学前健康教育活动、学前语言教育活动、学前社会教育活动、学前科学教育活动、学前艺术教育活动,统称为学前领域教育活动。过去学前教育活动是一种单科教学活动,活动对象关联度较弱。现在,活动对象的关联度加强,不仅有学前领域教育活动,还出现了超越领域的整合的学前教育活动,这种教育活动一般都有一个中心或主题,将学前儿童需要学习的内容或对象联系成一个整体,消除了领域的边界,我们称之为主题教育活动。此外,以学前儿童的活动和经验为主要线索的是活动课程,它的主要表现是区域活动,不同的活动课程可以分出不同的区域。如美国的“幼儿创造性课程”是典型的活动课程,该课程由11个区域组成。需要关注的是,有些领域课程和主题课程也常常部分采用区域活动的组织方式。

四、学前教育活动的特点

(一)幼儿主体性与教师主导性相统一

强调学前儿童是学前教育活动的主体,并不是否认教师的积极作用。教师是教育环境的主要创设者,在学前儿童与环境相互作用的活动过程中,需要教师组织、实施,也需要教师指导、促进和调控,包括激发和维持学前儿童在活动中的积极性、主动性。教师在支持、引导学前儿童学习方面起着积极作用。因此教师通常也被看成教育活动的另一主体。学前儿童是学习的主体,而教师是引导的主体。二者之间是平等的、合作的、互为主体的关系。但教师在发挥引导作用时,必须尊重学前儿童主体的人格和合法权利,重视学前儿童身心发展的特点和需要,还要承认学前儿童发展的个体差异性,注重因材施教,促进每个儿童在不同水平上都得到发展。也就是说,教师的主导性必须建立在儿童学习主体地位之上,否则,就有一种“越俎代庖”“喧宾夺主”的意味。

(二)过程性和结果性相统一

《幼儿园工作规程》明确指出,幼儿园教育应注重活动的过程。但同时也要注重在活动过程中,通过学前儿童自身的感知和思维水平上的操作、观察、探索,产生情感上的激动、惊讶和各种感受,以及形成良好的习惯等。因此,幼儿园教育活动重视将“活动过程”和“活动结果”统一在活动之中。

(三)计划性和目的性

学前教育活动是在专门的学前教育机构中,由社会培养和指派的专职幼教人员实施的教育活动,它体现了国家或阶级的意志和要求。学前教育活动具有目的性,具体可划分为幼儿园教育总体目标、幼儿园课程目标、幼儿园年龄阶段目标、幼儿园教育活动目标和幼儿园集中教育活动目标。同时,在绝大多数学前教育活动中,师幼应从情境准备、材料准备、知识准备、技能准备、情感准备等方面明确活动的目的,并制定相应的计划。

(四)情境性

情境学习理论强调知识与情境之间动态相互作用的过程,它认为知识和活动是不可分离的,活动不是学习与认知的辅助手段,而是学习整体中的有机组成部分。因此,真正的学习是在有意义的情境中得到发展的,且学前儿童正是在情境中通过活动获得知识的。要让儿童在亲身经历和体验中获得知识或概念,那么情境设置就是引发和生成这种学习的基本条件。情境,既可以是发生在一定背景中的真实情境,也可以是模拟的情境。学前儿童通过在一定情境中的亲身感受，充分地运用自身的多种感知通道去接触情境中的事物、材料，进而在感受的过程中产生丰富的、真实的体验。[①]

（五）整合性

学前儿童还不具备分科学习的能力，学前教育活动的整合性是学前儿童学习与发展特点在学前教育活动上的全面反映。整合性具体表现在：第一，学前教育活动应促进学前儿童认知、情感和态度、动作和技能等方面的整合发展；第二，学前教育各项活动应相互联系、相互渗透，构成一个整体，各类或各个教育活动都是整体的一部分，它们综合发挥作用，共同促进学前儿童的全面发展；第三，学前教育活动的目标、内容、过程、方法、评价以及环境、教材、设备、材料等因素相互联系、相互制约，综合构成教育活动的整体结构。[②]

① 黄瑾.幼儿园教育活动设计与指导[M].上海：华东师范大学出版社，2007：113.
② 倪敏.幼儿园课程与教育活动设计[M].北京：中国劳动社会保障出版社，2001：38.

第二节 学前教育活动的基本原则

一、全面性原则

全面性原则是指幼儿园教师在组织学前教育活动时要面向全体幼儿，立足全体幼儿身心全面和谐发展。片面开展某一方面内容的学习或只关注幼儿某一方面发展的问题都是必须纠正的，贯彻全面性原则，应做到以下两点。

第一，幼儿园的教育目的不是择优，而是启蒙。教师在组织学前教育活动时要照顾到所有幼儿的发展，关注每一个幼儿的现有发展水平，确保学前教育活动能促进所有幼儿在原有水平上的发展。

第二，学前教育活动是一种有目的、有计划、有意识、有组织的活动，其目的不在于教会幼儿多少知识，而是在学习浅显的生活常识过程中，促进幼儿身体素质、情绪情感、智力、意志和性格等方面全面和谐发展。

二、主体性原则

主体性原则是指幼儿园教师在学前教育活动中必须正确地处理好教师的教与幼儿的学之间的关系，既要发挥教师的主导地位，又要重视作为学习主体的学前儿童在学习过程中的能动性、主动性。在活动中，放弃教师的指导作用和不顾儿童主动性的做法，都是不符合主体性原则要求的。贯彻主体性原则，应做到以下两点。

第一，幼儿园的教学活动是教师的教与幼儿的学共同构成的双边活动。教学相长，教师在充分发挥引导、指导作用的同时，不可忽视幼儿的主观能动性，务必使幼儿的学习成为主动、活泼的学习。

第二，教师在组织活动时要以幼儿为主体设计活动方案，制定活动策略，选择活动方法，组织活动过程，培养幼儿的主体意识、参与意识和创造意识，真正使幼儿成为学习的主人。

三、活动性原则

活动性原则是指幼儿园教师应保证学前儿童在学前教育活动中有充分的活动机会，且能在活动中得到发展的基本原则。把学前教育活动完全变成小学化课堂，是不符合活动性原则的。贯彻活动性原则，应做到以下三点。

第一，幼儿园教师在组织活动时要紧密结合生活实际，因地制宜地组织幼儿开展接触自然、接触社会的实践活动，获得直接经验，培养幼儿自主参与的兴趣和能力。

第二，幼儿园教师要为学前儿童创设各式各样的活动环境，引导他们积极参与动脑、动口、动手的学前教育活动，形成师幼、幼幼合作的学习氛围。

第三，要特别重视游戏在学前教育活动中的运用。

四、直接经验性原则

经验来自主体的活动，而“动作”是活动最为核心的要素。主体对客体发起何种动作，应视主体的需要和客体的存在形态而定。从主体是否直接触碰客体的维度，可以将主客体之间的互动分为接触式和非接触式两种。接触式互动是指主体运用身体器官（口唇或四肢，尤其是手）与客体发生的互动，是最为典型的直接经验发生方式。如婴幼儿学习吃饭、穿衣，幼儿自主选择玩橡皮泥、绘画、搭积木等，获得的均是接触式互动经验。这种接触式互动，将演变成为最适合幼儿的学习方式——操作式学习。在非接触式互动中，主体不能改变客体的外在形态，仅能感知客体的外在属性。这种方式之下，客体对主体发生的作用大大强于主体对客体的作用，相较于接触式而言，“互动”效果就弱化了。如在欣赏美术作品、闻花香、逛动物园、烤火等活动中，客体是独立于主体之外的存在物，美术作品的色彩、造型，花园里的色彩、气味，野生动物的外形、叫声，篝火的热度、光亮等，将对主体产生刺激，主体以看、嗅、听或皮肤遥感等方式获得经验，对客体的影响非常微弱。通过非接触式互动获得的经验，对丰富幼儿认知具有一定的价值。非接触式互动也是幼儿较为常用的学习方式——观察式学习、交往式学习的雏形。可见，经验的两种发生方式是大量并行存在的，接触式互动中包含了大量的非接触式互动，非接触式互动也容易引发接触式互动。两种方式相互包含、相互促进和引发的关系，将导致幼儿多种学习方式的自然组合，即操作学习、观察学习和交往学习之间发生交互作用。贯彻直接经验性原则，应做到以下三点。

第一，幼儿是生活在声音、形象、色彩世界中的，他们主要通过各种感官来认识周围世界。只有获得丰富的感性经验,他们才能理解事物,对世界形成相对抽象概括的认识。

第二,对幼儿来说,只有在生活中的学习才是有意义的学习,只有以直接经验为基础的学习,才是理解性的学习。

第三,离开与环境相互作用的各种具体而生动的活动,学前教育活动就没有鲜活的生命力。幼儿失去在活动中获得直接经验的基础,学前教育活动就变得不可理解,也就变成了对记忆力的机械训练。

五、适宜发展性原则

学前教育活动的基本功能与价值,是直接体现在对幼儿身心全面和谐发展适宜性上的。所谓适宜发展,指的是学前教育活动要适合幼儿身心发展的客观规律与特点。因此,学前教育活动要以儿童为本,以儿童的发展需要和发展特点为出发点。在幼儿教育阶段,社会因素和人类知识的影响要以幼儿的发展为参照,也要以对幼儿发展的适宜性为筛选标准。适宜发展并不等于适应发展,也并不表示一味迎合、迁就幼儿现在的身心发展水平,学前教育活动是为幼儿的发展服务的,因此必须努力促进幼儿健康、和谐地发展。适宜发展本身就意味着促进发展。因此,学前教育活动不能仅仅停留于幼儿的自发活动和自由兴趣上,而应帮助、引导他们,逐渐使其经验系统化、兴趣深刻化、思维条理化、行动有意化。可以说,适应发展是手段,促进发展才是目的。

第三节　学前教育活动的设计

一、学前教育活动设计的特点

学前教育活动设计是指教师为达到促进儿童发展的目的，对学前教育活动的基本要素和其他组成部分进行安排与组织。它是教师日常工作必不可少的一环，直接关系着教育活动的成效。学前教育活动设计具有系统性、动态性、合作性等特点。

（一）系统性

学前教育活动设计是一项系统性工作。这项工作需要建立在对学前儿童的观察了解基础上，既要分析学前儿童的学习需求，又要考虑活动目标、内容、途径等活动本身的要素和幼儿园物质条件、当地的教育资源等外部因素。同时，教育活动设计还是对教师儿童观、课程价值取向及其所实践的课程模式的具体反映。学前教育活动各要素之间是相互联系和相互制约的，学前教育活动设计在本质上是对教育活动整体结构的系统设计。

（二）动态性

以往的观点认为，学前教育活动设计就是准备静态的活动计划或方案的过程。其实，活动计划或方案只是活动设计的组成部分，也就是说，对活动构成要素的组织与安排既体现在静态的计划或方案中，还体现在活动的实际开展中。活动设计应包括事先的计划以及在活动开展过程中根据实际情况对活动计划的调整与再设计。因此，学前教育活动设计过程实质上是不断循环的动态过程，学前教育活动设计也是个不断修正和完善的过程。

（三）合作性

学前教育活动设计的侧重点应该放在教育活动过程上，教师设计教育活动时要充分考虑儿童在整个教育活动中的位置，整个设计是师幼间的对话和交流，而不是教师单方面机械传授。虽然幼儿园采用的课程文本是课程专家多年潜心研究的成果，但是其内容对具体的园所针对性不一定很强，教师在采用课程文本时必须考虑其内容是否适合本地、本园。活动设计并不是教师包办一切，教师并不是唯一的发起人，儿童在某种程度上也应该参与其中。儿童可以通过自己的行为表达对教师发起活动的看法,也可以做活动的发起人,向教师表明自己感兴趣的事物。

二、学前教育活动设计的基本环节

学前教育活动设计的基本环节包括活动设计思路、活动目标的确定、活动准备、活动过程等。教育理念和课程模式不同,学前教育活动设计各环节的呈现方式和内容的详细程度也会相差很大。

(一)学前教育活动设计的基本思路

活动设计的基本思路也称设计意图,是根据当地教育资源、幼儿园及幼儿的实际情况,结合活动内容,概述活动过程中拟实践的教育理念、原则、方法等。例如:大班科学活动“小小民间工艺展”的设计思路是根据幼儿对民间艺术了解甚少的现实情况,社会对于幼儿传承民俗文化需求较强的现状所提出的。活动设计思路如下:中国民间工艺广博精深,种类繁多,但是,现在的小朋友对我国民间艺术了解甚少,为了培养幼儿对民间艺术的热爱,教师选择了具有代表性的剪纸、扎染、面塑、脸谱、风筝、贝壳物品共六大类民间艺术品,作为引导幼儿欣赏和尝试制作的载体。活动中,教师力求通过观赏、制作等方式,构建一种开放式的活动,在引导幼儿了解民间艺术品的基础上,鼓励幼儿运用捏、剪、染、画等技能,大胆尝试制作民间工艺品,丰富展区,从而潜移默化地引导幼儿感受民间艺术的魅力,加深对民间艺术的了解和热爱,培养幼儿的爱国热情和民族自豪感,使我们祖先传承至今的民俗文化持久不衰。

(二)学前教育活动的目标

学前教育活动的目标,是指通过教育活动所要达到的预期结果。确定学前教育活动的目标,是学前教育活动目的性的体现。教师应根据幼儿的年龄特点、原有水平和能力、活动的内容和性质来确定具体的活动目标。过去,活动目标突出的是教师“教”的结果;现在,人们更多关注的是幼儿的“学”。因而,目标的表述转为更多指向幼儿的学习结果,从幼儿的情感与态度、能力、知识与技能等方面对教育目标进行描述,与幼儿学习紧密结合。

例如,教师在设计大班歌唱活动“老鼠画猫”时,提出下列活动目标。

1.感受幽默的音乐风格,体验老鼠画猫时快乐的心情。

2.在听、画、唱等多种形式的活动中,理解老鼠画猫过程中的滑稽情趣。

3.能用好听的声音、得意的表情表现出歌曲幽默、有趣的内容。

这些教育活动目标具体、明确，具有可操作性，便于检测，它直接关系着教师的教学和评价。在实际操作中，许多课程的活动设计并不预先规定具体的目标，只有一个宏观的指导思想，即教育目的。如果一定要说有目标的话，其目标也不是预先规定好的，而是伴随活动的开展而不断形成的。

（三）学前教育活动的准备

活动准备指教育活动正常进行所必需的知识与物质准备。具体包括：儿童的经验准备、材料准备、活动场地布置等。活动准备既可以是来源于学前儿童日常生活中遇到的事件，也可以是上一个活动的延伸。例如，中班美术活动“认识野生菌”，由于幼儿可以利用周末跟随父母到山上捡菌子，认识各种各样的菌子，或到菜市场识别各种菌子，并和家人一起制作美味的菌子，再加上幼儿园也进行了一系列有关菌子的主题活动，所以不需要教师专门为儿童准备一幅画有菌子的图画，而可以把这个工作直接作为一个活动——创作一幅有关菌子的画。

（四）学前教育活动的过程

活动过程是对教育活动中各个部分内容与方法的规定。通常，活动过程包括导入、展开、结束三个基本部分。

活动导入是将儿童的注意力转移到学习的内容上，激发儿童对内容的学习兴趣，其方法灵活多样，但时间不宜过长，一般不超过3分钟。

活动展开是活动过程的主要部分，教师在其中呈现教学内容，并通过提问、演示各种教具等指导方法保持儿童活动的积极性，引导儿童观察、操作、感知、发现、理解等，同时对儿童做出及时恰当的回应。教师力求做到：教学策略、教学方法和教学组织形式的选择应注重儿童学习过程的体验，着重体现自主、合作、探究学习方式的主要特征；突出活动重点，巧破难点，内容安排合理、有序，容量安排恰当，教学媒体使用适时、适量、适度，能体现创新性和可操作性；活动展开一般分3—4个环节，各环节要求保持学习上的递进性。

活动结束可以是对学习内容进行归纳、总结，也可以是教师对儿童学习结果与儿童在活动中的表现作出评价，还可以引出新的学习课题。总结时，不能对刚刚经历的学习过程抽象化，对儿童的学习内容“概念化”，避免生硬地说出儿童不能理解的知识。

（五）学前教育活动的延伸

活动延伸有狭义和广义之分。狭义的活动延伸指教师基本完成本次活动的教学内容，幼儿初步达到既定活动目标后，视幼儿在本次活动中接受程度的深浅，以及根据剩余时间的多少而灵活设计的活动。广义的活动延伸指在具体活动结束以后，教师为巩固幼儿所学内容，更好地实现活动目标所设计的一切活动。活动延伸大致包括以下五个层面：将认识程度从个别推广到一般，训练幼儿认识程度方面的延伸；将幼儿完成的作品放在活动室的某个区域，让幼儿在活动结束后仍有机会摆弄，使幼儿的喜悦情绪得以延续，这种称为时间层面的延续；将面向集体的活动延伸到利用环境对个别幼儿随机进行辅导的活动，这是形式层面的延伸；将在幼儿园开展的活动延伸到社会或家庭等活动地点，这是地点层面的延伸；最后，一个活动的教育效应不应局限在活动本身，应有利于幼儿全面素质的提升，即提高素质层面的延伸。

三、不同类型学前教育活动设计的基本规范

学前教育活动的设计样式多种多样，不同的学前教育活动特点决定了学前教育活动的设计样式各有特点。这里从活动对象关联度的视角，分别对学前领域教育活动、学前主题教育活动及学前区域教育活动的设计规范作出说明。

（一）学前领域教育活动设计

学前领域教育活动是学前教育中常见的一种教育活动。学前领域教育活动是根据活动对象的关联度，将幼儿园的教育活动划分为几个领域，一般包括健康、语言、社会、科学、艺术五个领域。

学前领域教育活动是由教师设定教育内容，按领域的特点有目的、有计划地开展的教育活动。儿童在领域教育活动中获得的知识比较系统，教师的作用比较突出。因此，教师在教学活动的设计过程中要注意把知识传授与儿童兴趣相结合，活动目标和教育方法相结合。总的来说，就是既要顺应儿童的自然发展，又要将儿童的发展纳入社会所需要的轨道。

学前领域教育活动设计时需要注意以下几方面。

1. 教育活动设计中体现领域特点

不同学习领域的教育活动在教师的教和儿童的学方面是有不同的规律和要求的，教育活动设计要符合这些规律和要求。

儿童健康是儿童在身体、心理和社会适应等方面都表现出健全的状态。近些年来，人们更重视让儿童认识生命，珍惜生命，尊重生命和热爱生命，学习以积极的方式保护生命以及处理自己与环境和他人之间的关系。健康教育活动不仅包括正规的、有

计划的教育活动，而且包括在常规生活中贯穿的教育活动。①

语言教育活动为儿童创设支持性语言教育环境，让儿童乐于表达、善于表达。学前语言教育的内容主要有丰富儿童的词汇，培养儿童聆听和讲述的能力，讲述与朗诵儿童文学作品。②

社会教育活动涉及儿童自身、自己与他人、自己与环境之间的相互作用。③

科学教育活动是科学启蒙教育，它使用儿童可以亲历和感受科学探究的过程和方法，目的重在激发儿童的认识兴趣和探究欲望。④

艺术教育活动以儿童为本，强调儿童艺术教育对儿童自身的影响和对儿童发展的促进作用。艺术教育活动设计是在儿童认知、情感、技能三方面整合的基础上发展儿童的审美表现力和审美创造力。

2.领域之间相互渗透

各领域教育活动都有自己的特点，但是各领域教育活动也不是完全分割、各自独立的，各领域教育活动之间的渗透更有利于幼儿保持对教育活动的兴趣。《幼儿园教育指导纲要（试行）》指出："各领域的内容相互渗透，从不同的角度促进幼儿情感、态度、能力、知识、技能等方面的发展。"例如，为了让幼儿理解一些常规的卫生习惯知识，教师经常会在健康教育活动中加入一些朗朗上口的儿歌（如：手拿花花杯，喝口清清水，抬起头、闭着嘴，咕噜咕噜吐出水）。该儿歌将漱口的全过程形象易懂地呈现出来，适合学前儿童的心理特点，易于被学前儿童接受。有条件的话，教师还可以带领孩子们参观牙医门诊室，这样，健康教育活动与语言、社会教育活动就实现相互渗透。可以说任何一种教育活动都不可能完全脱离其他教育活动。

3.分析领域活动素材，找准目标与内容定位

学前领域活动内容的选择和组织可以立足于现有活动资源，但是不能拘泥于活动资源。教师在利用活动资源时，既要对同一个活动内容或作品素材从不同层面进行挖掘和内容设计，又要从儿童的视角出发分析素材所蕴含的核心价值，从而设计出适宜的教育活动目标和内容。例如，中班语言领域活动"家"用到一首儿歌：蓝蓝的天空是白云的家，密密的树林是小鸟的家，绿绿的草地是小羊的家，清清的河水是小鱼的家，红红的花儿是蝴蝶的家，快乐的幼儿园是小朋友的家。这首儿歌中的天空、白云、树林、小鸟等是儿童非常熟悉的事物，"蓝天是白云的家"对于幼儿园中班的儿童来说不

---

① 朱家雄.幼儿园教育活动设计与实施[M].北京：高等教育出版社，2015：86.
② 朱家雄.幼儿园教育活动设计与实施[M].北京：高等教育出版社，2015：99.
③ 朱家雄.幼儿园教育活动设计与实施[M].北京：高等教育出版社，2015：182.
④ 中华人民共和国教育部.幼儿园教育指导纲要（试行）[M].北京：北京师范大学出版社，2001（11）：7.

存在理解上的困难，所以，教师不宜把活动目标定位在“熟悉”“理解”与“掌握”儿歌上，内容也就不应是反复地看图讲解、提问与复述儿歌。同时，该儿歌表现出句式统一、简单、重复，对仗工整的特点，非常适合仿编，儿童只需要欣赏1—2遍就能掌握句子的结构特点，教师可提供另外几种事物的图片，启发儿童在原有儿歌基础上进行续编。

（二）学前主题教育活动设计

主题教育活动是一种幼儿园综合性课程，由一系列主题教学活动组成。主题教育活动以主题开始，将教学内容综合到一个网状的主题之中。其开展可以由教师确定活动目标和活动内容，也可由儿童根据与主题有关的学习经验发起。①主题教育活动是当前幼儿园中最为盛行的教育活动之一。主题教育活动设计不同于“整合科目”的教育活动设计，“整合科目”的教育活动设计中，设计者首先注意的是目标，活动是以这些目标的实现为出发点和归宿，而在主题教育活动设计中，活动目标可以由设计者预设，也可以由儿童生成。也就是说，主题教育活动中教师是根据儿童的生活经验和主题，选择活动内容，再根据内容，设置活动目标，而这些目标具有相对性和可变性。

设计者在设计主题教育活动时应该遵循以下几个要求。

1.主题教育活动设计要尊重儿童兴趣

与领域教育活动相比，主题教育活动最大的特色在于其主题的确立来自儿童兴趣。主题教育活动的结构化程度较低，教师在教育活动中往往是发起者和引导者，而主题的完成是儿童和教师共同努力的结果。“娃娃家”是小班幼儿最喜欢的游戏区，我们的“娃娃家”窗外刚好是供电局，供电局的院里停着好多车。在“娃娃家”游戏的幼儿总喜欢向外张望。这天瑶瑶、果果和恬恬正在扮演妈妈哄宝宝，突然听到窗边“嗡嗡嗡”的声音。瑶瑶兴奋地大叫：“啊，不好了，车开过来了。”恬恬也跟着大叫起来：“快跑呀！快跑呀！”果果说：“没事，是叔叔在停车……”在老师的引导下，幼儿们进行了更加深入的探讨，幼儿们七嘴八舌地说着“消防车”“救护车”“我们家的车”等，于是，老师顺应孩子们的兴趣，开展了“嘀嘀，车来了”的主题活动。

2.主题教育活动设计必须突出主题

多个教育活动能够以网状系统联系在一起的原因就是它们拥有一个共同的主题。只有主题突出，才能使教育活动按照一条主线进行而不至于杂乱无章。如在“亲亲泥土”这个主题活动中，无论是以科学探究为主线，还是以艺术表达为主线，都必须围绕“泥土”这个中心话题开展活动。

① 朱家雄.幼儿园教育活动设计与实施[M].北京：高等教育出版社，2015：67.

3.主题教育活动设计应体现整合性的特点

主题教育活动的整合应该是自然、有机、符合儿童身心特点和兴趣的，而不是设计者生拼硬凑的。如以“螃蟹”为主题开展活动时，螃蟹的生长特点、身体结构、营养价值等很自然地涉及了科学领域、健康领域的活动。儿童在主题进行的过程中自由发表观点、查找材料、阅读书籍，发展了儿童的语言能力和学习能力。

主题教育活动设计的整合性还包括儿童内部经验的完整性。在主题教育活动中，教师往往将注意力过多指向课程的外部，忽视了儿童的主动建构过程，导致主题教育活动仍然带有很强的“教师中心”特点。教师编制的主题网络一般只是对大部分儿童感兴趣的内容的初步把握，不可能吸引所有儿童的兴趣，也不可能满足所有儿童的求知欲望。在主题教育活动设计中，教师要注意给孩子空间和时间，让儿童自主选择。儿童在根据自己的兴趣自主选择的过程中不断丰富了主题网络。

(三)学前区域教育活动的设计

教师在设计区域活动时要考虑到区域活动与课程的关系、区域的布置、区域的材料投放、区域中儿童和教师的地位和角色等问题。

1.区域活动与学前课程的关系

区域活动自由、自主的特点可以满足不同儿童的发展需要，区域活动更关注儿童的个体差异，儿童可以在自己感兴趣的活动中获得个性化的学习和发展。儿童在区域中自由探索，弥补了集体教育活动形式同一时空、同一学习方式的缺陷，对课程所构建的知识内容体系起到了一个平衡和弥补的作用。例如，在开展“蝌蚪和青蛙”的科学教育活动时，教师可以在科学区中投放一盆蝌蚪作为儿童的观察对象。教师应该在科学活动开展之前投放材料，目的是让儿童主动观察，产生对蝌蚪变青蛙的兴趣，此类观察活动也是儿童的经验储备过程。一些儿童对教育内容的理解要慢一点，教师可以考虑延长材料的投放时间，给予这些儿童继续观察与探索的机会。再如，教师在教完折飞机后将折飞机的示例图贴到美工区中，一些当时没有学会的儿童根据图例慢慢地就学会了折飞机。区域活动设计应该与课程紧密结合，二者分割会使教育效果大打折扣，浪费教育资源。

2.区域的组成和位置

区域可以划分为图书阅读区、积木构建区、科学区、美工区、音乐区、玩具操作区、休息区、展示区等。区域活动有动有静，教师只有对区域位置安排适宜才能使各区互相不受干扰，区域设计时尽量将需要安静的区域(如图书阅读区)和比较热闹的区域

(如音乐区)分开。同时,各个区域既要有相对独立的空间,也要便于各区域之间的互动。教师可以利用屏风、矮柜、橱柜等将各区隔开,为儿童营造一个独立、开放、可变、通透的区域空间,便于儿童的独立探索和相互交流。区域位置并不是一成不变的,教师应该根据活动的需要随时对各区域进行适当调整。教师除了考虑儿童的兴趣需要,还应该站在教师的立场上考虑区域的位置设计,避免“死角”,保证教师的视线应该能达到所有的区域,便于教师对各区域儿童的观察和指导。

3.材料的投放

材料是区域活动中儿童的操作对象,是儿童发展和活动的媒介,材料蕴含着教育者的教育理念,也承载着教育者的期望和智慧,材料的提供和投放是区域环境创设的关键。教师必须综合考虑各方面因素才能满足儿童需要,实现儿童发展的目标。比如,区域材料投放要丰富,保证每个孩子都能得到使用材料的机会。学前教育活动设计根据具体的情况,可灵活采用简化后的基本公式进行设计。①

小资料

学前教育活动设计过程的基本公式

“目标+兴趣需要+内容→活动”,在这个公式中,目标虽然写在最前面,但并不意味着它是教育活动设计的唯一起点。任何情况下设计活动都必须从具体的目标出发是目标模式的特征。当我们灵活地运用多种模式来设计活动时,作为出发点的可以是上述公式中箭头左边的任一因素。

① 冯晓霞.幼儿园课程[M].北京:北京师范大学出版社,2000:132.

第四节　学前教育活动的评价

学前教育活动评价是幼儿园教育评价中的一个重要组成部分。学前教育活动评价是指评价者依据一定的客观标准对学前教育活动的目标、内容、过程、形式与手段、环境与材料以及活动效果等的评定过程。

一、学前教育活动评价的基本要素

(一)学前教育活动评价的目的

学前教育活动评价是对幼儿园教育活动质量所做的测量、分析与评定,是对幼儿园教育活动各个环节进行客观、公正、科学的价值判断过程,它贯穿于整个幼儿园工作之中,在整个评价体系中起到方向性和准绳性的作用。学前教育活动评价的目的主要包括两个方面:一方面是了解教育的适宜性、有效性,调整和改进教育工作。激发学前儿童的活动兴趣,促进每一个学前儿童全面和谐发展;另一方面是通过对教育实践的审视,发现、分析、研究、解决问题,激发教师的工作兴趣,培养教师形成良性的工作情绪,提高教育质量,促进教师自我成长。

(二)学前教育活动评价的主体

学前教育活动评价的主体即活动评价的实施者。教育行政管理部门、幼儿园园长、教师、学前儿童、家长等均可以成为评价的主体。评价过程是他们共同参与、相互支持与合作的过程,但是不同主体所进行的课程评价具有不同的视角和目的。

各级教育行政管理部门人员根据《幼儿园工作规程》《幼儿园教育指导纲要(试行)》《3—6岁儿童学习与发展指南》《幼儿园保育教育质量评估指南》的精神对全国或地区的幼儿园课程进行评价,其目的是评估幼儿园执行国家和地方幼儿园政策的情况。

幼儿园园长的评价目的是了解本园的教育活动实施状况,整体把握本园的教育质量。园长的教育价值观反映了一所幼儿园基本的办学思路,园长的评价标准对教师实施教育活动的行为有重要影响。

教师是教育活动的实施者,也是评价的主体之一。幼儿园教师运用儿童发展与教育心理学、学前教育原理、社会学等专业知识审视教育活动和教育实践,发现、分析、研究、解决教育问题,了解学前儿童发展的水平,发现活动的优点与不足,目的是改进教育活动,促进学前儿童发展,促进教师自身的成长与提高。

学前儿童也可以作为评价的主体参与评价过程。学前儿童与其他年龄段的学生不同,他们通过自己的行为反应和发展变化来"发表"他们对活动的看法。他们的行为和变化具有重要的评价意义,教师应把它看作重要的评价信息和改进工作的重要依据。

家长是幼儿园教师的重要合作伙伴。他们对教育活动的评价反映着幼儿园对家长需求的满足状况。虽然家长不可能参与教育活动评价的全部工作,但是他们可以通过对子女学习状况的了解,对相关园区学前教育作出评判。即便如此,家长已成为评价教育活动的重要影响因素,因为家长的评价意见关系到学前教育的生存和发展。

学前教育活动应充分发挥教师作为评价主体的作用,以自评为主,教育行政人员、园长、其他教师和家长参与评价,组成一个互助合作群体,一起研究、改进教育活动,同时相互沟通,共同提高。

(三)学前教育活动评价的内容

学前教育活动评价主要包括两大方面,对学前儿童"学"的评价和对教师"教"的评价。即从学前儿童角度出发的对活动参与有效性的评价和从教师角度出发的对教育活动设计与指导有效性的评价。①

1.对学前儿童"学"的评价

由于学前教育活动具有生活化的特点,系统学习学科知识并不是学前儿童的主要任务,因此学前教育活动评价的重点不是学前儿童知识技能的掌握情况,而是学前儿童从身体到心理的全面发展水平。例如,"幼儿发展评估指标系统"中将学前儿童发展的指标领域设定为健康与动作、语言能力、认知能力、社会性能力、习惯五个方面,每一个方面又可以进一步细分为多个一级和二级指标。

2.对教师"教"的评价

对教师"教"的评价包括了对教育活动目标、内容、方法、资源利用、环境创设等情况的评价。对一个教育活动目标的评价主要包括目标的表述方式、内容表述、表述指向等方面。②对教育活动内容、方法、资源环境的评价可以从其适宜性、有效性、针对

① 黄瑾.幼儿园教育活动设计与指导[M].上海:华东师范大学出版社,2007:155.
② 黄瑾.幼儿园教育活动设计与指导[M].上海:华东师范大学出版社,2007:164.

性、整合性、开放性等方面进行评价。教师的教育活动是否与教育目标一致;是否既符合大多数儿童的需要,又兼顾儿童的个别差异;是否在活动中尽量做到个性化地教育和评价;教师是否为学前儿童的整体发展创造了一个丰富的、和谐的环境;是否有效地利用了可利用的教育资源;是否给每位儿童平等的表现和发展机会;是否能引导学前儿童主动、快乐地参与活动,是否能发现学前儿童的发展潜能等都是对教师"教"的评价内容。

(四)学前教育活动评价的标准

评价任何事物都要有一个衡量的尺度。教育活动评价标准是衡量教育活动设计、实施及其效果的尺度,也是制定具体评价指标的指南。如果标准不合理、不科学就会对教育活动产生消极作用。因此,制定评价标准是一项十分严肃而重要的工作,一定要遵循国家的教育方针、学前教育的目的来精心研制。从宏观上看,我国的《幼儿园教育指导纲要(试行)》《幼儿园工作规程》和《3—6岁儿童学习与发展指南》规定的保育、教育目标和教育工作的要求是当前评价学前教育活动的基本标准,但这样的评价标准只体现了活动评价的指导思想和原则,评价者通常会基于这些指导精神,根据不同的评价目的,制定具体的评价标准和指标。

二、学前教育活动评价的类型与方法

在学前教育评价中,依据评价方法性质的不同,评价方法可以分为量化评价和质性评价两大类型或两大范式。量化评价和质性评价两者在方法论基础、价值取向、实践功能等方面具有较大区别,各自都有一定的合理性。对量化评价和质性评价在方法论基础、价值取向、实践功能等方面进行比较分析,能使我们对量化评价和质性评价的认识更加具体,提高我们选择评价方法的自觉性和合理性。

(一)量化评价方法

1.量化评价方法概述

量化评价方法是指通过收集数量化资料信息并运用数学分析方法得出评价结论的一类评价方法。量化评价的基础和不可或缺的组成部分是高质量的测量,量化评价根据测量结果对评价对象的某些特征加以价值判定。量化评价方法通常需要事先建立假设并确定具有相关或因果关系的各种变量,然后使用某些经过检测的工具对这些变量进行测量和分析,从而验证预定的假设。[①]例如,将全班幼儿的身高测出来,按测

① 王坚红.学前教育评价[M].北京:人民教育出版社,2010:86.

得的数字排序，便可以判定出任何一个幼儿在班上的身高排序。

2.几种常见的量化评价方法介绍

随着教育测量学和教育评价学的发展，在评价中运用量化方法的越来越多。下面从幼儿个体评价的目的以及操作的简便性和可行性出发，介绍指数法、数量统计法、累积分数法这三种数量化评价的方法。

（1）指数法

指数法是指按评价中的一定数量指标来进行评价的方法。

例如：对幼儿的身高、体重进行评价。

第一步，量出该幼儿的身高、体重。

第二步，制定该幼儿所属年龄组的“五等级评价标准”，见表6-1。

第三步，将幼儿的实际身高、体重与所属年龄组的“五等级评价标准”对照，进行价值判断。

表6-1　五等级评价标准表

等级	标准
上等	$\overline{X}$+2S以上
中上等	$\overline{X}$+2S到$\overline{X}$+S
中等	X±S
中下等	$\overline{X}$−S到$\overline{X}$−2S
下等	$\overline{X}$−2S以下

（2）数量统计法

数量统计法是将幼儿发展的事实加以量化（用次数、比例、频率等），通过对数量进行统计而做出价值判断的方法。例如：对幼儿合作水平的评价，可以抽取几个一样长的单位时间，对该幼儿与同伴发生合作行为的次数进行记录，算出该幼儿合作行为产生的频率。从合作频率的高低来评定该幼儿合作的水平，见表6-2。

表6-2　XXX合作水平评价表

时间单位	合作行为（次）	合作频率（次/5分钟）
A		
B		
C		
D		
评价		

（3）累积分数法

累积分数法是把评价内容分解为若干个项目，对每个项目确定最高分，评价者对每个项目进行评分，然后把各项所得的分数相加得出评价对象的总分，根据总分对评价对象做出价值判断。例如：对幼儿绘画能力的评价，可以取某个幼儿的若干幅绘画作品，将每幅作品分解为构思、构图、色彩、运笔四个项目。确定每个项目最高分为5分，对每幅作品的四个项目都进行评价。累积每幅作品的分数，再算出这若干幅作品的总平均分。最后针对这个平均分对幼儿的绘画能力进行评价，见表6-3。

表6-3　幼儿绘画能力评价表

项目 \ 得分 \ 作品	A	B	C	D
构思				
构图				
色彩				
运笔				
累计分				
总平均分				

（二）质性评价方法

1.质性评价方法概述

质性评价方法是20世纪六七十年代，随着评价领域对传统以量化为特征的评价范式的反思批判而发展起来的。所谓质性评价方法通常是相对于量化评价方法而言的，是社会科学及教育领域经常使用的方法。质性评价方法一般是指在自然环境中，运用实地体验、开放性访谈、参与性与非参与性观察、深度访谈、文献分析、个案调查、行动研究等手段，对教育现象进行深入细致和长期的研究，然后对具体的描述性资料加以分析和归纳，从而对评价对象的某些特征做出某种价值判断。①

2.几种常见的质性评价方法

（1）档案袋评价

档案袋评价是一种典型的质性评价方法，源于20世纪80年代中期美国的中小学

① 王坚红.学前教育评价[M].北京：人民教育出版社，2010：88.

教育实践，由于档案袋评价能更加真实完整地反映幼儿成长的过程，所以该评价方法越来越受到教师的关注。首先必须说明什么是档案袋。档案袋有“代表作选辑”的意思，原意是指艺术家把自己有代表性的作品汇集起来，向预期的委托人展示。当这种方法应用到教育中，档案袋就是有关学生学习情况的、有目的地汇集起来的东西，它表现了学生在较长时间内在课程的一个或多个领域中所做出的努力、进步和学业成就。它包含了与学生学习的过程和成果相关的信息，可以说是一个收集个人的技能、思考、兴趣、业绩等证据的容器。[①]

档案袋评价，又称文件夹评价、学生成长记录袋评价、档案评价等，该评价方法有利于反映学生实际学习水平，被认为是一种“真正的评价”，具体是指收集儿童在学习过程中有代表性的作品和典型的表现记录，以儿童的现实表现作为判断儿童学习质量的依据。这种评估活动从多种渠道收集资料，旨在提供有关儿童学习的实际水平的各种材料，重视儿童发展的过程，能从多角度、多侧面判断每个儿童的优点和发展可能性，为描绘每个儿童学习情况的剖面图和发展过程提供真实而详细的资料。

案例

练琴的声音

在一名幼儿学习弹钢琴的过程中，家长在不同阶段分别为他做了录音。例如：“今天是某月某日，从今天开始，我练习弹某某曲子。”然后是断断续续、不成曲调的练琴声，接着是“今天是我练习某某曲子的第十天”。接下来大家听到的是已经连贯的练习曲。这组录音的最后部分是在该幼儿即将登台演出的前一天录的，“明天是‘六一’儿童节，我将在全国的庆祝会上演奏这首曲子”。这时该幼儿弹出的曲子欢快、流畅，已经十分娴熟。

①档案袋评价的类型

由于使用目的、提交对象以及对儿童的帮助等方面的不同，档案袋评价可以分为不同的类型。美国南卡罗来纳大学教育学院教育心理学教授格莱德勒依据档案袋的不同功能将档案袋评价分成五种类型，[②]具体包括理想型、展示型、文件型、评价型、课堂型，其中最有代表性的是理想型，具体情况见表6-4。

① 彭俊英，档案袋评定——一种新型的幼儿园教育评价方法[J].山东教育，2002:4-5.
② [美]格莱德勒.学习与教学——从理论到实践[M].张奇，等，译.北京：中国轻工业出版社，2007:1.

表6-4　档案袋评价的类型

类型	构成	目的
理想型	作品产生和入选说明,系列作品以及代表儿童分析和评定自己作品能力的反思记录	提高学习质量,通过一段时间的学习,帮助学习者成为关于自己的学习历史的思索者和非正式的评价者
展示型	主要由儿童选择儿童最好的和最喜欢的作品集,自我反思与自我选择比标准更重要	为家长和其他人参加的展览会提供儿童作品的范本
文件型	依据一些儿童的反应以及教师的评价、观察、考察、成绩测验等得出的儿童进步的系统性、持续性记录	采用量化和质性评价的方式,对儿童的作品提供一种较为系统的记录
评价型	由主要教师、管理者、学区建立儿童作品集,评价标准是预定的	向家长和管理者提供儿童在作品方面所取得的成绩的标准化报告
课堂型	由三部分组成:根据课程目标描述所有儿童取得的成绩的总结;教师详细说明对每一个儿童的观察;教师的年度课程、教学计划及修订说明	在一定情境中与家长、管理者及他人交流教师对儿童成绩的判断

②档案袋评价的设计

档案袋评价的设计是评价开始的第一步,也是最关键的一步,档案袋评价设计的质量如何直接影响档案袋评价的功能和作用的发挥。档案袋评价设计非常灵活,没有硬性的标准和统一的方法,但档案袋评价设计必须以促进儿童发展作为最高要求,如比尔·约翰逊所言,“档案袋设计必须有思想以确保儿童作业的更大进步。”档案袋评价设计需要考虑以下几个基本要素。

第一,档案袋评价的目的。教育评价必须能够服务于教育目的和课程目标,因此,使用档案袋评价首先要考虑评价的目的与教育目的的关系。例如,首先要明确:我们希望儿童通过教育达到什么样的目标?一个档案袋体系如何能够服务于这些目标?档案袋并非儿童作品的简单累积,而是与某一特定教育目标相关的儿童作品与表现资料的汇集。一般而言,建立档案袋的目的包括以下几点:记录儿童各个方面的成长历程;反映儿童某一方面的发展水平和过程,为教师了解儿童先前的表现提供参考;为课程开发提供必要的信息;反思教师的教育活动;评价教育方案;与家长交流等。可见,明确档案袋评价的目的是最关键的步骤之一,因为它将引导其他所有的决策。

第二,档案袋评价的内容。珀尔·鲍森和利昂·鲍森将档案袋形容为一个具有生命的事物,这个事物是在叙述着一个有趣的故事,但凡能使故事讲得更生动的东西都被允许放在档案袋里面。这种观点生动地描述了档案袋内容的性质在于有助于讲述要表达的“故事”。幼儿的每一个作品、每一次成功或失败的见证都可以作为档案袋的选择内容。那么,具体选择哪些内容呢?这是档案袋评价中至关重要的问题,也是人们提到档案袋评价时想到的最多的一个问题。

关于儿童,我们想要知道什么,哪些证据才能最好地反映他们向着目标迈进,对于这些问题的深入思考,将有助于档案袋内容的选择。通常,档案袋覆盖的内容可以包括几个方面:幼儿在幼儿园中的各种作品(如绘画、泥塑、折纸等),幼儿在活动中的照片或录像,幼儿语言和音乐表现的录音,教师对儿童活动的观察记录,幼儿自己通过语言录音、图画或文字的方式表达的自我反思、探究设想和活动过程,轶事记录等。不同的评价目的决定了不同档案袋内容的选择。例如,一个以全面反映幼儿发展情况为目的的档案,就要包括反映幼儿身体、智力、操作能力、语言、认知和艺术活动等各个方面的发展状况的材料,而一个反映幼儿视觉艺术活动的档案袋,则主要收集儿童的全部艺术作品,如素描、彩绘、拼贴及立体作品等。①

案例

收集有关“衣服”的资料②

在“衣服”主题活动中,老师给幼儿布置作业,让幼儿回家以后,在家长的帮助下找一些跟衣服有关的资料。第二天,绝大多数孩子都带来了自己的资料,有的从时尚杂志中剪下来模特的照片,有的带来了商场的宣传图片,还有的小朋友把自己的“靓照”拿来。这些都是我们意料之中的,我们没有想到的是,乐乐小朋友把自己的衣服也拿来了,原来是一件非常漂亮的“小唐装”,蓉蓉小朋友拿来了各种各样不同的衣服的商标——原来蓉蓉的妈妈平时很喜欢收集衣服商标,几年来已经收集了成百上千个。我们把所有图片类的资料以及各种各样的商标都贴在展示墙上,衣服挂在活动区的衣架上(受乐乐的启发,第二天又有小朋友拿来了自己的衣服),大大丰富了儿童对于服装的认识。

第三,档案袋评价的标准。要进行档案袋评价,教师就必须根据儿童所反映出的现实表现清楚地界定儿童从事的任务和活动,即明确相应的评价标准究竟是什么。档案袋评价标准的拟订,是一件非常棘手的事情,它必须清楚地区分出什么是好作品,什么是差作品以及介于这两者之间的各个级别。比尔•约翰逊认为,如果新的评定不尝

① 彭俊英,档案袋评定——一种新型的幼儿园教育评价方法[J].山东教育,2002:4-5.
② 张妮妮.幼儿园档案袋评价的实施策略研究[D].长春:东北师范大学,2007.

试澄清对优质作品的期望是什么，人们很可能是在用新瓶装旧酒。[①]另外，档案袋评价最重要的价值取向是要体现幼儿的自主性原则，要体现幼儿的参与和对标准的理解。教师应向幼儿充分地解释评价标准，或与幼儿一起制定评价的标准，幼儿只有理解和认可这个标准，才能积极主动地进行评价。

案例

档案袋评定的评价标准示例

以美国光谱计划（一个幼儿教育评价方案）视觉艺术评分标准中“艺术的水准”之“表达情感”一项为例来具体展现档案袋评定的评价标准。

水准1：作品中没有明显的情绪表现（例如：人物没有表情），作品很难引发情绪反应或共鸣。

水准2：作品中可看到利用线条和形状来引发感觉和情绪的能力，然而，仍然有一部分不明显。

水准3：利用一些表现手法（例如：太阳在“微笑”）和抽象的特征（例如：深色或下垂的线条表示难过），来传达强烈的情绪。作品显得“活泼”“忧伤”或“有生命力”。

第四，档案袋评价的主体。档案袋评价充分体现了评价主体的多元化，《幼儿园教育指导纲要（试行）》中明确指出：管理人员、教师、幼儿及其家长均是幼儿园教育评价工作的参与者。评价过程是各方共同参与、相互支持与合作的过程。档案袋评价遵循“谁参与谁评价”的原则，形成了教师、幼儿、家长、社区成员相结合的多元交互式主体。同时，档案袋评价特别强调评价过程中儿童积极主动地参与。比尔·约翰逊曾指出，在档案袋评价过程的每一步，儿童都必须是对档案袋进行创建、开发以及评估的参与者。儿童深入参与档案袋的创建和开发，这是档案袋评价的一个设计特征，它同评定所表达的结果和期望一样重要。就像儿童教育家陈鹤琴所说，凡是儿童自己能够做的，应当让他自己做，凡是儿童能够自己想的，应当让他自己想。所以，在档案袋评价过程中，无论是档案袋形式的选择，还是档案袋内容的收集甚至是档案袋评价标准的创设，都应引导儿童积极参与，使他们认识到档案袋是属于他们自己的，鼓励他们选择和设计自己喜欢的档案袋，激发他们创造的热情和兴趣。

---

① 比尔.约翰逊.学生表现评定手册——场地设计和前景指南[M].李雁冰，译，上海：华东师范大学出版社，2001：42-43.

第五,档案袋评价的结果。档案袋评价反对传统的量化测量简单化地把儿童行为还原为一组数字的做法,这种量化的等级或分数虽然看起来简洁、明了,却不能全面深刻地解释复杂多样的教育活动。因此,档案袋评价的结果除了以等级或数字来表示儿童的发展水平外,还要运用描述性的文字评价儿童的发展特点、倾向以及速度。例如,在光谱计划视觉艺术领域档案袋评定的观察表中,凯西在“颜色”一项中得了一个“优”级,其后还有描述性的文字——凯西的作品开始显示出她对色彩的敏感感受力,她依据设计和表现的需要来选用色彩,也经常尝试混合自己想要用的颜色。[1]同时,在撰写评语时,教师要多看到儿童的发展变化,多使用鼓励性的语言。幼儿对自我的评价和对同伴的评价几乎完全依赖于教师的评价,因此教师的评价对于儿童自我意识的发展起着重要的导向和激励作用。同时,评语不能过于呆板、说教,要做到“生动形象夸优点,委婉含蓄说不足”。

(2)表现性评价

表现性评价以建构主义和人本主义心理学为理论基础,最早运用于心理学领域和企业管理领域,直到20世纪40年代才开始被教育家们注意,于20世纪60年代以后得到迅速发展,并于20世纪90年代经过美国国会技术评价办公室的定义,成为广泛应用的教育评价方式之一,发展为质性评价的典范,备受国际教育界的青睐。

表现性评价,又称真实性评价,是指根据儿童在真实、有意义的任务或活动情景中的实际表现来评价他们对周围事物或关系的认识与理解。表现性评价并非一种评价方法,它是建立在建构主义学习理论基础上的一种对儿童进行评价的新的理念。表现性评价要求评价与儿童的生活经验相结合,力求反映儿童在真实的情境中理解知识和运用知识的能力。它提倡在多种情境中运用多种手段和信息来源评价儿童。这种评价方式不仅关注儿童学习的结果,也关注儿童学习的过程,是一种能体现持续性、过程性和综合性特点的评价理念和方式,并能给教学实践提供非常及时和有用的信息。

依据表现性评价任务在表现中所受限制的程度,表现性评价可分为限制性的表现任务和扩展性的表现任务两种类型。下面将结合具体案例进行说明。

限制性的表现任务通常描述得很明确,比扩展性的表现任务的结构更强,所预期的表现更加明确。它可以从一道改进的选择题或填空题开始,呈现的问题比传统的测验更加真实。判断正确答案要求的思维能力更具有挑战性。限制性的表现任务一般是对某一知识领域的基本概念、程序、关系以及技能进行相对简短的评价,适合用于课堂教学评价活动中。

① 彭俊英,档案袋评定——一种新型的幼儿园教育评价方法[J].山东教育,2002:4-5.

扩展性的表现任务要求儿童在任务本身所提供的信息基础上,从不同渠道拓展信息。儿童要判断哪些资料与任务最为相关,哪些资料是最有价值的,是可以利用的。对儿童查找信息的过程与程序,教师都要做好观察与记录,这是评价的一个重要内容。这一过程产生的结果可以有不同的呈现形式,如图表的设计与呈现、照片或视觉图像的使用、模型的建构等。这种自由能够使儿童充分展现他们选择、组织、融合以及评价信息和观点的能力。

表现性评价设计的核心要素有哪些,如何实施表现性评价?许多学者对此都进行了相关论述。美国学者阿特和麦克泰认为,表现性评价设计应当关注最核心的问题,即评价准则与评分标准的开发与使用。具体说来,就是如何使用清晰的表现性准则和评分规则对儿童的表现进行公正一致的判断,如何使用表现性准则和评分规则来促进评价对象的表现。与其他评价方法一样,表现性评价的有效实施与评价设计密不可分。具体说来表现性评价设计包括以下三个主要方面。

第一,确定表现性评价的内容。表现性评价是对幼儿在完成任务时的具体行为表现的评价,因此必须事先确定评价的内容,并将它分解为构成表现成果的可观察的具体行为。表现性评价涉及的内容非常广泛。美国学者艾瑞逊认为,表现性评价可运用于沟通、操作、运动、概念获取和情感五个学习领域,见表6-5。

表6-5 表现性评价的适用领域及范例

沟通技能	操作技能	运动技能	概念获取	情感
书面表达	握笔	射击	构建闭合电路	与别人分享用具
演讲	实验室仪器设备的安装	接球	为任务选择适当的工具和解决办法	在合作学校里一起工作
外语的应用	使用显微镜	单脚跳	辨认不知名的化学物质	服从学校规章制度
听从口头指示	解剖青蛙	游泳	对实验数据资料进行归纳	保持自制

第二,设计适宜的表现性评价任务。表现性评价是对幼儿在完成表现性任务过程中的表现情况进行观察与评估,因此,表现性评价任务是实施表现性评价的关键。一项表现性评价能否顺利进行,与其设计的表现性任务密切相关。设计适当的表现性任务是保障表现性评价信度和效度的基本前提。教师在设计表现性任务时,需从以下两个方面来考虑。

其一,适当选择表现性任务的类型。常用的表现性评价任务主要有六种类型:结构性表现任务、口头表述、模拟表现任务、做实验或调查、创作作品、完成研究性项目。在实践中选择哪一种或哪几种表现性任务需要根据具体情境的特征来决定。教师在选择表现性任务的类型时要考虑所评价的内容的特质,同时也要考虑幼儿的发展水平和时间、空间与设备条件的限制。

其二，设计完成表现性任务的适当情境。这里的情境是指自然情境或者特殊控制的情境。情境的选择和设计要根据表现性任务的特点和表现性评价结果的用途来决定。如果某种表现在教室中自然发生的频率不是很高，那么教师就要特别创设相应的情境，增加这种表现性任务出现的机会以便于观察；如果表现性评价的结果将用来决定幼儿的分组，那么教师就必须提供一个标准的正式情境，以保证每一个幼儿都有公平的表现机会。

第三，选定或设计表现性评价的工具。任何评价都需要借助一定的评价工具（评价标准和记录工具）来进行。对表现性评价来说，如果评价任务是非常简单的，则评价者通过直接观察或分析就能完成，而无须借助专门的评价工具，或者也可以利用现成的评价工具。例如，教师对幼儿握笔姿势的评价，只需要教师进行简单的观察和分析即可发现问题并进行矫正，而无须借助任何外在的手段和记录工具。但是，对于较复杂的表现行为和情境的评价，则需要借助一定的工具通过系统的观察和详细的记录来进行，以保证评价的客观性和有效性。

在表现性评价工具中，评价标准是一个非常重要的内容，直接关系到评价能否取得成效。教师可以根据每一项要求编制数字化量表，也可以编制非数字化量表。教师既可以用定性化的语言描述，如“优秀”或“合格”等，也可以制定量化的分数标准。在评分量表的制定中要满足三个方面的要求：一是要包含用来决定幼儿反应质量的各种指标，同时所确定的评价标准和等级可以事先让评价对象明了，这样可以使其更加具有自我定向性，有益于评价对象取得优良的表现；二是根据每一条标准围绕幼儿的实际表现进行具体的描述；三是必须说明评价标准是以整体评价的形式使用，还是以分项评价的形式来使用。确定评价标准时，标准不宜制定太多，一般限制在10—15项。同时，要尽可能用可观察、可测量和可量化的行为和成果特质来界定表现性评价的标准，避免使用含糊不清的字眼，参见表6-6。

表6-6　主题探索活动表现性评价标准①

标准内容	标准等级		
	表现很充分	表现充分	表现差
对所研究问题的内容和方法考虑周到			
以一种自主的方式进行学习			
收集了不同的资料			

① Richard J.Stiggins.促进学习的学生参与式课堂评价[M].国家基础教育课程改革“促进教师发展与学生成长的评价研究”项目组，译，北京：中国轻工业出版社，2005：162-163.

续表

标准内容	标准等级		
	表现很充分	表现充分	表现差
对收集的资料作了记录和归类			
对收集的资料进行阅读			
研究结果中反映了所收集的多种资料			

除了以上档案袋评价和表现性评价，还有苏格拉底式研讨评定法，详见小资料。

小资料

苏格拉底式研讨评定法

苏格拉底式研讨评定法是由芝加哥哲学研究所所长莫蒂默·阿德勒提出的。它是指把受教育者在参与班级活动及课堂讨论中的表现作为受教育者学业成绩的一部分。研讨评定法最本质的要求是让学生学会更有成效地思考并为自己的见解提出证据。具体步骤如下。第一，明确讨论要达到的目标，并为此选择适当的文本。研讨评定法主要讨论所追求的最终结果是什么，如何才能真正实现这些教育结果。因此，教师可以自由选择课程知识来促进受教育者的学习，以实现增强批判性思维、提升阅读理解技能等具体的教育结果。第二，教师提出一个起始问题。起始问题至关重要，它直接影响讨论的开展与质量。教师提出问题，师生共同参与讨论，在研讨过程中引发受教育者对话及思考。问题不应只有单一的答案和预期反应，而应是开放性、研究性的。第三，选择记录研讨过程的方式并设计记录表。记录是进行评定的客观依据，因此记录应真实地反映研讨过程中受教育者的表现，根据记录分析比较进而推断受教育者所取得的成绩。

传统的课堂讨论以教师为中心，教师控制讨论的全过程。由于受教育者是被动的，并没有表达出自己的真实想法，而且讨论缺乏及时的记录。教师仅仅凭自己的主观印象来评价受教育者的表现，这种评价是不准确的。苏格拉底式研讨评定法要求教师是讨论的参与者而不是操纵者，教师与受教育者是平等的主体。研讨评定法重视促进受教育者之间的互动，通过有组织、有计划地围绕某一主题展开讨论，为受教育者提供交流的氛围，并根据受教育者的讨论表现进行全面评价。苏格拉底式研讨评定法是一种有效的评定方法，通过反馈信息，受教育者可以评价自己的表现，教师能够准确把握受教育者的学习状况及课程计划。

本章小结

本章从学前教育活动的概念入手，探讨学前教育活动的含义、要素、特点，分析学前教育活动设计的本质特点，并提出学前教育活动设计的原则、方法等。核心内容总结如下。

1. 学前教育活动是在特定的环境条件下的人的活动，有广义与狭义之分。广义的学前教育活动指对受教育者施加教育影响的一切活动。狭义的学前教育活动专指在学前教育机构实施的活动，包括幼儿园教育活动和托儿所教育活动。

2. 学前教育活动按其性质不同可分为一日生活活动、教学活动、游戏活动、区域活动。按活动的形式可划分集体教育活动、小组教育活动和个别教育活动。按活动对象的关联程度可分为学前单科教育活动、学前领域教育活动、学前主题教育活动及学前区域教育活动。

3. 学前教育活动的特点包括幼儿主体性与教师主导性相统一、计划性和目的性、过程性和结果性相统一、情境性和整合性。

4. 学前教育活动的基本原则有全面性原则、主体性原则、活动性原则、直接经验性原则和适宜发展性原则。

5. 学前教育活动设计的基本环节包括活动设计思路、活动目标的确定、活动准备、活动过程等。教育理念和课程模式不同，学前教育活动设计各环节的呈现方式和内容的详细程度也会相差很大。

6. 学前教育活动评价是指评价者依据一定的客观标准对学前教育活动的目标、教学内容、活动过程、形式与手段、环境与材料以及活动效果等的评定过程。

视野拓展

1.《发展适宜性实践：学前教育活动的组织与评价》

玛乔丽·J.科斯泰尼克，安妮·K.索德曼，艾丽斯·菲普斯·惠仁等著，郑福明等译，教育科学出版社2021年出版。该书涵盖了发展适宜性实践的方方面面，包括发展适宜性实践的内涵、发展适宜性实践中的教与学、有效的小组活动和集体活动计划与实施、空间规划和材料投放、儿童行为的指导、儿童学习的评估与评价、促进家庭参与的有效策略等。该书是学前教育工作者准确把握和有效落实发展适宜性实践理念不可错过的重要著作。

2.《学前教育的活动取向研究》

杜继纲著，教育科学出版社2013年出版。该书尝试对活动取向的发展脉络、活动取向与我国学前教育之间的联系进行研究，为有中国特色的学前教育理论建设与实践探索提供参考。该书以20世纪五六十年代中国全面学习苏联为研究起点，运用文献研究法，构建了还原活动取向、单元活动取向和关系活动取向的研究框架。

思考与实训

1. 结合篇首案例中的实际问题，运用本章的所学知识，尝试回答学前教育活动的价值取向是什么？学前教育活动的设计与实施需要教师具备哪些能力呢？

2. 观看一个学前教育活动的录像，分析该活动的设计是否规范，符合或者违背了学前教育活动设计的哪些原则等，并进一步举例说明。

3. 如果你是一名幼儿园老师，对于档案袋评价你所持的态度是什么？

4. 到一个幼儿园开展有关档案袋评价的调查。如果该幼儿园已经开展了档案袋评价的实践，那么调查其具体做法、存在问题及改进策略等；如果该幼儿园没有开展档案袋评价的实践，那么调查其原因是什么，了解没有开展档案袋评价是否意味着没有儿童档案袋，调查教师是否在运用档案袋的方式收集评价信息。

专题探讨

怎样让大蒜立起来？

在一次主题为“怎样让大蒜立起来”的科学教育活动中，教师请儿童借助橡皮泥、牙签、小刀等材料让大蒜头立起来。儿童都很积极，有的儿童把大蒜头插在橡皮泥上，有的用牙签插上大蒜头……最后，教师示范用小刀将大蒜头横切成两截，放在桌子上，大蒜立起来了！

活动虽然进行得很热闹，可引发的一连串的问题是：“大蒜能否立起来”与“怎样立起来”是学前儿童关心的事情吗？这样的教育活动有意义吗？是不是教师设计的活动，就一定适合学前儿童学习？学前教育活动到底由哪些要素组成？教师到底该怎样设计与组织学前教育活动？通过系统学习和课后查阅资料，相信你对该问题已经有一个更加客观、深入的理解。

第七章

学前儿童游戏与幼儿园课程

学习目标

- 了解学前儿童游戏和幼儿园课程的概念、分类、特点、作用。
- 理解“幼儿园以游戏为基本活动”的理论依据，初步掌握在教育实践中落实“幼儿园以游戏为基本活动”的实践方式。
- 理解游戏在幼儿园课程实践中的重要地位，从游戏的角度进一步审视幼儿园课程。

学习重难点

- 学习重点：游戏在幼儿园课程实践中的重要地位，从游戏的角度进一步审视幼儿园课程。
- 学习难点：学前儿童游戏与幼儿园课程的辩证关系，幼儿园以游戏为基本活动的实践方式。

案例破冰

为什么地上会有彩虹？

这是一个阳光明媚的下午，我正带着小朋友们在教室里玩“踩影子”的游戏。突然，一个孩子兴奋地大叫起来，“快来看，地上有彩虹”，听到声音，其他的孩子都趴在地上观察着地上的彩虹，原来是太阳光穿过塑料尺投射在地面上形成了小彩虹。看到孩子们都对地上的彩虹非常感兴趣，我便停止了游戏，脑子里飞快地搜索科学活动中关于反射与折射的知识。于是我便临时开展了一个集中教育的科学活动，带着孩子们认识了彩虹形成的原理，探索了教室里形成彩虹的原因，原来地上的彩虹是太阳光透过塑料尺，形成了折射，所以地上才会出现彩虹，把塑料尺拿开，彩虹也消失了。我又让孩子们拿着钢尺放在太阳光底下，让他们探索太阳光透过钢尺是否也可以形成彩虹，这让孩子们兴奋不已……

思考：在上述关于彩虹的案例中，教师的做法对不对？在幼儿园的一日生活和教学中，如何处理游戏和课程的关系？学习本章内容之后，会给我们带来一定的启示，帮助我们解答上述问题。

第一节 学前儿童游戏概述

一、游戏的界定

(一)游戏的概念

“人是游戏者”,人类有着悠久的游戏历史,如《学记》中的“藏焉,修焉,息焉,游焉。”《礼记·少仪》中的“士依于德,游于艺。”不难发现,游戏作为人类社会的一种普遍现象,在任何地区、任何国家、任何年代都是人们喜爱的一种活动。然而,游戏虽与人们的生活息息相关,但在问及什么是游戏时,我们又会觉得难以回答,这是游戏本身复杂而多义的特点导致的。但我们仍可以通过古今中外的学者运用的“毋庸定义、直觉判断、特征列举”等策略对“游戏”一词进行理解。游戏,我国古代一般称为“戏”“嬉戏”“玩”等;“游戏”一词的英文“play”源自法语“jeu”;纽曼1971年提出用控制(control)、真实性(reality)、动机(motivation)这三种指标来确定一种活动是不是游戏;克罗伊斯认为游戏具有自由、松散、非生产性、易变、由某种规则和玩法支配、虚构的特征。这些概念突出了游戏与现实生活有所不同,但与人们的生产生活密切相关,具有愉悦性、虚构性、自主性、规则性等特点。

(二)儿童游戏的概念

游戏是学前儿童的基本活动,是儿童最正当的行为。2010年《关于当前发展学前教育的若干意见》、2012年《3—6岁儿童学习与发展指南》等各项文件都强调、渗透着“游戏是幼儿的基本活动”“幼儿园以游戏为基本活动”的教育理念,可见以游戏为基本活动已经成为我国幼儿园教育的基本价值观之一。通过对游戏本身的特征以及国内外学者对儿童游戏的相关研究,我们可以认为:游戏是儿童的基本活动,是儿童喜爱、主动参与并符合其身心发展特点的一种有目的、有意识地通过模仿和想象反映现实生活的独特的社会活动。

二、儿童游戏的本质属性

游戏是儿童认识世界的主要方式,是符合儿童身心发展特点的一种独特的社会活动形式，正确认识“游戏作为幼儿园教育的基本活动”的本质属性，有利于我们更好地理解游戏对学前儿童发展的意义和价值。

（一）主体性与愉悦性

主体性是指人作为活动主体在与客体相互作用的过程中表现出来的自主性、积极性、创造性。[①]儿童正是在游戏中形成和发展着自己的主体性，体验着自己的智慧、情感和力量。而正是由于这种主体性体验，游戏中的儿童是快乐、愉悦的，这种愉悦性又驱使着儿童主动进行游戏。

小资料

后皮亚杰游戏理论

1.游戏的唤醒理论

游戏的唤醒理论由伯莱恩、埃里斯、哈特等人提出。他们认为游戏构成了机体“唤醒”调节的两翼系统之一，游戏是由内部动机引起，机体需要寻求刺激以维持和调节中枢神经系统的觉醒水平而发生的行为。

2.游戏的元交际理论

游戏的元交际理论由贝特森提出，从人类学的角度出发，他认为游戏的开展以“元交际”过程为基础，强调游戏的信息交流特点。他认为游戏本身就是进入人类文化和表征世界的一种重要途径。

（二）社会性与虚构性

儿童的游戏来源于社会生活，游戏活动的对象决定了游戏的社会性，儿童游戏的种类、内容和玩法也会受人与人、人与社会关系的影响。然而，儿童的生活经验虽然是游戏的基础和源泉，但在游戏过程中儿童可以不受具体条件和时间的限制，通过想象创造出新的形象，尽情地演绎成人世界的活动。

（三）非强制性与规则性

儿童游戏是一种无拘无束的娱乐活动，不创造社会财富，也不是强制性的义务活动，儿童是为了好玩而玩游戏，除此之外无其他目的，游戏的兴趣在于游戏本身。但儿童在游戏中不是任意为之，每一种游戏都会隐含某种秩序，把游戏带入和谐、有序的状态中。如角色游戏、表演游戏、结构游戏等，需要儿童遵守一定的规则，体现出规则性。

① 刘焱.儿童游戏通论[M].北京：北京师范大学出版社，2014：148.

三、游戏的分类

儿童的游戏多种多样，由于学者们的研究视角不同，其分类的标准也大有不同。本书选取几种较有影响力的游戏分类学说进行阐述。

（一）根据儿童的认知发展水平划分

皮亚杰是认知发展学派的创始人，游戏理论是其认知发展理论的重要组成部分，他认为儿童在不同的认知发展水平中会表现出不同的游戏形式，因此，他依据儿童认知发展阶段把儿童游戏分为以下四种。

1. 练习性游戏

练习性游戏又叫作感觉运动游戏，发生于0—2岁的感知运动阶段，这是游戏发展的第一个阶段和最初的形式，是儿童最早玩的游戏。这种游戏的动因在于感觉和运动器官在使用过程中所获得的快感，由简单、重复的动作组成。如婴儿反复摇晃玩具、重复吃手指、攀爬、拍球、滑滑梯等。

2. 象征性游戏

象征性游戏又叫作角色游戏，发生于2—7岁的前运算阶段，这是儿童游戏最典型的形式，所占的时间也最长。这种游戏最典型的特征是模仿，“以人代人、以物代物”是其表现形式，儿童在游戏中脱离了对实物的知觉，能够把以前经历过的事情、活动以及不在眼前的事物作为表象回忆起来的时候，练习性游戏就转化为象征性游戏。如过家家、开邮局、开商店等游戏。

3. 结构性游戏

结构性游戏在儿童2岁左右开始出现，并随其年龄的增长而发展，这也是学前儿童最常见的游戏形式之一。具体来说，结构性游戏指以各种游戏材料（如积木、黏土、拼图等）建构物体的结构造型游戏。这需要儿童具有一定的建构技能，随着儿童生活经验的丰富，其所建构的物体也会越发逼真与形象。

4. 规则性游戏

规则性游戏多发生于7—12岁处于具体运算阶段的儿童，是由两个或两个以上的儿童按照一定的规则进行的带有竞赛性质的游戏。由于规则本身具有不同的复杂程度和对动作机能的要求不同，规则游戏会逐步成为主要的游戏形式并延续至成年。如下棋、打球、打牌等。

（二）根据儿童的社会性发展水平划分

社会性发展是儿童心理发展的一个重要方面，通过观察儿童在游戏中的表现可以判断出其社会性发展水平。美国心理学家帕顿根据儿童游戏表现出来的社会参与水平将儿童游戏分为偶然的行为、游戏的旁观者、独自游戏、平行游戏、联合游戏、合作游戏六种类型。其中，前两种行为在两三岁的儿童中较常见，但不属于真正的游戏行为，社会化程度最低。

1.偶然的行为

偶然的行为指的是儿童恰巧注意到、感兴趣的事物，如玩弄身体、在椅子上爬上爬下等，其实质并不是游戏。

2.游戏的旁观者

指儿童在一旁观看其他孩子的游戏行为，虽然会指指点点，但并不想参与。

3.独自游戏

指儿童一个人玩玩具，自己玩自己的，没有玩伴意识。学步期的婴儿常常这样单独玩游戏，即使有同伴在场，儿童也是以自我为中心，专心玩自己的玩具。这时儿童的游戏还没有表现出明显的社会性特征。

4.平行游戏

平行游戏是2—3岁儿童常见的游戏形式，儿童单独做自己的游戏，可能会玩与同伴相同的玩具和游戏，也会有相互模仿的现象和少许的交谈。但是他们不会设法影响或改变同伴的游戏活动。孩子们看起来好像在一起玩，但其实相互没有合作行为，只是在同伴旁边单独玩。

5.联合游戏

联合游戏是4岁左右儿童常见的游戏形式，儿童和同伴一起做游戏，谈论共同的活动，但是没有明确的分工，也没有共同的活动目标。他们根据自己的愿望进行游戏，突出个人的兴趣，只是凑在一起玩。

6.合作游戏

合作游戏一般出现在5岁左右的儿童之中，他们相互配合，有共同的目的和相适应的方法，有组织分工并能遵守一定的规则。这时儿童的社会化程度最高，儿童可以有较长时间的游戏合作，游戏的内容也较为多样。

(三)根据教育作用对游戏进行划分

按照在幼儿教育中的作用进行分类,我国幼儿园的游戏活动可分为两个大类和六个小类。

1.创造性游戏

创造性游戏主要是指儿童在教师的指导下自由创造出来的游戏,体现出儿童发展的主体性、独立性和创造性,这也是儿童最爱玩的游戏。创造性游戏包括角色游戏、结构游戏和表演游戏。

2.规则性游戏

规则性游戏是指以教师创编、组织为主,包含着一定内容和规则的游戏,儿童必须遵守规则才能正常地开展游戏。主要包括体育游戏、音乐游戏和智力游戏。

值得注意的是,创造性游戏和规则性游戏互不排斥,创造性与规则性都是游戏的普遍特性。没有创造的游戏是没有生机和活力的游戏,同样,失去规则就会导致游戏的混乱无序。因此,创造性游戏和规则性游戏的界限是不甚明确的。

(四)游戏的其他分类

除了上述三种游戏类型的划分之外,我们还可以从其他角度对游戏进行划分。

艾里克森以儿童的自我发展理论为依据把游戏分为三种类型,三种类型分别代表自我概念发展的三个不同阶段或水平,分别是自我宇宙游戏、微观宇宙游戏和宏观宇宙游戏。

豪伊斯根据儿童之间接触的密切程度把儿童的社会性游戏分为以下五种不同水平,分别是互不注意的平行游戏、互相注意的平行游戏、简单的社会性游戏、互补的社会性游戏、互补互惠的社会性游戏。

萨顿-史密斯以游戏活动功能为依据将游戏分为模仿游戏、探索游戏、检验游戏和造型游戏。

四、儿童游戏的功能与价值

游戏是儿童的天性,它伴随着儿童的成长与发展,儿童的年龄特点、发展规律和学习特点决定了他们的学习与发展离不开游戏。游戏对儿童不仅有娱乐和消遣的作用,而且对儿童的身体发展、认知发展、社会性发展和情绪情感发展有着不可替代的作用。

(一)游戏在儿童身体发展中的作用

儿童的游戏会伴随着自发的运动形式,有全身运动,也有局部运动;有大肌肉的运动,也有小肌肉的运动……这能够锻炼学前儿童的身体,使儿童的多器官得到锻炼,促进儿童正常生长发育,促进骨骼、肌肉、内脏和神经系统的发育。如体育游戏能促进儿童走、跑、跳、钻、爬、攀登、平衡等基本动作能力的发展;结构游戏中搭积木、拼图等游戏能促进大小肌肉群的活动与手眼协调能力的发展;在户外游戏中,儿童能在阳光下呼吸新鲜的空气,对环境的适应能力增强,身体素质得以提升。[①]正是由于游戏完全符合儿童好玩好动的特点,喜欢游戏的儿童往往也喜欢运动。因而儿童身体的正常发育不仅需要营养,也需要运动,需要游戏。可以说游戏是保障儿童身体健康发展的重要因素。

(二)游戏在儿童认知发展中的作用

近几十年以皮亚杰为代表的学者通过对游戏与儿童认知发展关系的研究发现,游戏不仅仅能够反映儿童的认知发展水平,而且也能为新的发展提供机会与条件,在儿童认知发展的过程中发挥着重要价值。那么,游戏是如何促进儿童认知发展的呢?首先,儿童对抽象概念的学习可以通过游戏的方式来进行,儿童在玩的过程中可以了解和把握抽象概念,获得认知能力的提高,如玩积木的过程中能够理解“软”“硬”“大”“小”“轻”“重”等的意义。在游戏中,儿童吸收外界新知识、新技巧,并不断将其与自己已有的知识结构进行比较整合,进而理解和认同新知识,从而使自己的认知水平和智力得到相应的提高。[②]其次,游戏能够促进儿童想象力和创造力的发展。游戏是儿童以虚构和想象的方式创造性地反映社会现实的活动,游戏中的儿童不仅需要拥有一定社会经验,还需要一定的创造力与想象力,如把木板想象成手机、把凳子想象成马、把手指想象成针筒等。最后,游戏能够为儿童提供语言表达的环境,促进儿童语言发展。游戏中儿童必须与同伴进行交流、练习与表达,这些都为儿童语言的发生和发展奠定了基础。游戏中的儿童需要合作,需要交流思想与商量玩法,并用语言解决纠纷等,这都能促进儿童语言的发展。

(三)游戏在儿童社会性发展中的作用

游戏是儿童社会性交往的主要形式,也是促进他们社会性发展的重要途径。首先,游戏为儿童提供大量的机会与同伴交往,有助于提高儿童的交往技能,增加儿童之

---

① 刘国磊.幼儿游戏与指导[M].2版.长春:东北师范大学出版社,2019:7.

② 郭力平,许冰灵,李琳.游戏对于促进儿童心理发展的作用[J].心理科学,2001(6):749-751.

间的交往频率，如在角色游戏中，儿童需要与同伴商量确定角色与规则，有人违反规则时给予纠正等。其次，游戏能够消除儿童的自我中心意识，让儿童逐渐学会在游戏中如何与他人交往，如何满足自己和他人的需要，从中明白“我”和“你”的区别，站在他人的角度去思考问题。[①]最后，游戏能够促进儿童意志品质的发展，有的游戏需要儿童克服困难，从而发展毅力等品质。如“小警察”游戏需要儿童一动不动地站岗，“老狼老狼几点了”需要儿童短时间内快速地奔跑等。

（四）游戏在儿童情绪情感发展中的作用

游戏中的儿童是快乐的，是幸福的。游戏可以增强儿童的成就感和自信心，在游戏活动中儿童拥有充分自由选择的权利，可以根据自己的想法和愿望来进行活动，如当儿童学会用积木搭建房子，就会使儿童获得成功的快感和喜悦，增强成就感和自信心。除此之外，游戏还具有一定的情绪恢复功能，可以缓解儿童的紧张心理状态和负面情绪。吉尔摩通过三个系统研究来考察住院治疗儿童的游戏与焦虑之间的关系，研究发现住院治疗的儿童比没有住院的儿童更喜欢玩与医院有关的医疗玩具，玩医疗玩具可以帮助住院治疗的儿童降低因住院引起的恐惧与焦虑。[②]游戏还可以使儿童的情绪变得平静，如有的孩子生气时会把搭建好的积木推倒，有的孩子会打洋娃娃的屁股，有的孩子会不断地拍打皮球等，这些行为都是儿童合理宣泄不良情绪的方式，有利于他们心理健康的发展。

---

① 王萍，万超.学前教育学[M].长春：东北师范大学出版社，2017：157.

② 刘焱.儿童游戏通论[M].北京：北京师范大学出版社，2014：238.

第二节 幼儿园课程概述

一、幼儿园课程的界定

（一）幼儿园课程的概念

课程是关于教育目标、内容、方法和评价的一个整体系统，课程是教育领域广泛使用且处于核心地位的概念之一，且受到不同知识观、课程观的影响，课程有着不同的定义。比较有代表性的观点有：课程即学科、课程即经验、课程即计划、课程即目标等。

幼儿园课程作为学校教育课程的一个分支，与其他分支课程既有共性，也有一定的个性。1928年，著名教育家陶行知在全国第一次教育会议上，针对我国幼儿园没有基本的课程标准的现状提出了《审查编辑幼稚园课程与教材案》。提案出台后，教育部聘请以陈鹤琴为代表的专家团队拟定《幼稚园课程标准》。[①]此后，我国幼儿教育界一直沿用“幼儿园课程”一词，目前我国关于幼儿园课程的定义主要有以下几种。

1.幼儿园课程即学习内容

此观点类似于“课程即学科”，是较为传统、影响较为深远的观点。该观点认为，课程就是一个教学科目或者是学校的全部教学科目。旨在回答“什么知识最有价值”以及“如何选择人类长期积累的、有价值的知识，将其系统化并传递给学生”的问题。因此，这种观点强调科学世界和知识的系统化；强调学习内容依据不同学科体系，按照知识和学科的逻辑排列，划分为不同课程领域并组织起来；同时也强调学校教育的计划性、目的性与系统性。这种观点下的课程多表现为学校教育中的正式课程和显性课程，如幼儿园课程中语言、美术、体育等科目，以及幼儿园课程的五大领域——艺术、科学、社会、语言、健康。

2.幼儿园课程即儿童经验

这种观点深受20世纪美国著名教育家杜威教育思想的影响，它基于对学科课程观的批判，倡导以儿童为中心以及重视儿童生活经验的课程价值观，认为幼儿园课程即儿童在幼儿园中获得的有益学习经验。这种观点批判学科课程观对知识系统性的

---

① 王萍，万超.学前教育学[M].长春：东北师范大学出版社，2017：78.

过分强调与整齐划一的学科教学形式，转而强调儿童作为学习者的主观能动性，认为学习是儿童主动建构个体知识经验的过程，儿童的生活经验是有教育意义的。儿童并非被动地全盘接受来自教师的知识传授，其学习结果与教师的教学并非一一对应，因此幼儿教师需为儿童提供精选的、有价值的经验。这种观念注重环境潜移默化的影响和儿童动态变化的兴趣，但具有一定的主观性，对教师的素质要求较高，因此实施起来具有一定的难度。

3. 幼儿园课程是为实现教育目标而组织安排的各种活动的总和

这种观点是对课程即经验思想的继承与发展，强调课程是一种动态发展的活动，是一个变化的过程。建构主义教育强调儿童与周围环境相互作用从而建构自我的认知结构。幼儿的学习与发展需要落实到各类活动中，因此，课程不仅是幼儿学习的内容，更是落实幼儿园教育的重要途径，幼儿在幼儿园获得的有益经验是在各类活动中进行建构的。日常的生活活动、生成的教学活动与自发的游戏活动等都是幼儿园课程的有机组成部分，正是这些活动相互结合与渗透，共同促进幼儿的全面发展。

（二）幼儿园课程的特点

由于幼儿与其他年龄阶段学生的年龄特征、认知特征、所持经验的特征与身心发展特点有着显著的不同，因此，幼儿园课程有着自己鲜明的特点。

1. 幼儿园课程目标的启蒙性和全面性

学前期是人生发展的起始时期，幼儿园教育需为儿童持续、协调、终身发展奠定坚实基础，在使儿童享有快乐童年的同时，促进儿童身心健康发展。因此，学前教育阶段的目标应该是启蒙性的，为儿童持续的、终身的发展提供基础与动力，并保持儿童对世界的好奇心以及对学习的兴趣，而非追求过高的认知目标。学前教育旨在促进儿童学习和发展的整体性与全面性，儿童是作为完整的人进行发展的，因此要注重各领域、各目标之间的相互渗透和整合，以促进儿童身心全面协调发展。

2. 幼儿园课程内容的生活化和多样化

幼儿园课程的内容应来源于儿童的生活世界，与儿童的生活相关联，并符合儿童的年龄特征。杜威曾指出正规的教学存在的危险："参与实际的事物，不管是直接或者间接地在游戏中参与，至少是亲切的、有生气的。在某种程度上，这些优点可以补偿所得机会的狭隘性。与此相反，正规的教学容易变得冷漠和死板……总是有一种危险，正规教学的材料仅仅是学校的教材，和生活经验的教材脱节。"[①]幼儿园需要综合利用

① [美]约翰·杜威. 民主主义与教育[M]. 王承绪，译. 北京：人民教育出版社，2001：10.

多种教育途径，科学、合理、有效地安排儿童的一日活动，回归儿童的生活世界，尊重儿童在生活、自然中的经验与体验。儿童的学习内容是广泛的，包括与人的交往，和同伴一起玩沙玩水、看蚂蚁、捉迷藏等，以及参与自己生存所需的所有活动，如穿衣、吃饭、洗手、如厕等。[①]而正是由于幼儿园课程的生活化，以及儿童日常生活中所见所闻、所思所想的事物的不确定性，决定了幼儿园课程的多样化。

3.幼儿园课程实施的活动性和灵活性

儿童学习具有具体形象性、依赖直接经验、个体差异大的特点。因此，抽象的、基于言语传授的“上课”并不符合儿童的认知发展特点。儿童的学习是通过自己特有的方式与周围世界进行积极互动的过程，儿童在具体的现实情境中不断感知、操作、探索、发现、验证，教师则基于儿童的现实活动进行个别化教育指导，儿童的学习特点也决定了游戏是幼儿园课程实施的重要途径，儿童游戏的过程就是儿童经验建构的过程，也是幼儿园课程形成和发展的过程。因此，幼儿园课程的实施不可能是静止的、固定不变的，幼儿园课程的实施应具有操作性、灵活性和体验性。

二、幼儿园课程的类型

课程类型指的是课程的组织方式或设计课程的种类。由于课程设计者的课程观、划分标准不同，学校教育的具体情况也存在差异，便形成了不同的课程思想和课程类型。如根据幼儿园课程内容所固有的属性可以将课程分为学科课程和活动课程；根据幼儿园课程内容的组织方式可以将课程分为综合课程和分科课程；根据幼儿园课程的呈现方式可以将课程分为显性课程和隐性课程。

（一）学科课程

学科课程也叫分科课程，是中国教育史上最有影响且一贯被主张的课程类型，是根据一定的培养目标和学生的发展水平，从各学科中选取具有严密的结构体系，符合学生现有水平的知识，组成各种不同科目的课程。如我国古代的“六艺”和古希腊的“七艺”可以说是最早的分科课程。幼儿园分科课程的特点是根据国家规定的培养目标，通过传授较系统全面的知识技能以促进幼儿体、智、德、美的全面发展。如我国于1952年颁布的《幼儿园暂行规程（草案）》初步确定了分科教育的地位，把幼儿园教育活动分为体育、语言、认识环境、图画手工、音乐、计算六科。1981年教育部颁布的《幼儿园教育纲要（试行草案）》把幼儿园教育内容分为语言、计算、常识、音乐、体育、美术

① 李季湄，冯晓霞.《3—6岁儿童学习与发展指南》解读[M].北京：人民教育出版社，2013:23.

六科。可见分科课程对我国幼儿园教育有着重要影响，这也是由其自身的优越性决定的。学科课程充分体现了知识的逻辑性与系统性，有利于儿童学习和掌握知识，也便于教师进行知识的传授，且教育目标很明确，操作性强，评价简单。但分科课程也有其自身的局限性，如不重视学科间的相互联系，知识之间相互割裂，使儿童缺乏对世界的整体感知；忽略儿童自身的需求与兴趣，也容易忽视儿童需要动手操作以及通过游戏和活动进行学习的特点等。由此，我们需要辩证地看待分科课程，不能夸大其在幼儿园课程中的作用，也不能对其全盘否定。

（二）活动课程

活动课程又称经验课程或儿童中心课程，指打破学科逻辑系统的界限，以儿童的兴趣、经验、需要和能力为基础，从儿童的需要和兴趣出发，为丰富和完善儿童的经验而设计的课程。活动课程是美国“进步主义教育”运动的产物，主要针对传统学科课程的弊端而产生。活动课程的代表人物是杜威，他反对以教材、教师、教室为中心的传统教育，主张学校应以儿童的兴趣或需要为基础，根据儿童的心理来编制课程，具有生活性、实用性、开放性等特点。活动课程不制定统一的教育内容要求，而是通过投放丰富的材料和设置一定的环境让儿童根据自己的意愿摆弄材料，潜移默化地影响儿童，发挥孩子最大的主动性、积极性与创造性。“方案教学”“探索性主题活动”都属于活动课程，这类课程多采取活动的形式，容易调动儿童的主动性与积极性，但活动课程夸大了儿童的个人经验，忽视了知识本身的逻辑顺序，会影响系统知识的学习，导致教育质量低下。因此我们既要认识到活动课程重视儿童主体的积极作用，又要认识到它的缺陷，兼顾活动课程和学科课程二者之长，弥补各自之短，使其相辅相成、相得益彰，发挥现代课程应有的育人功能。

（三）综合课程

综合课程又称为广域课程、统合课程、合成课程，是打破传统学科课程的知识领域，把若干相邻学科内容加以筛选、充实后按照新的体系合而为一的课程形态。以主题或单元为中心贯穿各种教学活动，使儿童从不同的角度、不同的方式来探索和学习同一个概念。综合课程是流行于20世纪80年代的一种课程类型，如陈鹤琴的“五指课程”与张雪门的“行为课程”就是典型的综合课程。综合课程坚持课程统一性的观点，力图打破“教师讲、孩子听”的传统教育形式，以儿童为主体，把一个领域中的概念、原理和方法等应用到其他领域中，促进知识的迁移和强化，并培养儿童综合分析问题、解决问题的能力，具有考虑儿童发展的整体性、各领域之间的联系性和主题单元的集中性等优点。

案例分析

中班音乐活动"可爱的小鳄鱼"[①]

1.故事和讨论

(1)提出问题,请幼儿讨论。

(2)根据故事情节创编动作。

(3)完整聆听音乐。

2.创编动作

(1)幼儿创编小鳄鱼跳舞的动作。

(2)请幼儿创编不同的咬蛋壳的动作。

3.尝试跟随音乐表演相应动作。

4.根据故事第二段创编动作。

5.尝试随着音乐进行表演。

6.完整表演。

本案例虽然属于艺术领域,但是在活动过程中老师有意识地引导幼儿进行讨论、与同伴一起表演,有效地渗透了语言领域和社会领域的要求。

三、幼儿园课程的设计

幼儿园课程设计是指幼儿园课程的组织形式与组织结构,主要涉及课程目标、课程内容、课程实施与课程评价四个部分的内容。

(一)幼儿园课程目标

幼儿园课程目标是课程本身要实现的意图与具体要求,根据教育目标和幼儿的发展目标而制定,规定了幼儿通过课程的学习之后语言、动作、心理等方面期望实现的程度,是确定幼儿园课程内容、教学目标和教学方法的基础,指引幼儿园教师或课程编制者设计课程方案,也反映了幼儿园系统的教育思想。在幼儿园课程目标设计的过程中比较常见的是行为目标、生成性目标和表现性目标。

1.行为目标

行为目标是以儿童具体的、可被观察的行为表述的课程目标,它指向的是实施课程以后在儿童身上所发生的行为变化,具有客观性和可操作性等特点。行为目标是现

① 李桂英.学前儿童音乐教育[M].北京:高等教育出版社,2019:186.

在幼儿园课程编制过程中最常用的目标设计取向。①《3—6岁儿童学习与发展指南》把幼儿园教育划分为健康、语言、社会、艺术、科学五个领域，每个领域按照儿童学习与发展最基本、最重要的内容划分为若干方面，每个方面由学习与发展目标和教育建议两个部分组成，其中目标部分分别对3—4岁、4—5岁、5—6岁三个年龄段末期的幼儿应该知道什么、能做什么、大致可以达到什么发展水平提出了合理期望且指出可观察可测量的具体行为，如“画出”“说出”“列出”等。如健康领域的动作发展部分，要求4—5岁的幼儿应“具有一定的平衡能力，动作协调、灵敏”，其行为目标有：①能在较窄的低矮物体上平稳地走一段距离；②能以匍匐、膝盖悬空等多种方式钻爬；③能助跑跨跳过一定距离，或助跑跨跳过一定高度的物体；④能与他人玩追逐、躲闪跑的游戏；⑤能连续自抛自接球。

2.生成性目标

生成性目标是在教育过程中生成的课程目标，关注的是教育的过程，极大地尊重了儿童动态发展的自然天性。生成性的课程目标不是教师强加在儿童身上所期望儿童达到的既定目标，而是儿童主动选择学习的内容，探索后所达到的创造性目标。

案例分析

有趣的旋涡

星期二吃完点心之后，小朋友们都在水池边洗手准备回教室画画，突然一个孩子指着放水口大叫“有龙卷风，你们快来看”，然后所有孩子的注意力都被吸引了过去。教师走过去一看，原来是孩子洗完手放水时形成了旋涡。孩子们问教师：“为什么水池里面会有龙卷风呢？”看着孩子们纷纷围了过来，教师决定回教室开展科学活动——向孩子们介绍水池旋涡的形成条件。小朋友们饶有兴趣地听完了老师的介绍……

通过案例我们可以看出，生成性的课程目标具有动态性、创造性的特点，强调了教师需关注儿童的需要与兴趣，追求儿童在课程中的主体地位，尊重儿童独特的学习方式。但是这种目标取向对幼儿教师的要求较高，需要教师不仅有着“生成”的意识，还要有对“生成”进行价值判断的能力等，较为费时费力，所以显得理想化。

① 王萍，万超．学前教育学[M].长春：东北师范大学出版社，2017：82.

3. 表现性目标

表现性目标最早是由美国学者艾斯纳提出的，是指儿童从事活动之后所得到的结果，关注每一个儿童在教育教学情境中所产生的个性化表现。旨在培养儿童的创造性，是生成性目标的进一步发展。

（二）幼儿园课程内容

幼儿园课程内容是实现幼儿园课程目标的主要手段与载体，是幼儿园的教育内容。即幼儿园教师“教什么”和儿童“学什么”的问题。幼儿园的课程内容与课程目标、课程设计者的价值取向、幼儿实际发展水平等密切相关。

1. 幼儿园课程内容的范围

幼儿园教育应促进儿童的全面发展，应能适应儿童身体、心理、语言、社会性、情绪情感等方面的发展需要。因此，幼儿园课程内容范围的广度和深度应以目标的实现为原则，内容不仅应是广博的、浅显的，还应该有一定的启蒙性。同时儿童的经验是整合的，在选择课程内容时需要综合考虑到各领域内容安排的平衡性与综合性，这样才有利于儿童身心和谐发展。

2. 幼儿园课程内容的选择

幼儿园课程内容的选择既要考虑儿童全面发展的需要，考虑知识的科学性与整体性，又要符合儿童的最近发展区以及儿童实际生活经验与兴趣。首先，幼儿园课程内容的选择需要有一定的逻辑性和系统性，注重各领域之间的逻辑关系，重视儿童身心发展的顺序性和阶段性，基于儿童的年龄阶段特点体现出课程系统的层次性。其次，课程内容的选择既要能满足儿童当前发展的需要，又要具有一定的挑战性，促进儿童能力的提高。低于最近发展区或超出最近发展区的内容都不利于儿童的学习和发展，应选择恰当的学习内容使儿童“跳一跳，摘桃子”。比如应该在儿童先学习理解了数字的意义之后，再学习数字的分解、组成等内容。最后，课程内容应联系儿童的实际生活经验与兴趣。囿于儿童的经验发展水平，儿童更易于掌握与他们的生活息息相关的内容，这样才能引起联想与学习的兴趣。因此，课程内容的选择应尽量贴近实际生活，让儿童看得见摸得着，让他们亲自感受与体验，由易到难，由浅入深，逐步地扩展儿童的认知范围。

3. 选择课程内容常见的问题

在选择幼儿园课程内容时，需要注意以下几个问题。

一是目标流失问题。目标流失是指在课程实施过程中一些目标失去了实现的依托，如有的目标（创造力、想象力等）没有现成的课程内容与之对应，就使目标难以实现，而这一类目标对儿童的发展往往具有更大的价值。为了解决这一问题，课程内容的选择应注重与课程目标的适宜性，不应片面地追求目标的“高大上”而忽视目标的可行性，根据适宜的课程目标来选择学习经验和活动内容是防止目标流失的重要手段。

二是课程内容超载问题。这个问题主要体现在两个方面，一方面是在有限的时间里安排的课程内容过多，结果在实施过程中走过场赶时间以安排所有内容或者占用游戏时间；另一方面课程内容难度过高，超出了儿童的最近发展区，儿童难以理解课程内容。长此以往会给儿童带来沉重的学习负担，导致其对学习失去兴趣，损伤他们的自信心。

三是课程内容不衔接的问题。内容不衔接主要指幼儿园内的课程内容与幼儿园外或者小学的课程内容不衔接，即幼儿园、家庭或小学的课程内容衔接上出现缺失的现象或幼儿园简单地重复已有经验或出现“小学化”现象，提前教授小学的课程内容等。

（三）幼儿园课程实施

幼儿园课程实施是将设计好的课程内容付诸实践的过程，幼儿教师是实现课程目标和价值的主要承担者。幼儿园课程实施的不同取向体现了课程设计者和课程实施者对课程本质的不同认识以及课程价值观的不同。课程实施一般有三种不同的取向，即忠实取向、相互适应取向和创生取向。

1. 忠实取向

忠实取向强调忠实地执行课程计划的过程，衡量课程实施成功与否的基本标准是课程实施过程实现预定课程计划的程度，这种观点强调了预先课程设计的重要性与优先性，认为教师应当忠实地执行预定的课程方案。预先的课程方案实现程度高，则课程实施成功；实现程度低，则课程实施失败。这适用于课程内容较为复杂、困难且不易掌握的新课程方案。

2. 相互适应取向

这种取向认为课程实施是课程设计者和实施者在课程目标、内容、方法等方面相互调整、适应以确保课程实施质量的过程。强调课程实施不是单向传递与接受，而是课程方案因教育教学情境的变化而调整来适应复杂生动的实际教学情境，这样才能使儿童达到最好的学习效果，这也是课程方案与实际教育教学情境中常见的一种方法。

3. 创生取向

课程创生取向即把课程实施视为教师与儿童在教育教学的实际情境中联合创造教育经验,共同合作的过程。真正的课程不是实施之前就固定下来的,课程应是在具体的教育情境中“创造”新的教育经验的过程,既有的课程方案只是课程创生过程中的一种参考。这种取向更强调教师依据儿童的实际表现以及幼儿园课程的实际情况来动态地调整课程。

(四)幼儿园课程评价

课程评价是根据一定的课程标准和课程系统信息以科学的方法对课程的价值作出判断的过程。它既是课程实施之后的反馈机制,又是确定课程目标达成程度的过程。

1. 评价的目的

幼儿园课程评价的目的主要有以下几点:第一,幼儿教师可以据此了解课程实施的情况,找到今后努力发展的基点与方向,从而激励教师教育教学能力的发展;第二,幼儿教师可以了解课程的目标、内容、实施过程以及儿童整体的发展状况,从而评价课程的内容、方法等是否达到与符合教育目的,是否适宜儿童的发展等;第三,课程评价是教师工作评价的重要组成部分,也是幼儿园评价体系的核心内容。通过课程评价,幼儿园能够有效地评估教师的教学质量、业务水平、工作能力等,促进幼儿园管理与决策科学化。

2. 评价的内容

幼儿园课程评价主要包括对课程设计、课程实施的过程以及课程实施的效果进行评价。

课程设计:主要考虑课程的目标设置是否合理、内容的广度与深度是否适合儿童的最近发展区、实施课程的方法是否恰当、逻辑组织和心理组织是否统一等。

课程实施:主要考虑课程实施的过程中教师是否以儿童为中心,从儿童的需要和兴趣点出发设计课程,使得课程实施的过程中充满弹性,以及教学方法是否适宜,是否为儿童的学习与发展提供了支持等。

课程效果:主要考虑课程实施后儿童的发展水平是否有一定的提高,经验是否得到了丰富,这也是课程评价最主要的方面;同时也要看教师的教育教学水平是否有所发展,有所启示,从中学习了什么获得了什么,是否对自己的教学有所帮助;最后,课程本身在这个过程中是否得到了充实与发展。

总而言之，课程评价应以儿童是否得到发展为指标，掌握儿童发展的水平与状态，确认儿童学习与发展的潜力，为教师的下一步教育教学提供参考。

3.幼儿园课程评价的发展趋势

（1）评价功能由侧重甄别与选拔转向侧重发展

随着信息时代的到来，原有的以知识传授为主的课程功能受到挑战，转而注重儿童综合素质的发展。于是课程评价的功能也发生了变化，不再只重视儿童知识技能的掌握情况，而更为关注掌握知识技能的过程与方法，以及与之相伴随的情感、态度与价值观的形成。课程评价不再只关注甄别与选拔儿童，而是为了选择出“适合儿童的教育”，从而更好地促进儿童的终身发展。

（2）评价对象从关注结果转向关注过程

关注结果的终结性评价是面向“过去”的评价，关注过程的评价是面向“未来”的评价。以往的课程评价只重视学习后的结果与成绩，忽视学习结果背后的努力程度与内在情感、态度的培养，而当代课程评价更加关心学生求知的过程、探究的过程、努力的过程，关注儿童、教师、课程等要素在各个时期所取得的发展进步。质的评价方法为这种过程式的形成性评价提供了可能，将质的评价方法与量的评价方法结合起来使用，是课程评价发展的重要趋势之一。

（3）评价主体由单一主体转向多主体共同参与

以往课程评价的主体以管理者为主，较为单一，目前世界各国的课程评价逐渐成为由教师、学生、管理者、家长等共同参与的交互过程，这也是教育过程逐渐民主化、人性化的体现。如美国的课程评价就是一种民主协商、主体参与的过程，而非评价者对评价对象的控制，因此鼓励教师、学生、家长、社区以及社会人士的多方参与。[①]档案袋评价法也包括了儿童学习成果与学习过程的记录、自我评价的记录、教师的指导与评价记录，给了儿童与教师以充分的机会来参与评价。[②]这样，传统的被评价者成了评价者中的一员，体现了民主、平等、互动的课程评价观。

---

① 陈志敏.美国中小学课程评价的特点及发展趋势[J].中国民族教育，2013(1)：42-44.

② 钟启泉.发挥“档案袋评价”的价值与能量[J].中国教育学刊，2021(8)：67-71.

第三节 幼儿园以游戏为基本活动的内涵

"以游戏为基本活动"体现了幼儿园教育的特点,体现了对儿童游戏权利和儿童身心发展年龄特点的尊重。因此,游戏应当是在幼儿园一日活动中占据时间最多的活动。幼儿园以游戏为基本活动的目的在于:保障幼儿游戏的权利,创造与幼儿年龄特点相适宜的幼儿园生活;促进幼儿主体性的发展,使幼儿在生动活泼、主动的学习过程中获得身心全面和谐与健康的发展。[①]

一、幼儿园以游戏为基本活动的理论依据

从世界学前教育发展史来看,无论是哲学家、心理学家、教育学家都肯定了游戏在儿童发展中的优势地位,均认为游戏在儿童的早期学习和发展中起着核心作用。当代儿童教育家认为,儿童需要游戏,游戏也反映了儿童的需要,从而生成适合儿童的课程。我国2001年颁布的《幼儿园教育指导纲要(试行)》之所以明确提出了"幼儿园以游戏为基本活动"的命题,一方面是受世界发达国家学前教育先进理念的影响,在吸收借鉴各国幼儿园课程政策的基础上,为我国教育工作者指明了幼儿园教育的"正道",避免走入"小学化"的歧途;另一方面是哲学、教育学、心理学以及脑科学的研究成果均为"幼儿园以游戏为基本活动"的命题提供了理论依据。

(一)哲学的想象:游戏是儿童的存在方式

以人的起源问题为核心,哲学家在探讨艺术起源问题时发现了游戏,认为游戏与审美活动的性质相同,都是超越了功利活动范围的"自由活动"。席勒的《审美教育书简》从哲学层面论述了游戏的本质以及游戏与人的关系,他认为:只有当人是充分意义的人的时候,他才游戏,并且只有当他游戏的时候,他才是完全的人。依据席勒的观点,人存在的意义是在自由活动中生成的,游戏中的人恰恰能不受任何功利目的驱使,摆脱自然力量、物质需要和理性法则的束缚,获得主体性的自由。

没有不爱游戏的儿童,没有不会游戏的儿童。对于儿童来说,游戏就是他们存在于世界的一种基本方式。儿童一来到世上就与游戏浑然一体,儿童用游戏的方式感知和解释这个世界,游戏同时也滋养着儿童精神的生长。美国当代哲学家加雷斯·皮·马

① 刘焱.幼儿园游戏与指导[M].北京:高等教育出版社,2012:69.

修斯研究儿童哲学时发现，儿童的哲学不似成人都是严肃沉重的思考，儿童的哲学是愉快的概念游戏。马修斯在《哲学与幼童》一书中收集了大量的充满哲学思考的儿童言论。例如，尼休拉(3岁4个月)说："我肚子痛。"母亲说："你躺下睡着了，痛就会消失的。"尼休拉说："痛会上哪儿去呢？会跑到床上去吗？假如它跑到壁橱里，会不会等我睡着时再跑出来？"对于一个幼小的孩子来说，存在这些疑问是正常的。不过据马修斯讲，尼休拉是一个快乐、自信、好奇和顽皮的孩子，所以这个问题是一个游戏的问题。[①]儿童的问题充满着童真，让成年人觉得如此"可笑和有趣"，这是因为他们常常会把对象世界和自我世界等同起来，提出一个个真实的问题，而随即又赋予一个个虚幻的答案，他们有时并不在意所谓的"真相"，他们享受着真实与虚幻、严肃与轻松之间交替带来的游戏愉悦，也正是在游戏中儿童理解世界并建构意义。可以说，儿童是为游戏而存在的，儿童因游戏而存在、快乐和自在。于儿童而言，游戏有着至高无上的价值，是不可多得的精神家园和心灵的避风港。教育若守护了这一片天地，便是守护了儿童的成长，守护了儿童的健康。

(二)教育学的实践：游戏建构了儿童的经验

席勒的哲学研究把游戏作为人类创造性思维产生的源头，突出了游戏的重要性，同时也激发了福禄贝尔等一批儿童教育家对游戏研究的兴趣。由于继承了裴斯泰洛齐"实物教学"的理念，福禄贝尔把席勒对游戏纯粹的哲学思考转变为教育活动，还设计出了可以操作的游戏实物——"恩物"，将它用于幼儿园教育实践，在此基础上提出了具有革命意义的教育性游戏理念。同时，受卢梭自然主义哲学观的影响，福禄贝尔认识到儿童的教育应是顺应其天性的自然教育，而游戏正是实现自然教育的主要途径。因此，福禄贝尔提出了将游戏活动作为幼儿园课程中心的理念，他也成为第一个创造出理性的游戏体系的游戏思想家。[②]福禄贝尔认为游戏的价值不仅仅是给儿童带来欢乐，游戏还能让儿童自动学习。他还认为，幼儿期的教育应当通过游戏，通过儿童游戏的培育来实现。[③]儿童在游戏活动中可以实现自发活动，这种自发活动是儿童学习和发展的前提，因此，把游戏作为重要的教育手段，通过游戏让儿童获得精神的自由和自主学习的动力，在游戏中引导儿童认识自己与世界的关系，从而实现内在与外在的统一，帮助儿童获得自由和谐的发展。

蒙台梭利的教育理论中虽极力区分"工作"与"游戏"的差异，但她所提出的教育

---

① [美] 加雷斯·皮·马修斯.哲学与幼童[M].陈国容，译.上海：生活·读书·新知三联书店，1989：20-21.

② [美] 乔·L·弗罗斯特.游戏和儿童发展[M].唐晓娟，张胤，译.南京：江苏教育出版社，2011：15.

③ [德] 福禄贝尔.人的教育[M].孙祖复，译.北京：人民教育出版社，2001：38.

“三要素”，即“有准备的教育环境”“工作材料”和“导师”，间接地为教育性游戏的发展提供了理论支持。与蒙台梭利不同的是，杜威认为在学前儿童阶段，游戏和工作是没有差别的，游戏中的符号既具有自然意义，也具有社会意义，儿童在游戏时不仅熟悉了种种意义，而且也把种种意义组织起来，编排分类，使之紧密联系起来。一项游戏和一个故事会慢慢地彼此调和起来。最富有想象力的儿童游戏，也很少同相互适合、关联的各种意义没有联系；即使“最自由”的游戏也要遵守某些统一的原则。①在杜威看来，游戏不仅是人类精神生活的缩影，游戏自身还具有自由性和秩序性。游戏中儿童自然习得了社会文化的象征系统和观念，以及自由的态度和结构的逻辑，游戏本身的完整与和谐对儿童圆满人格的形成具有重大意义。因此，杜威在肯定了柏拉图、福禄贝尔的游戏观后，再次提出“游戏是儿童幼年期主要的、几乎是唯一的教育方式”。②

杜威的教育哲学推动了一大批教育家到真实的教育情景中去验证其理论的合理性。20世纪上半叶，科学的儿童研究和幼儿园教育实践研究使得儿童游戏的教育价值被进一步证实。这一时期的西方游戏研究者已发现幼儿园情景中儿童游戏发展的阶段和年龄特征，他们仔细研究了儿童在游戏中是如何学习和如何发展的。这些建立在实证基础上的游戏研究结果具有普遍意义，为幼儿园以游戏为基本活动提供了理论依据。

人物介绍

玛利亚·蒙台梭利

玛利亚·蒙台梭利(1870—1952)是教育史上一位杰出的幼儿教育思想家和改革家，她是意大利历史上第一位获得医学博士学位和人类学博士学位的女性。1907年，她在罗马的圣罗伦斯区设立第一所儿童之家。作为20世纪享誉全球的幼儿教育家，蒙台梭利所创立的独特的幼儿教育法，风靡世界，深刻地影响着世界。

蒙台梭利的主要著作有《教育人类学》《蒙台梭利教学法》《蒙台梭利手册》《高级蒙台梭利教学法》《童年的秘密》和《发现儿童》等。

蒙台梭利的名言：

1.母亲和幼教老师所产生的爱，近乎神。

2.人类的高贵来自你就是你，你不是别人的复制品。

---

① [美]约翰·杜威.我们怎样思维·经验与教育[M].姜文闵，译.北京：人民教育出版社，1991:173.

② 同上。

3.生命的纪律是秩序;智力的纪律是专注;行为的纪律是顺从。

4.成人应该敬畏儿童。

5.只要准备一个自由的环境来配合儿童生命的发展,孩子们的精神与秘密便会自发地显现出来。

(三)脑科学的实证:游戏是儿童学习的基本途径

皮亚杰开启了游戏与认知发展关系的研究之后,西方关于学习、游戏和儿童发展的研究成果不断丰富。如布鲁纳通过实验发现,游戏可以增加儿童对行为的选择而促进其解决问题能力的发展。康诺利、鲁宾等人的研究均表明,角色游戏与儿童的角色取替能力呈正相关。伯恩斯等人的研究发现,增加角色游戏的练习,可以改进儿童在视觉、认知和情绪观点采择测验上的表现,提高儿童以他人的立场来思考问题的能力。①我国学者井卫英等人研究发现,儿童的游戏行为和学习行为之间的相关性主要体现在游戏行为各维度和学习能力、学习动机之间,即儿童在游戏活动中表现出来的亲社会行为越多,教师对他们学习新东西的兴趣和能力的评价就越高。反之,在游戏活动中出现的破坏行为和退缩行为越多,教师对他们学习能力和学习兴趣的评价就越低。②这些研究运用了自然科学的研究范式,一定程度上避免了实践和经验研究所造成的主观臆断,用客观的数据证明游戏对于儿童学习和发展具有不可替代的作用,为学前课程把游戏确立为基本活动提供了理论支持。

脑科学对游戏的发现还不仅限于此。20世纪90年代后,随着高科技大脑成像技术的不断完善,神经学科学家发现和人们广泛研究的有关害怕和爱的回路一样,游戏在大脑中也存在着一样的专用回路。早期儿童的经验对神经回路的连接、与不同发展领域的能力相呼应的突触的形成和选择(修剪)产生着显著、明确的影响。在生命的前几年,游戏活动对大脑的发育及之后的人类机能都产生着积极的影响,而直接指令、孤立、剥夺和虐待就会产生消极的影响。③通过脑成像技术,研究者为游戏刺激对儿童大脑发育所带来的影响找到了具体的证据,在成人看似平常和无聊的游戏中,儿童的大脑和认知正在快速发展。从脑科学家的研究来看,儿童的游戏活动就等同于学习活动,儿童游戏的早期经验在决定大脑回路和儿童智力的广度和质量上起着重要作用,儿童游戏是智力发展的“推动器”。

---

① 王小英.儿童游戏的意义[M].长春:东北师范大学出版社,2006:81.

② 井卫英,陈会昌,孙铃.幼儿的游戏行为及其与社会技能、学习行为的典型相关分析[J].心理发展与教育,2002(2):12-16.

③ [美] 乔·L·弗罗斯特.游戏和儿童发展[M].唐晓娟,张胤,译.南京:江苏教育出版社,2011:87.

二、幼儿园以游戏为基本活动的目的

（一）保障幼儿的游戏权利

幼儿无时无刻不在游戏着，并渴望着游戏。游戏作为幼儿的一种天性与发展需要应该得到满足与支持。幼儿拥有游戏的权利，在政策、法规上应该重视保障幼儿的游戏权利。由联合国大会1989年11月20日通过的《儿童权利公约》第三十一条明确指出："缔约国确认儿童有权享有休息和闲暇，从事与儿童年龄相宜的游戏和娱乐活动，以及自由参加文艺生活和艺术活动。"幼儿园作为儿童童年早期学习、生活的重要环境，应该遵循幼儿身心特点，尊重与保护幼儿的游戏天性与权利。

（二）回应儿童学习的本质

儿童的学习就是儿童通过自己特有的方式与周围环境互动的过程，也是儿童主动地探索周围社会环境、自然环境和物质环境的过程，这一过程具有极大的不确定性与生成性。儿童的学习是生成性的学习，儿童从游戏和生活中获得直接的、感性的经验以达到学习的目的，儿童的学习方式具有渗透性和潜移默化的特点。另外，儿童的学习有其异于中小学的独特之处，他们的学习方式是通过亲身体验和实际操作，去模仿、感知、探究，不断积累经验，逐步构建自己的理解与认识，游戏也是儿童极富意义的学习过程和学习方式，游戏的过程具有不可控性和生成性。近年来，尊重儿童的自然天性、重拾儿童话语权的理念已经成为我国学前教育的基本价值观。游戏在本质上强调儿童的兴趣与需要、追求儿童在课程中的主体地位、尊重儿童独特的学习方式，因此幼儿园应该以游戏为基本活动。

（三）构建儿童适宜的课程

游戏是幼儿园课程的主要特色，游戏对于儿童的意义并非仅仅停留在娱乐、休闲上。游戏是儿童的基本活动，是儿童认识自我与周围世界的重要方式。随着游戏研究的深入，更多的研究表明游戏不仅不会阻碍儿童的学习，还会成为适宜儿童的学习方式。儿童在游戏活动中有大量的机会去操作、感知、探索、验证……这种学习是直观、主动、体验式的，符合儿童的身心发展特点与需要。在游戏过程中，儿童选择的游戏内容、主题、同伴都与其经验相关，儿童在与周围世界互动过程中不断对已有经验产生新的理解，并不断探索、调整使得原有经验重组与拓宽，从而产生有意义的学习。

幼儿园教育要遵循儿童身心特点与发展需求，就应该坚持幼儿园以游戏为基本活动的教育理念。让儿童在游戏中自主、自由、个性化地发展与学习，获得身心协调发展，保障儿童终身发展的前进动力。实践证明，如果不以游戏为基本活动，幼儿园教育常会走入“小学化”的误区。受到功利性教育观念与升学压力的影响，幼儿园教育容易以知识传授为中心，强调儿童科学知识的掌握，甚至狭隘成儿童一天学会了多少唐诗、会做多少算术题。这种功利性的、对知识片面追求的、揠苗助长式的教育既不符合儿童身心发展的特点，也容易过早扼杀儿童对世界的探索欲、好奇心与学习兴趣，沦为学习的苦役，得不偿失。

三、幼儿园以游戏为基本活动的实践方式

虽然哲学家、教育学家和心理学家关于游戏的教育价值已达成共识，我们也以此为依据提出了“幼儿园以游戏为基本活动”的命题。然而，如何在幼儿园教育实践中做到以游戏为基本活动？幼儿园教育活动中的游戏是内容还是形式？幼儿园的游戏活动要不要追求教学目标的达成？如果设置目标还算是游戏吗？这些问题仍然是教师在幼儿教育实践中的困惑。因此，基于幼儿园游戏与教学的经验事实，生成一种能有效指导幼儿园教学实践的理论是非常有必要的。

《幼儿园教育指导纲要（试行）》明确指出了幼儿园教育以游戏为基本活动，但对幼儿园游戏的方式没有深入阐释。幼儿教师实践“以游戏为基本活动”的理念不仅要从幼儿学习与发展的教育视角来设计游戏活动，更要从幼儿本真生活的视角来创设游戏时间和空间，并力图使二者保持一种平衡。

总体来看，幼儿园存在两类游戏活动：一类是幼儿自发自主的游戏，一类是教师组织的教学游戏。幼儿自发自主游戏活动是本体意义上的游戏，它是以游戏本身为目的，是一种幼儿用自己已有经验进行表现的活动，也是幼儿以已有知识为基础的力所能及的探索和创造。这种活动重过程轻结果，是一种非功利的活动，因此没有来自外部的压力。教师组织的游戏活动是根据教学目标组织的游戏，其活动的本体是教育活动，其中有游戏的体验，有游戏般的乐趣，但它却是体现了游戏特征的教育活动。这种活动以游戏为手段，服务于特定的教育目的和任务，客观上具有一定的功利性。[①]

（一）幼儿自发自主的游戏

自发自主的游戏活动是幼儿园落实“以游戏为基本活动”的重要方式之一，它最大的特点是游戏活动完全由儿童发起、发展。自发自主的游戏活动充分尊重了儿童在游戏活动中的主体性，使儿童对游戏活动拥有绝对的操控权——自主决定游戏活动类

① 华爱华.学前教育改革启示录[M].上海：上海社会科学院出版社，2009：100-101.

型、内容、主题、同伴等。在此过程中，儿童遵循自己内部的游戏愿望与动机去游戏、思考与计划，有利于儿童创造力的激发。同时，自发自主的游戏也为儿童创造了良好的同伴交往机会，儿童可以共同参与、讨论游戏活动，从中学会与他人交往。自发自主的游戏区别于其他行为活动之处在于创造性，在于儿童自己掌控着它，但这并不意味着教师不用指导，作为专业的幼教工作者，幼儿教师应在儿童自发自主游戏过程中给予有效的支持与指导。

1.适时介入自发自主游戏

教师是否应该介入儿童的自发自主游戏一直是幼儿教师困惑的问题。华爱华等人调查发现[①]，从指导效应来看，66%以上的指导是无意义指导和无效指导，也就是说指导的频率可大大减少。但有效指导毕竟还是存在的，说明自发自主游戏中还是需要老师必要的指导和帮助，于是通过实践总结出游戏指导的介入时机，也就是当儿童在游戏中遇到以下情况时，教师有必要介入：

当儿童在游戏中有不安全的倾向时；

当儿童在游戏中主动寻求帮助时；

当儿童在游戏中因遇到困难、挫折、纠纷，难以实现自己的游戏愿望时；

当儿童在游戏中出现过激行为时；

在游戏中出现不符合社会规范的消极内容时。

对于教师来说，适时介入游戏的关键是判断时机，这体现了教师的教育智慧。例如，面对儿童假装的打架和摔跤要不要制止；儿童用小椅子搭了一个很高的瞭望台，要爬上去，要不要干预。当游戏的行为意义是积极的，但游戏动作或游戏道具有危险的因素时，教师就要解除危险因素或者转移，这里需要教育的机智。又如，面对儿童在游戏中遇到困难、挫折、纠纷时教师如何才能抓住时机介入？教师可以仔细观察游戏中的儿童，通过他们的行为表现判断他们遇到的困难与已有经验之间的距离。如果儿童原有经验与当前问题所要求的能力距离太大，那就需要教师的帮助，判断的标准是看儿童是否要放弃当前活动，教师要在儿童放弃之前，帮助他们实现游戏的意愿，当然教师要避免包办代替。

2.保障幼儿自发自主游戏的时间

在儿童自发自主的游戏中，时间是一个很重要的因素。适当的时间安排能让儿童完成高水平的游戏活动。假如没有充足的时间，儿童不能尽兴地玩游戏，游戏的水平也不易提高。例如，在自发的角色游戏中，如果教师没能提供充足的时间，当儿童刚规

---

① 华爱华.学前教育改革启示录[M].上海：上海社会科学院出版社，2009：123.

划了游戏，还未进入想象的情节和互动合作，教师就宣布结束游戏，那么，儿童很难获得充分体验角色扮演的乐趣，也很难实现社会性发展。如何充分保证幼儿自发自主游戏的时间呢？给教师的建议是：大班幼儿的游戏时间可比小班幼儿的游戏时间更长，小班幼儿游戏次数可比大班幼儿的游戏次数更多。以角色游戏为例，大班孩子的游戏时间可以安排在每次60分钟左右，每周两次；小班幼儿可以每天都安排，每次30分钟左右。

3.创设幼儿可自主选择的游戏环境

教师对幼儿自发自主游戏的支持与指导主要体现在教师为儿童提供游戏材料和创设游戏环境上。要真正使游戏成为儿童自发自主的活动，关键在于为儿童创设一个“可自主选择的游戏环境”。其一，创设多种类别的游戏情景，诱发儿童的各类经验；其二，提供不同难度的游戏材料，适合不同发展水平的儿童操作；其三，鼓励儿童创新游戏玩法，允许游戏材料自由搭配，允许游戏材料功能自由转换；其四，多利用能够在自然环境中找到的物品，或者是生活中的废旧物品创设游戏环境。这些材料不但价格便宜，且往往具有开放性、多样性和生活性的特点。这些材料常常可以唤醒儿童的原有经验，激发他们的游戏兴趣，还可以为儿童的想象提供无尽的空间。

（二）教师组织的教学游戏

教学游戏本质上不是真正意义上的游戏，但由于儿童的年龄特征和学习方式常常使学习和游戏融为一体、相互转化，因此，在幼儿园的教育教学情境中，教学是可以游戏化的。如果教师所设计的教学活动能激发儿童的学习兴趣，引导儿童自主探索、发现知识，那么这一过程的组织形式，对儿童来说就是一种游戏，或者说是有游戏体验的。值得注意的是，如果教师对教学游戏的控制越强、越直接，活动内部结构呈现高结构和封闭状态，那么儿童在教学游戏中体验到的游戏乐趣会很少。因此，为了使儿童能在教学中更多地体验到游戏的乐趣，教师在组织教学游戏时应注意以下几个方面：第一，教师应将教学的组织结构偏向开放的低结构活动，而且年龄越小，越偏向于此；第二，教师设计的教学游戏要尽可能转化为儿童的需要，即内容是儿童感兴趣并适合儿童的发展水平的；第三，教师要注重引导儿童在活动中自主探索，虽然教学游戏有一定的教学目标，但教师在组织活动的过程中不能急功近利和过于追求结果，应注重儿童的游戏体验。决定幼儿游戏体验质量的，也许不在于它是“教学游戏”还是“自主游戏”，而在于能否在具体的游戏中帮助更多的幼儿沉浸在游戏状态中，以及能否从具体的游戏中使更多的幼儿得到快乐以及其他有益的经验。①因此，如何处理好游戏的形式与游戏者内在体验之间的关系，如何提升幼儿在游戏中的积极体验，是幼儿园更好地实现“以游戏为基本活动”所要解决的问题。

小资料

眩晕游戏（Dizzy Play）

“眩晕游戏”（Dizzy Play）是儿童游戏的一种类型。加拿大新不伦瑞克省2007年出台的《早期学习与幼儿保育课程纲要》中特别提到了这一类游戏：儿童有时会突然爆发一种大声的、吵闹的游戏，就好像他们的身体里有什么东西要喷发出来一样。在这种游戏中儿童会特别兴奋，而且它好像有传染性，其他儿童也会跟着加入进来，他们在分享笑声的同时形成了一个喧闹的群体。儿童喜欢快速地在原地旋转身体，直到他们头脑发晕而不能站立。他们会没有任何来由地一起大笑，叽里呱啦地胡言乱语，说着毫无意义的话，相互之间毫无逻辑规则地交流。他们甚至会把短裤脱下来套到头上，把夹克脱下来穿在腿上，并给其他小朋友做着各种搞笑的表演。他们陶醉在自己能把世界搞个底朝天的力量之中，并且乐观地相信自己能够把这个被搞乱的世界再复原过来。

① 许卓娅.用历史生态的眼光看我国幼儿园游戏的理论与实践[J].幼儿教育，2005(7):7-9.

第四节 学前儿童游戏与幼儿园课程的关系

游戏与幼儿园课程的关系是“以游戏为基本活动”的幼儿园教育理念下的热点问题,这不仅反映了游戏与课程之间的紧密关系,而且反映出课程设计者与实施者的课程观与游戏观。以游戏为基本活动的幼儿园课程包含“预成性”与“生成性”两种课程建构的方法,表现为游戏与课程的双向互动。为研究游戏与幼儿园课程的关系,江苏省幼儿园开展了“课程游戏化”实践项目,华东师范大学游戏团队开展了“游戏课程化”项目。但是,人们对于“课程游戏化”与“游戏课程化”这两个命题却存在困惑,它们分别代表的价值观是什么?游戏应当是什么?幼儿园课程与游戏应该是什么关系?我们的出发点和落脚点究竟是课程还是游戏?

一、游戏与幼儿园课程的对立、分离

(一)游戏与幼儿园课程相互对立

长久以来,传统守旧的课程观念使游戏在教育领域一直备受争议,遭到社会各界的口诛笔伐——家长和老师更是谈游戏色变,游戏与学习相对立的观念更是深入。[①]这种观点认为游戏只应作为学习的奖赏和引起学习兴趣的手段,只是促进课程活动更好展开的工具,是课程的附属品。把课程当作严肃的学习,把游戏当作放松娱乐,课程与游戏是对立的、不能共存。但随着幼儿园教育专业化水平的提高,幼儿园“以游戏为基本活动”的价值观的确立,游戏与课程之间的密切关系在学前教育界形成共识,这种观点已被批判与纠正。

(二)游戏与幼儿园课程生硬嫁接

游戏与幼儿园课程的生硬嫁接是指幼儿园教育工作者已经认识到游戏的价值,但不知如何将游戏与课程联系起来,不会在课程中灵活设计游戏活动或者不会在游戏活动中生成课程,这会产生两种情况。一种是在游戏活动中,教师通过发现幼儿的游戏兴趣和需要并想借此来组织有目的的教学活动,以帮助幼儿掌握和获得系统的知识经

① 裴蕾丝,尚俊杰.回归教育本质:教育游戏思想的萌芽与发展脉络[J].全球教育展望,2019(8):37-52.

验。教师的出发点是值得肯定的，但是如果没有掌握好教育契机，生硬地中断幼儿游戏而强行地将其变成教学活动，这种做法是不妥的。另一种情况是教师为了实现课程目标，在教学过程中生硬地设计一个游戏活动插入到教学环节中，这时游戏就变成了教学的工具，实现教学目标的一种手段。[①]因此，为了避免这一情况的发生，教师需要对儿童的兴趣与需要有清晰的把握，把游戏与课程天然融为一体，使游戏与课程真正适宜于儿童。

二、游戏与幼儿园课程的优化结合

以游戏为基本活动的幼儿园课程模式整合课程形成的"预成性"与"生成性"两种方法，一方面把游戏看作是课程实施的基本途径，另一方面也把游戏看作是具有建构和创造的"自组织"机能的幼儿园课程生成和发展的重要源泉。[②]游戏和课程之间可以形成良好的互动关系——课程可以生成游戏，游戏也可以生成课程。

江苏省"课程游戏化"建设项目旨在促进幼儿发展，提高教师课程建设水平和课程实践水平，进而提高幼儿园整体教育质量。但不是把幼儿园所有的活动都变成游戏，而是确保基本的游戏活动时间，同时又可以把游戏的理念，游戏的精神渗透到课程实施的各类活动中。[③]从而引导幼教工作者树立正确的儿童观、教育观、课程观和游戏观。

华东师范大学游戏研究团队探索的"游戏课程化"本质上是一种新型的课程模式，以课程目标的过程模式和课程实施的创生取向为原则，通过游戏的力量促进幼儿的学习与发展，其出发点是游戏，最后的归属也是游戏。"游戏课程化"既是对传统游戏理论的重构，也是对新型课程理论的呼应，是科学儿童观和教育观的表达，是陈鹤琴先生"活教育"思想的延伸与发展，也是从根本上保障幼儿园教育中幼儿的游戏权利和克服幼儿园教育小学化倾向的有效途径。[④]

总而言之，"课程游戏化"与"游戏课程化"都鼓励幼儿园教育中游戏精神的倡导，谋求"课程与游戏的整合"，注重儿童生活化、游戏化、情景化的快乐体验，也是课程与游戏相互补充、相辅相成关系的体现。

---

① 时松，岳慧兰.幼儿园课程[M].长春：东北师范大学出版社，2021：38.
② 刘焱.儿童游戏通论[M].北京：北京师范大学出版社，2014：426.
③ 虞永平.课程游戏化的意义和实施路径[J].早期教育(教师版)，2015(3)：4-7.
④ 王振宇.论"游戏课程化"[J].幼儿教育(教育科学版)，2018(4)：3-8.

（一）课程生成游戏

课程游戏化的逻辑起点是课程，即课程的设计以教师预设为主，教师事先需要对自己的教学目的、教学内容、教学方法等进行整体预设，依据幼儿园课程标准和大纲，把游戏作为课程实施或教学的基本途径，在游戏中支持、促进和引导儿童的学习与发展。但由于课程是事先预设的，不一定与儿童现有的经验完全适配，或者儿童不一定对其感兴趣，所以在实施过程中教师会对预设的课程进行调整，生成新的活动，如幼儿园常见的教学游戏、音乐游戏、体育游戏等。而且，受预设课程目标和内容导向的影响，这是一种有目的性的学习，幼儿园课程要求儿童“坐着乖乖听讲”，这并不符合儿童的年龄特点。因此游戏被作为一种有效的方式运用于课程，通过“学中玩”的方式调动儿童参与教学活动的积极性与主动性，使相对枯燥的教学活动变成有趣的游戏活动，从而提高教学活动的有效性。课程生成游戏的整个活动过程，教师设计在前，儿童活动在后，教师教的行为具有预设性，而这种预设性对于儿童的学习活动有计划和指导的作用。

（二）游戏生成课程

游戏课程化的逻辑起点是游戏，即教师基于幼儿的兴趣和需要，师幼充满对话交互，在游戏中教师尊重儿童的主体性，对他们的需要和感兴趣的事物进行分析与价值判断，并采取适宜儿童的方式以促进其更加有效学习的课程发展过程，生成的课程是符合儿童最近发展区的，游戏也因其自带潜在的课程元素，使“游戏生成课程”成为可能。此时儿童在游戏中探索、发现、思考……游戏的过程伴随着潜意识的探索学习，儿童掌握着活动的主动权，通过“玩中学”的方式促使儿童把无意识的游戏行为转化为有意识的学习行为。此时儿童是游戏的发起者和决策者，儿童游戏在前，教师生成课程在后，极大地尊重了儿童的主体作用。

案例分析

滚动与滑动

有一次，小朋友们在户外搭赛道玩滚小球的游戏，在搭建的过程中他们碰到了关于坡度和摩擦力大小的问题。在孩子们反复受挫的过程中，他们对小球从上往下滚的这个现象很感兴趣，一直在反复地玩。基于这一个兴趣点，教师不失时机地组织幼儿讨论怎样使小球滚得更快，由此生成了一项科学活动——滚动与滑动。由此，不是老师预设的、新的课程就这样在游戏中自然生成了。

游戏活动中儿童可以自由地与环境、小伙伴相互交流、相互作用,因此会产生各种各样新的、无法预测的问题,这便为课程的自然生成提供了有利条件。因此,游戏应是课程生成的重要源泉。

(三)游戏与课程之立场

1.追求"以游戏为中心"的课程形态

游戏与课程关系的理想样态应是"以游戏为中心的课程",游戏是促进幼儿学习与发展的重要途径,游戏处于幼儿园课程的中心,一日生活活动和教师预设的活动是对幼儿园课程的补充。虽然游戏不是幼儿园课程的全部,但游戏精神应贯穿于整个幼儿园课程体系,席勒曾得出"只有当人是完全意义上的人,他才游戏;只有当人游戏时,他才完全是人"这一著名论断。因此幼儿园课程的过程和方法等都应游戏化,教师主导的课程应巧妙地将游戏元素融入进去,使游戏能多样态地存在于幼儿园课程中。幼教工作者应首先认识到游戏对课程的重要作用,再巧妙地将游戏融入儿童的一日生活中。

2.营造"以游戏为中心"的课程环境

"以游戏为中心"的课程离不开一定的环境支持,环境对于人发展影响的重要性不言而喻。教师需要为儿童提供一个"有准备的空间环境",包括物质环境和心理环境两个方面。物质环境方面,需要教师为儿童投放充足的、开放的、低结构材料,并根据儿童的兴趣和需要进行调整与充实。心理环境方面,需要教师为儿童营造良好宽松的环境氛围,使儿童乐于游戏、主动游戏。比如风靡世界的安吉游戏,很大程度得益于其极富挑战性的空间与环境,多样的沟壑、山坡、滑道、沙池为儿童提供了爬跳、翻越、穿越、搭建、攀登、翻滚、滑行的游戏机会。丰富的材料如可组合的梯子、积木、油桶、长板、滚筒、木桩、布帘等为幼儿自主游戏的创生提供了支架。[①]因此,营造"以游戏为中心"的课程空间,使得各种材料和玩具成为游戏元素融入幼儿园课程的载体是课程与游戏相辅相成的重要前提。

3.提供"以游戏为中心"的课程时间

高水平的游戏是需要充足的时间作为保障的,"以游戏为中心"的课程需要给儿童提供充足的游戏时间,让儿童有机会能够沉浸在游戏的世界中,在游戏中去探索、去体验、去思考……如高宽课程的项目活动,计划时间10—15分钟,工作时间45—60分钟,回顾时间10—15分钟,总计65—90分钟。[②]安吉游戏的户外游戏时间加游戏分享环节

① 时松,岳慧兰.幼儿园课程[M].长春:东北师范大学出版社,2021:43.

② [美]爱泼斯坦.学前教育中的主动学习精要:认识高宽课程模式[M].霍力岩,郭珺,译.北京:教育科学出版社,2011:95-106.

总计2小时。只有给予儿童充足的时间去尽情地游戏，儿童才能进行高质量的深度学习，进而促进儿童水平的提高，促进课程的发展，从而提高幼儿园教育质量，呼应《幼儿园教育指导纲要（试行）》与《3—6岁儿童学习与发展指南》中不断强调的“游戏是幼儿园的基本活动”的教育理念。

本章小结

本章主要厘清幼儿园课程与学前儿童游戏概念、特点、关系等内容，主要介绍了学前儿童游戏与幼儿园课程的关键概念、重要理论和基本观点等。核心内容总结如下。

1. 学前儿童游戏的概念：游戏是儿童的基本活动，是儿童喜爱并主动参与，且符合其身心发展特点的，一种有目的、有意识地通过模仿和想象反映现实生活的独特的社会活动。儿童游戏的本质属性有主体性与愉悦性、社会性与虚构性、非强制性与规则性。

2. 游戏的分类：根据儿童的认知发展水平可分为练习性游戏、象征性游戏、结构性游戏、规则性游戏；根据儿童的社会性发展可分为偶然的行为、游戏的旁观者、独自游戏、平行游戏、联合游戏、合作游戏；依据教育作用可分为创造性游戏和规则性游戏。

3. 幼儿园课程的特点：课程目标的启蒙性和全面性、课程内容的生活化和多样化、课程实施的活动性和灵活性。幼儿园课程的类型主要有学科课程、活动课程、综合课程。

4. 幼儿园以游戏为基本活动的目的主要有：保障幼儿的游戏权利、回应儿童学习的本质、建构儿童适宜的课程。

5.“课程游戏化”与“游戏课程化”都鼓励幼儿园教育中游戏精神的倡导，谋求“课程与游戏的整合”，注重儿童生活化、游戏化、情景化的快乐体验。这也是课程与游戏相互补充、相辅相成关系的体现。

视野拓展

1.《通过游戏来教——教师观念与课堂实践》

尼尔·本内特、利兹·伍德等著，刘焱、刘峰峰译，北京师范大学出版社2010年出版。该书从属于“儿童游戏译丛”系列，深入解析了游戏在理论与现实中的状况，对不同领域的游戏研究做了概括性的总结，有助于学前教育工作者对游戏研究的发展与成果形成概括性认识。作者详细记录了幼儿园教师通过游戏进行教学的案例实录与反思，透析其游戏理念与行为关系。读书有助于幼儿园教师理解如何在教学实践中实施游戏教学。

2.《幼儿园生活化课程——回归传统、自然与本真》

胡华主编，北京师范大学出版社2019年出版。该课程植根于中华文化的沃土，以“儿童发展”为核心，强调课程与自然、文化的深度融合，采用“3+1+1”的教学模式，强调儿童学习的生活化和游戏化，强调教师和儿童共同学习的课程理念，鼓励教师按照儿童的学习方式与节奏完成学习，旨在帮助他们建立起内在的文化感、秩序感和认同规则，成为有中华文化根基的、自信的新一代。

思考与实训

1.结合篇首案例中的实际问题，运用本章的所学知识，尝试回答游戏和课程的关系，“以游戏为中心”的课程需要教师具备哪些能力。

2.幼儿园以游戏为基本活动的实践方式有哪些？请举例说明。

3.如果你是一名幼儿园老师，遇到以下情况，你会如何处理？

一天，你带着幼儿去操场上开展户外活动，可是刚下楼小朋友们就被操场旁边的小花园吸引了注意力，里面有各种各样的花花草草，有粉色的桃花、白色的梨花、黄色的迎春花……

一些小朋友开始问你，“为什么这些花有这么多的颜色？”“为什么它们春天才开花，冬天不开呢？”你会回答小朋友的问题吗？会鼓励他们去近距离观察这些植物吗？在其中可以发现孩子的兴趣点或是教育契机吗？你会采取什么样的措施来促进儿童的学习和发展呢？

专题探讨

游戏真的会使孩子更聪明吗？

常言道：“会玩的孩子聪明。”“会玩”指的是游戏水平高，“聪明”指的是认知水平高，这也印证了游戏水平与发展水平相同步的观点。为什么游戏会使孩子聪明呢？很少会有人去深究其原理。

那么，游戏真的会使孩子更聪明吗？为什么呢？请你课后查阅资料去厘清游戏与幼儿发展的关系、游戏本身重要的特征以及幼儿学习的主要方式及特征。相信你对该问题会有一个更加客观、深入的理解。

第八章

学前教育环境

学习目标

- 了解幼儿园环境与创设的相关理论。
- 熟知幼儿园环境与创设的主要内容和评价方法。
- 能够将相关理论和评价方法运用在幼儿园环境及其创设中。

学习重难点

- 学习重点:幼儿园环境与创设的主要内容和评价方法。
- 学习难点:相关理论和评价方法如何运用在幼儿园环境及其创设中。

案例破冰

第一天到幼儿园里的活动室

今天是沈老师入职幼儿园的第一天,当沈老师走进大班活动室的时候,她顿时被活动室的环境所吸引,各活动区设置得井然有序,天花板上悬挂着手工制作的精美作品,自然角里布置着各种花草,墙壁上有幼儿自己的绘画作品和可供幼儿玩耍的一些玩具……当她惊讶不已时,有个孩子走过来告诉她:“我最喜欢这面墙壁,因为上面的画每个星期都可以让我们自己来选择张贴……”还有的孩子说:“我最喜欢自然角,那里有我亲手种的向日葵……”

思考:在上面的案例中,反映出幼儿园环境创设的什么原则?幼儿园环境是由教师一手创设的吗?幼儿将如何参与幼儿园环境创设?学习本章内容会给我们带来一定的启示,帮助我们解答上述问题。

第一节 幼儿园环境与创设的相关理论

一、人类发展生态学理论

生态学这个词最早是由德国动物学家、比较解剖学家厄恩斯特·黑克尔提出的，它是指研究生物之间以及生物与周围环境之间关系的一门学问。之后，布朗芬布伦纳等人对生态学作了进一步的探索，提出人类发展生态学的概念，并将其界定为是对不断生长的有机体与其所处的不断变化着的环境之间相互适应进行研究的一门学科，且有机体与其所处的即时环境之间的相互适应过程，受各种环境之间的相互关系以及这些环境赖以存在的更大环境的影响。

布朗芬布伦纳进一步指出这个定义有三个特征：第一，发展着的人不能被看作是环境在其之上任意施加影响的一块白板，而是一个不断成长的并时刻重新构建其所在环境的动态实体；第二，由于环境有其影响作用，并需要与发展主体相互适应，因此，人与环境之间的作用过程是双向的，呈现一种互动关系；第三，与发展过程相联系的环境不仅是指单一的、即时的情景，还包括了各情景之间的相互联系，以及这些情景所根植的更大的环境。[①]布朗芬布伦纳将这里的环境称为生态环境。生态学不是以线性观点而是以系统的视角来区分和分析环境的，这里的生态环境比普通心理学和发展心理学所指的环境更为广阔，不仅涉及任何在科学意义上环境的实体特征，还包括在环境中的儿童对这些特征的主观感受，而且各种不同层次、不同性质的环境相互交织在一起，构成了一个既有中心，又向四处扩散的网络。生态环境包括：微观系统（microsystem）、中间系统（mesosystem）、外层系统（exosystem）和宏观系统（macrosystem），各系统之间的关系见图8-1。

微观系统是指发展中的个体在特定环境包括物质和物理环境中所体验到的活动、角色和人际关系模式。这些活动、角色和人际关系是一个身处特定环境发展中的个体亲身经历的。这个环境是发展中的个体经常参与直接交往的地方，诸如家庭、幼儿园等。活动、角色和人际关系等因素是微观系统的要素或建筑模块。个体对微观系统的体验主要来自对活动、角色和人际关系的体验。其中，体验是界定微观系统的关键术

① 薛烨，朱家雄．生态学视野下的学前教育[M]．上海：华东师范大学出版社，2007：66-69.

语。因此,环境中的个体如何感知环境是非常重要的①。

中间系统是指人类积极参与的两个或多个系统之间的关系。也就是说中间系统是由微观系统之间的联系构成,如培养儿童成长的家庭、幼儿园和邻里。家园联系就构成一个典型的中间系统。

外层系统是指本人没有参与其中的一个或更多的环境,这些环境中所发生的事件同影响个体直接环境中发生的事件产生相互影响。例如,对于一个幼儿来说,对其有影响的环境外层系统包括父母的工作场所、自己兄弟姐妹上学的班级、父母的朋友群、当地学校董事会的活动等。

宏观系统是指微观系统、中间系统和外层系统中的一些共同因素,它表现所在社会的信念和思想体系,也就是文化系统。例如,某一社会、某一文化区域、某一国家的思想观念体系等。

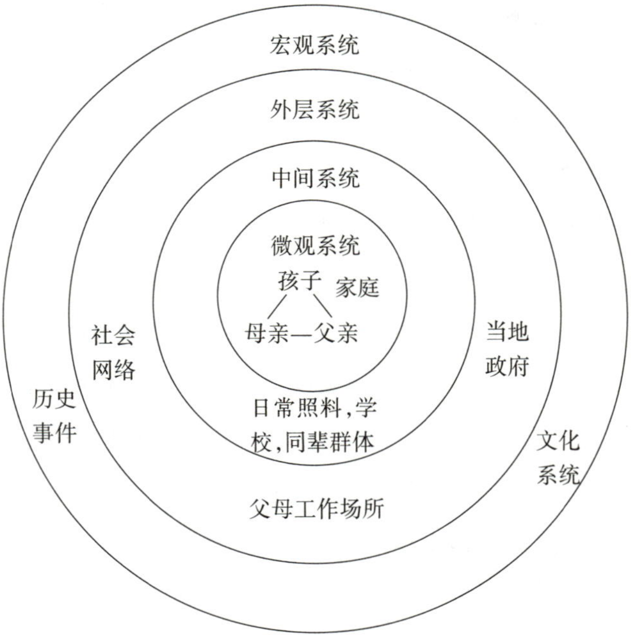

图8-1 布朗芬布伦纳的生态环境系统

(一)人类发展生态学理论与学前儿童发展

1.儿童在环境中发展

"儿童在环境中发展"是人类发展生态学理论的基本观点。布朗芬布伦纳强调被"体验"的环境,把环境定义为体验到的、对人发展产生影响或受人发展影响的"事件或条件"。基于此,布朗芬布伦纳对影响儿童发展的"环境"的定位不仅涉及任何在科学

① 杨阳.生态学视野下幼儿园墙面环境创设研究——以新乡市3所幼儿园为例[D].广西:广西师范大学,2014.

意义上环境的实体特征，还包括在环境中的儿童对这些特征的主观感受。他认为，环境是体验到的、对人发展产生影响或受人发展影响的"事件或条件"。儿童的发展过程是其不断地扩展对生态环境认识的过程，因此，从家庭到幼儿园再到社会，儿童的生态环境变化对其发展具有举足轻重的作用。

2.儿童在一种有结构的生态系统中发展

在儿童发展的已有传统理论中，通常不直接研究环境的内容，即使涉及环境的概念，也通常只是把环境作为一个抽象意义的整体；或者通过抽取环境中某一看似对儿童发展产生影响的刺激，来说明环境对儿童发展的作用，环境被简单看作一种单一的刺激。而人类发展生态学理论将儿童发展所处的环境定位成一种结构化的、多层次的生态系统。布朗芬布伦纳指出，儿童发展的生态系统就是"儿童生物学属性的气质和性情，与造就儿童发展的诸多环境因素的结合体"①。他所指的生态环境是有层级、有结构的，按与个体互动的频率及密切程度依次从内向外扩展成四个层级：微观系统、中间系统、外层系统和宏观系统。这些不同层次、不同性质的环境相互交织在一起，前者逐个被包含在后者之中，形成了一种同心圆样式的结构。儿童就是在这样多层次、结构化的系统中得到发展。

3.儿童在生态系统各层次的多重关系中发展

每个层次或每个部分之间并不是可以相互隔绝的，层次或部分的简单组合并不是整个环境的所有。相反，各层次和各部分之间复杂的、多变的和多重的关系才是环境结构的主要组成部分。基于这个基本点考察儿童的发展，那么必然就会强调，儿童的发展是以生态系统各层次的多重关系作为重要背景。看待和理解儿童的发展，必须观照各个层次错综复杂的关系。由此，这也颠覆了理解和研究儿童发展的传统思路，即用多元的和交互的因果性解释取代单一因果性的解释，换言之，儿童的发展不是环境中某个特定诱因所导致的，而是受相互牵扯、相互制约、相互推动的多重复杂关系深刻影响。

4.儿童在可变、多样的环境中发展

布朗芬布伦纳在人类发展生态学理论里强调环境的多变性和多样性。在其理论发展的后期，他多以历史发展为线索，研究人类发展的具体问题。他指出，在同心圆多层次生态系统中，有一个贯穿所有系统的长线，即时间的变化。因而，布朗芬布伦纳也在生态环境中增加了一个关于时间变化的系统，即"时间系统"。对于儿童的发展来说，该系统涉及的是在儿童成长环境中产生影响儿童发展的新情况的时间变化，这些

① 张婕.从生态学视野看儿童的发展——六种生态学理论的比较研究[D].上海：华东师范大学，2006.

变化，有的是外部强加的，有的是由个体内部产生的，因为儿童选择、修正和创造了许多他们自己的环境和经验。布朗芬布伦纳相信这些变化能改变儿童的生活环境，也会对儿童的发展产生影响。

（二）人类发展生态学理论与幼儿园环境创设

根据布朗芬布伦纳的人类发展生态学理论，幼儿园处于以幼儿个体为核心的微观系统和中间系统中。幼儿园环境成为促进幼儿发展的重要内容。运用人类发展生态学理论来分析幼儿园环境及其创设，其最大意义在于对更开放、更具变化与可能性的环境的关注，即不仅仅局限于幼儿园自身，而是进一步思考如何与幼儿的家庭、社区等做好交流与互动工作，如何与幼儿发展相关的外层系统保持良好的沟通与交流，如何促进社会对幼儿及幼儿发展的正确认识，以对幼儿的发展产生积极影响。

1.重视幼儿园环境

依据人类发展生态学理论，幼儿园处于幼儿发展的微观系统和中间系统，是幼儿直接参与互动和交往的地方，以体验为最主要的方式，是影响幼儿发展的重要场所。幼儿园环境成为幼儿生长的物理空间、心理空间及精神空间的总和，是幼儿园课程生成的来源、课程实施的载体及结果，也是支持幼儿发展的平台、记录幼儿发展的载体及表征幼儿发展的媒介。[①]因此，对于幼儿来说，幼儿园中目光所及之处、双手所碰之处的环境都有重要意义和价值，门廊上色彩斑斓的风铃、墙壁上五颜六色的图画、院子里四季变化的花草，甚至地板上的颜色和线条，一同构成了幼儿生长空间的总和，潜移默化地影响着幼儿的发展。

2.重视家庭、社区环境

依据人类发展生态学理论，家庭和社区处于幼儿发展的微观系统、中间系统和外层系统，从幼儿出生开始，它们都是幼儿生活的主要场所。家庭为幼儿提供必不可少的物质环境和精神环境，直接影响幼儿的身心健康发展；社区为幼儿提供更多元的物质和精神环境、更广泛的生活空间，间接影响幼儿各方面发展。同时，在家庭、社区所涉及的多个系统和层次中，产生了错综复杂的关系，如人际关系、空间关系等，幼儿在这些关系中得以更好地发展。家庭中家居摆设、社区里的游乐场所和各种设施、邻里之间的关系、社区活动等，构成了家庭和社区环境，为幼儿发展提供条件。

3.创设多变、多样的幼儿园环境

依据人类发展生态学理论，多变、多样的环境有助于幼儿发展。在多变的幼儿园

① 王海英.回归儿童立场的幼儿园环境创设[J].幼儿教育，2018(12)：4-7。

环境中，幼儿可以沿着“时间线”感受自己与时间、环境的联系，不断选择发展的方向；在多样的幼儿园环境中，幼儿可以丰富自己的活动体验，增加自己的互动经验，让发展变得多元。同时，创设多样、多变的幼儿园环境，可以提供更多的感官刺激、活动空间、互动机会，并使幼儿在这些环境构成的多重关系中得到更好的发展。例如，幼儿园依据四季变化改变公共区域的颜色，在户外创设沙池区、饲养区、攀爬区等，把公共洗手台建成椭圆形以便幼儿洗手时有更多的人际互动等，都是幼儿园环境多变、多样的体现。

二、建构主义理论

建构主义是涉及哲学、心理学和教育学的一个广泛而庞杂的领域，是一种综合化的、复杂的、具有广泛学科包容性的社会科学理论。建构主义的兴起和发展，改变了早期认知主义时代人们对学习的理解，从“学习是知识的获得”逐渐转向对人的学习的建构本质、社会协商本质和参与本质的重视上来。[①]美国著名的建构主义哲学家格拉塞斯菲尔德认为，“‘知识是由知者建构的’观念与西方哲学一样古老，前苏格拉底时代的哲学家们就已经意识到，并非他们所知道的一切都来自感觉，人类的心灵在很大程度上形成了人类的知识。”[②]建构主义从知识的建构性、社会性、情境性和复杂性等角度，进一步解释和强调知识获得过程，学习的主体是学习者而不是学生，借用梅瑞尔的话：“学生是说服自己从教学中获取特殊知识和技能的人，学习者则是从自己的经验中建构自己的意义的人。”[③]其意义只有在特定的社会环境中才能得以彰显。在个体学习方面，建构主义的主张主要包括以下三个方面。

一是学习是主动探索的过程。[④]建构主义认为学习不是被动的知识传授，而是主体依靠自己现在和过去的知识，建构新的思想和概念的过程，它是一种动态的平衡过程。学习者总是基于自己与世界相互作用的独特经验去建构自己的知识，并赋予经验以意义。也就是说，如果教师仅仅把知识呈现给儿童，而没有引起儿童主动的内部心理活动，那么这些知识对于儿童来说是没有意义的。所以，要让知识成为学习者自身的一部分，就必须吸引学习者主动去探索，让客观的知识与学习者已有的经验相互作

① 张绍文.基于建构主义的学习环境论[D].上海：华东师范大学，2006.

② 张绍文.基于建构主义的学习环境论[D].上海：华东师范大学，2006.

③ 张绍文.基于建构主义的学习环境论[D].上海：华东师范大学，2006.

④ 郭丽.建构主义理论对幼儿园环境创设的启示[J].教育导刊，2004(2)：26-28.

用，从而构建起学习者自己的意义体系，这个意义体系本身是活的，是具有可持续发展性的。

二是学习离不开特定的情境。建构主义认为促进学习的基本条件是真实、复杂、丰富的支撑性情境。情境是与某一事件相关的整个情景、背景或环境，它是众多因素的集合体。学习者学习知识的目的不单单是记住知识本身，而是要在一定的背景中去应用它们，有关情境的知识则能帮助学习者思考他们将在怎样的情境中应用今天所学的知识。情境是渗透在学习过程和迁移中的潜在影响因素，适宜的情境可以帮助儿童克服学习内容的抽象性，促进理解和记忆的保持，有利于学习的强化和迁移。因此，教师的作用就是提供一个有助于儿童独立探究的情境，用情节性的、复杂真实的故事呈现问题、营造解决问题的环境，帮助儿童自己思考问题，让他们在解决问题的过程中活化知识，变事实性知识为解决问题的工具。

三是合作互动是学习的基本形式。建构主义认为学习的大环境应该是轻松和谐的，是开放性的，学习者所属的集体应该成为学习者之间互相活动与交往的共同体，共同体中的对话、交流与协作可引起儿童进一步思考。不同的个体往往会产生关于一个问题的各种假设，儿童在教师引导下互相切磋，互相讨论，并对各种假设进行尝试，最后得出适宜的结论。这样的学习方式一方面锻炼了儿童的交流与协作能力，使个体可以分享群体的思维与智慧；另一方面，儿童对新知识进行深入思考与分析，有助于完成自身知识体系的构建。

（一）建构主义理论与学前儿童发展

1. 儿童是主动的学习者

建构主义理论把学习视为个体主动建构、探索的动态发展过程，认为学习不是简单信息的输入、储存和提取的过程，不是简单的信息积累，学习者无法接受被动灌输的知识。儿童的天性中有强烈的好奇心，一旦有适宜的活动材料和促进互动的交流环境，儿童天性中的好学求知就会被激发，他们会根据自己先前的经验主动地参与探索、发现，构建属于他们自己的知识，成为意义学习的主动建构者。

2. 儿童的学习需要特定的情境

建构主义理论认为，儿童必须在一定的情境中，使自己的内在需要得到发展。如果为儿童提供特定的、适宜的情境，儿童能够利用特定情境（包括背景、环境等）中的多种潜在因素，在原有基础上思考和解决更复杂的问题，获得和应用新知识，从而完成真正的学习。因此，创建和准备一个真实、复杂、丰富的情境对儿童的学习至关重要。

3. 儿童的学习需要合作互动

建构主义理论认为，儿童是处于发展中的学习者。在儿童探索与发展的过程中，真实情况中的问题往往是复杂的，儿童仅凭自身有限的知识和经验往往无法顺利地运用知识解决问题，他们需要成人提供信息和策略进行引导，需要同伴交流合作，逐渐积累解决问题的经验，发展自身的能力，构建自己的知识。

（二）建构主义理论与幼儿园环境创设

建构主义理论中的环境指的是一种“学习环境”，环境创设关注的不再是教师如何教，而是幼儿怎么学，最终目的是让幼儿在与环境的互动中建构知识，幼儿只有积极主动地去学习才会达到想要达到的水平。建构主义的学习理论为幼儿园环境创设提供了不一样的视角。

1. 支持幼儿的主动建构①

建构是一个学习者探索、发现，产生认知冲突，进而解决冲突的过程，比起被动接受的灌输式学习，这一主动的学习方式更需要充足的时间支持。富于创造性的活动往往需要时间的积累，耐心地等待，幼儿也许会丰富原有的玩法，给活动区带来无限生机。活动区中的时间分配应按照幼儿的节奏，提供一个安静、不急促、轻松的解决问题的环境，来支持幼儿的探索。就像马拉古奇说的，“我们必须尊重成熟的时间、发展的时间、使用工具的时间和了解工具的时间，以及幼儿能力以全面的或缓慢的，或丰富的，或明亮的，和以随时变化的形式出现的时间。因为这些时间是文化智慧与生物智慧的一种测量方式”。

给予幼儿自主选择的权力，让他们体验掌控自我学习的感觉，更能激发他们内在的学习动力。例如，小班的孩子由于欠缺知识能力和生活经验，还不能充分表达自己的意愿，在环境创设中往往处于被动地位。为此，教师可以让每个孩子在室内安全、卫生的墙面上自由选择一个地方作为表达自我感受的空间，自选材料加以装饰。孩子们可以根据主题的深入和发展，以及自身知识经验的积累不断增添、自由地变换内容。这样做既可以提高孩子对环境的兴趣与关注度，又可以强化其自主和分享的意识。

2. 为幼儿提供富有挑战性的环境

学习只有发生于情境中，才是最为有效的。但不是所有的情境都是支持有效学习的，只有当情境中蕴含知识、技能和富有挑战性的问题时，这样的情境才能激发幼儿的探索发现，从而在特定情境中学会解决问题。情境的作用在于它能为学习者提供一个

---

① 章进.学习的回归——建构主义视域下幼儿园活动区环境创设研究[D].重庆：西南大学，2012.

有助于学习迁移,与个体理解世界的经验相一致,带有真实任务,富有挑战性和促进知识、技能和经验之间产生连接的环境。例如,在幼儿园班级的墙面上,教师为幼儿创设了一个“天气预报员”的角落,请幼儿提前一天标注和口头分享第二天的天气情况,这就是为幼儿提供了与真实生活紧密连接的情境,激发幼儿识别、理解和记忆天气预报中各种符号的兴趣,并完成用语言表达天气情况的任务,支持幼儿对于气象知识的学习。

3. 为幼儿提供协商交流的学习方式

幼儿的学习是个性化的,他们是以自己的经验为基础来建构或者解释现实,并赋予世界个性化的理解,因而在个性化意义建构的基础上,个体对知识的理解会有所差异,同样的事物,不同的个体看到的是不同的方面。因此,学习者需要通过对话与协商,从他人那里看到与自己不同观点事物的另一面,更加全面地看待事物、理解知识。

教师要在幼儿园中创设一个利于协商、交流的环境和氛围。例如在班级中创设阅读区,除了足够的绘本,还需要有一些舒适的座椅和靠垫,且安排在安静的角落,以形成一个自由、宽松的环境让幼儿与同伴之间相互交流;在公共区域创设“小厨房”,利用口头语言、符号、图片等,提醒、引导幼儿一起协商、合作做美食、吃美食,让幼儿在不断交流、协商中进行学习。

三、符号互动论

符号互动论是一种侧重于从心理学角度研究社会的理论流派。这一理论认为,社会是由互动着的个人构成的,对于诸种社会现象的解释只能从这种互动中寻找。[①]符号互动论的主要代表人物有库利、托马斯、米德等学者,其中,米德是符号互动理论流派的重要代表人物,很多学者视其为符号互动理论的创立者,符号互动理论到米德这里开始形成了较为完整的理论体系。他认为,“人们根据环境中的客体来调整自己的行为,环境中的这些客体通过在人们行为中发挥功能而成为刺激因素,在此过程中它们被定义为与上述行为过程相关联的东西。”[②]符号互动理论主张人与人之间以具有意义的符号产生互动,人的现实生活是社会和意义符号的综合体,永远与社会其他的现实因素共同存在。

符号互动理论着重于人们对周遭世界和社会生活所赋予的意义,重视社会互动的过程与性质。该理论还认为所有文化、组织,以及群体中的人们间接地解释他们所在

① 贾春增.外国社会学史[M].3版.北京:中国人民大学出版社,2008:259.
② 贾春增.外国社会学史[M].3版.北京:中国人民大学出版社,2008:268.

的周遭世界，他们对所处情境的定义与解释决定了他们自身的行为。人们借着与他人的互动，建构其所获得经验的意义，并会主动理解符号背后的行为的意义，再根据这些行为意义做出互动行为，建构出人类社会行为的面貌。例如，学校成员、家庭成员及各种小团体的人际互动。[①]

小资料

米德关于心智的观点

米德的符号互动论思想在《心灵、自我与社会》中得到最充分的表达和呈现，因此，这部著作被称为符号互动论的经典之作。在这部著作中，米德深入考察和剖析了人类心智发展的独特性、符号的意义、沟通交流的价值以及自我形成的阶段等。在此基础上，他又精辟地提出了心智、自我及社会通过互动而发展的观点。

米德认为，人类的心智具有独特性，其独特性在于它具有理解和运用象征符号的能力。这是人类社会与动物界不同的关键。"动物能够通过直接刺激做出反应的姿势进行信息的交换。比如：一个公猴拍打自己的胸脯就是一个进攻性行为的信号，而另一只猴子可能会退出地盘，但是这种简单的刺激、反应并不能通过意义或者动机来解释。而人类则可以用符号来表示环境中的客体；悄悄预演针对这些客体可选择的行动方案；抑制不适当的行动方案。"在米德看来，理解和运用象征符号的过程是人类所特有的。

（一）符号互动论与学前儿童发展

1.符号的意义是人际互动的"桥梁"[②]

符号互动理论认为个体的周围时时刻刻都被各种各样的符号包围着，所谓的符号是指能够有意义地代表某种事物的东西，这些符号可以分为语言符号和非语言符号。语言符号包含书面语言、口头语言，同时，语言符号也是最主要的符号。非语言符号包含动作、示意、手势以及共同遵守的规定等。符号最主要的特点是能够代表一定的意义，意义的传达在互动中具有关键作用，只有理解了对方符号蕴含的意义，人与人之间才能进行互动。因此，儿童在与他人互动的过程中，总是先理解语言、动作、手势等符号，再进一步将这些符号作为有效沟通和深层次交往的"桥梁"。

① 索长清.幼儿园教师文化研究[D].长春：东北师范大学，2014.
② 何杰.基于符号互动论的幼儿园美工区材料投放现状研究[D].桂林：广西师范大学，2021.

2.儿童的互动受自身对情境定义的影响

符号互动理论强调人的主观能动性，在个体对他人的行为采取行动之前，有一个基于所处的情境对符号进行主观解释的过程，虽然不同的人对同一个情境会产生不同的理解，但是对于生活在同一个社会组织的成员来讲，他们对于大部分的情境有着相同的定义和理解。人具有共情的能力，站在他人的角度去理解同一个客体，人们的互动才得以实现。儿童所生活的家庭、幼儿园和社区，与周围的人拥有共同情境，儿童对这些情境的理解和定义是他们与周围人互动的前提。只有当儿童理解了这些共同情境中符号的意义，才能与他人就情境中的事物进行交流沟通、互动。

3.儿童的“自我”是互动的产物

符号互动论并没有对“自我”作出一个规范的界定，却指出了“自我”最独特的品性，它能使个体成为他自身经验的一个客观对象。米德把“自我”分为两个部分，即“主我”和“客我”。“主我”是指个体对他人态度的反应，它代表“自我”的主动性与生物性的一面；“客我”是指他人对个体的态度，代表“自我”被动性和社会性的一面。个人经验到他的自我本身，并非直接的经验，而是间接的经验，是从同一社会群体其他个体成员的特定观点，或从他所属的整个社会群体的一般观点来看待他的自我的[①]。

（二）符号互动论与幼儿园环境创设

1.创设蕴含多种符号的环境

符号互动论把情境中的符号作为幼儿与他人进行互动的基础和“桥梁”，利用语言和非语言的符号，幼儿将会与他人产生更多的沟通、互动和交往，并从中得到更好的发展。在幼儿园中，应注重创设蕴含多种符号的环境。可以是利用口头语言形成特定的符号，例如，教师把喝水这个生活环节用一个好玩的称呼“咕噜咕噜”来代替，当老师对小班幼儿说“有谁想去咕噜咕噜”，幼儿总是争先恐后地要去排队喝水，同时还会兴高采烈地对同伴比画各种喝水的样子，“咕噜咕噜”不仅成为喝水环节这个特定情境的符号，也成为幼儿之间互动的一种方式；也可以利用图片、手势、动作等形成的非语言符号，例如幼儿园楼梯的地面上靠右粘贴的“小脚印”，儿童只有理解了这是代表“靠右上下楼梯”，才能与同伴和教师讨论并遵守这一规则，贴在地上的“小脚印”成为幼儿理解规则、遵守规则的符号。

2.创设幼儿能理解的符号表征特点

符号互动论中强调要赋予符号特定的、易于理解的表征特点，不只是简单地提供

---

① [美]乔治·赫伯特·米德.心灵、自我与社会[M].赵月瑟，译.上海：上海译文出版社，2018：157.

符号、出示符号，只有当幼儿能够理解情境中符号的意义，符号才是有价值的，才能为幼儿的深层次交流沟通和发展提供支持。在幼儿园中，教师应根据幼儿身心发展特点创设幼儿能理解的符号表征特点。在上文提到的例子中，“咕噜咕噜”作为喝水这一环节的符号，其形象有趣的表征特点不仅符合小班幼儿具体形象思维的年龄特点，还与幼儿喝水时发出的声音很相似，所以成为小班幼儿易于理解、特别喜爱的一个符号。在幼儿园的很多区角，教师总是用写着文字的卡片提示幼儿这一区角的规则或活动流程，对于不能识别大量文字的幼儿来说，这就是不易于理解的符号，教师可以把文字内容转换成为幼儿画的图画、打印出来的图片或是简单的手势图，并通过讲解和示范让幼儿理解其中蕴含的意义，这些符号才能成为有价值的、促进幼儿发展的符号。

3. 创设有利于幼儿互动的环境

符号互动论认为借助于符号识别和互动，幼儿的“自我”及其发展得以实现，即为幼儿提供能理解和使用的多种符号，以及促进幼儿多方互动、交流的环境，就是促进幼儿的发展。在幼儿园中，教师还应注重创设有利于幼儿互动的环境。教师可以在活动室内分区的基础上，留出大面积区域供全班幼儿活动，提供幼儿之间交往的机会和场地；可以在区角中安排两个或更多的座位和坐垫，为幼儿互动创造空间；可以在户外活动场地专门设立一些小洞、亭子等空间，为幼儿与同伴说悄悄话、聊天提供机会；还可以在一日活动中留出一定的时间给幼儿自由活动和游戏，为其更多元、更宽松的互动交往提供条件。

第二节 幼儿园环境与创设

马克思、恩格斯在《德意志意识形态》中就人与环境的辩证关系提出了他们的论断:“人创造环境,同时环境也创造人。”书中指出人的一生就是与环境相互作用的过程,环境对个体的发展起着决定性作用,对于身心发展尚不成熟的幼儿来说,环境的作用更为巨大。著名的意大利幼教专家蒙台梭利认为,“在教育上,环境所扮演的角色相当重要,因为孩子从环境中吸取所有的东西,并将其融入自己的生命之中”。风靡世界的瑞吉欧教育创始人也认为除了每个班级两位教师之外,环境是班级的第三位教师。我们重视环境,因为环境有能力去组织、提升不同年龄者之间的愉悦关系,而且环境的潜能可以激发社会、情感和认知方面的种种学习,这些皆对幼儿的福祉及安全感有所助益。我们也认为环境必须是一个水族箱,可以映照出想法、价值、态度以及身处其中的人们的文化[①]。因此,幼儿园的环境对于幼儿的健康成长尤为重要。

《幼儿园教育指导纲要(试行)》中明确指出:“环境是重要的教育资源,应通过环境的创设和利用,有效地促进幼儿的发展。”《幼儿园教育指导纲要(试行)》认为,环境是幼儿园教育赖以进行的一切条件的总和,这里指的是广义的幼儿园环境。广义的幼儿园环境不仅包括幼儿园空间范围内的小环境,而且包括与幼儿园教育相关的园外的家庭、社会、自然、文化等大环境。[②]狭义的幼儿园环境主要指在幼儿园中,会对幼儿的身心发展产生影响的物质和精神要素的总和。

幼儿园环境按不同的分类角度可以分为外部环境和内部环境、物质环境和精神环境等。幼儿园的外部环境是指存在于幼儿园之外的、影响幼儿园教职工在园活动的一切条件和要素的总和;幼儿园的内部环境是指幼儿园教职工和幼儿直接参与其中的生活和活动的环境。[③]而幼儿园的物质环境和精神环境分别又有广义和狭义之分。广义的物质环境是指对幼儿教育产生影响的一切天然环境与人工环境中物的要素的总和;狭义的物质环境是指幼儿园内对幼儿发展有影响作用的各种物质要素的总和;广义的精神环境是对幼儿园教育产生影响的整个社会精神要素的总和;狭义的精神环境是指

---

① 爱德华兹,甘第尼,福尔曼.儿童的一百种语言[M].罗雅芬,连英式,金乃琪,译,南京:南京师范大学出版社,2006:172-173.

② 袁爱玲.幼儿园教育环境创设[M].北京:高等教育出版社,2010:28.

③ 刘焱,何梦焱.幼儿园教育环境创设[M].北京:高等教育出版社,2014:6-7.

幼儿园内对幼儿发展产生影响的一切精神要素的总和。[①]这里，我们将从幼儿园的物质环境和精神环境两个方面来探讨。

一、幼儿园环境与创设的基本原则

（一）教育性

教育性原则指的是幼儿园环境创设要体现教育性，即环境创设要符合幼儿全面发展的需要，与幼儿园教育目标相一致。幼儿园环境创设除了为幼儿提供一个舒适的生活环境，还要能够使他们增长生活经验，发展他们的思维，提高他们的知识和技能，培养他们良好的道德品质。因此，结合幼儿园教育总目标，教师应该在环境创设中融入和体现幼儿德、智、体、美等方面发展的目标，不断挖掘现有环境中的教育意义，最终让环境为教育目标服务。例如，在幼儿园的公共区域中直接或间接地运用中国传统文化或本土文化，如京剧脸谱、剪纸、民族服饰等，既能增长幼儿的见识，提高其对文化的认知和审美，又能增加幼儿的民族自豪感，进一步萌生出对中华文化的热爱。

（二）安全性

安全性原则指的是在进行幼儿园物质环境创设时要充分考虑幼儿的身体健康和生命安全，促进幼儿的身心健康发展。幼儿的身体健康和生命安全至关重要，是一切教育活动开展的前提，需要在幼儿园环境创设时，对于那些可能存在卫生隐患和安全隐患的地方多加注意和防护。例如，幼儿园活动室内的电源插座要设置保护装置，并且应注意安装高度，避免幼儿能接触到；幼儿使用的游戏器械要稳固、环保，材质要符合国家相关规定，避免使用劣质或含有害物质的器械；户外体育活动场地应平整、整洁，避免坑坑洼洼、过于光滑或有障碍物，器具摆放要合理；室外的植物绿化区不能种植有毒、带刺的植物，选用安全无毒的化肥进行养护等。

（三）美观性

美观性原则是指幼儿园创设的环境应该是清洁、整齐、富有美感的，能激发幼儿欣赏美的情趣，陶冶情操。幼儿喜爱美的事物，他们既能发现美、欣赏美，还能表现美、创造美，所以一个美的环境能够愉悦幼儿的身心，培养幼儿的审美情趣。在幼儿园环境创设中，首先要考虑整体设计的美感，既能体现自然的美，也能体现现代建筑设计的美，体现人与自然的和谐。其次要考虑色彩搭配的美感，整体环境以某两种或者三种

---

① 刘光仁，游涛．学前教育学[M]．长沙：湖南大学出版社，2016：145.

颜色为主要色调，在此基础上进行变化和调整，避免颜色过多或者过于单一。再次要考虑空间的安排，要错落有致、科学合理，例如图书室的空间安排要紧凑合理，既有明亮的公共区域供幼儿借阅书籍，又要有温馨的阅读角作为幼儿的“私密空间”，让幼儿独享阅读时光，避免混乱无序、杂乱无章。最后要考虑物品的搭配和摆放，要井然有序、整洁干净，例如活动室窗台上摆放的绿植可以按照从高到低顺序摆放，避免凌乱。

（四）多变性

多变性原则指的是进行幼儿园环境创设时要满足幼儿不断变化的需求和兴趣。一方面，幼儿处于发展变化速度较快的阶段，幼儿园环境创设也要随之变化才符合幼儿的身心发展特点；另一方面，根据人类生态发展理论，幼儿园环境的不断变化有助于幼儿更好地发展。因此，应根据幼儿的需求、兴趣和个体差异改变幼儿园的环境创设。例如，教师可以根据幼儿对季节变化的关注和兴趣，随季节改变活动室整体环境的颜色；可以根据幼儿以小组为单位持续讨论的话题，给予幼儿每个小组固定的墙面展现每个阶段的讨论结果；可以根据每个学期主题的变化，改变活动室和走廊、过道的墙饰内容；还可以每个星期、每个月定期为幼儿更换阅读区、角色表演区等活动区的空间布局，让幼儿产生新鲜感，激发幼儿积极参与活动的兴趣，并借助环境中的各种“符号”与他人产生更多互动。

（五）因地制宜性

因地制宜性原则是指幼儿园环境的创设应考虑不同地区、不同条件下园所的实际情况，做到因地制宜。由于每个幼儿园所在地区的地理位置、气候条件、经济文化、风俗习惯等各有不同，环境创设应充分利用当地的各种资源和条件，体现当地的特色。例如，北方地区冬天天气寒冷、冰天雪地，幼儿园环境创设时可以考虑加入雪花、雪人等元素和造型；农村地区土壤肥沃、盛产农作物，幼儿园环境创设时可以充分利用各种农产品作为装饰材料，利用丰富的土壤和农作物展开大面积的自然角种植；户外面积较小的幼儿园，环境创设时可以充分利用室内的过道、楼顶的露台，将其改造为攀爬区、体育活动区等。

（六）共同参与性

共同参与性原则是指幼儿园环境创设过程应是教师与幼儿共同合作、共同参与的过程。幼儿参与到环境创设中能够体现其主体地位，让他们体会“主人翁”的自豪感，还能激发幼儿的主动性和积极性，发展其想象力、创造力和动手操作能力，给予他们与教师、同伴更多的交流互动机会。从幼儿园环境的设计、制作、布置，到每一种材料和物品的选择和摆放，都可以由教师和幼儿共同合作，或者幼儿主动创造、教师支持引导完成。例如，班级活动室内要分几个活动区，如何分区、装饰、摆设等，教师可以与幼儿集体讨论、投票等做好前期规划设计，再和幼儿一起动手对各活动区逐一改造，可以请幼儿收集一些塑料瓶、包装盒、纸盒、废纸板等，一起装饰走廊、过道的墙面；还可以专门设置一个固定的角落，由幼儿定期更换主题进行装饰和摆设。

二、物质环境与创设

（一）室外环境与创设

幼儿园的物质环境包括室外环境和室内环境。根据我国《托儿所、幼儿园建筑设计规范》的规定，幼儿园应设有全园共用的室外游戏场地，且其面积不宜小于下面公式的计算值：室外共用游戏场地面积（m^2）=180+20（N−1）（N为班级数量）。室外共用游戏场地应考虑设置游戏器具、30 m长的跑道、沙坑、洗手池和蓄水深度不超过0.3 m的戏水池等。幼儿园室外环境主要包括幼儿园的入口空间、植物绿化区、游戏区、沙水区、体育运动区、种植饲养区等。

1. 入口空间

幼儿园的入口空间包括大门、建筑楼的门厅区域。在幼儿园的大门、建筑楼门厅区域，一般会通过专门的颜色、图案、墙面设计等来彰显幼儿园的特色或风格，人们往往通过幼儿园入口空间的环境形成对幼儿园的初步印象。创设幼儿园入口空间时，可以从以下三个方面着手：第一，入口空间的环境创设应充分展示科学儿童观和全面的教育观，体现出以儿童为主体、以幼儿德智体美劳全面发展为主要目标的教育理念，无论是幼儿园的园风、园训，还是幼儿园的教育理念，都应该紧紧围绕上述两者展开；第二，入口空间的环境创设应随季节、时事、节日等变化而变化，使幼儿感受到各种变化，并与社会生活紧密联系在一起，例如在新年来临之际，南京市鹤琴幼儿园的门厅区域做了相应装饰，幼儿和家长一走进大楼，就能感受到浓浓的新年气息（图8−2）；第三，入口空间的环境创设可以为幼儿留出休闲娱乐的空间，在这个空间里幼儿可以自由嬉戏、阅读，可以向家长介绍自己的幼儿园，可以召开幼儿或家长的小组会议，为幼儿、家长提供一个开放的、温馨的场所，上海武宁新村幼儿园的门厅装饰如图8−3所示。

图8-2 南京市鹤琴幼儿园的门厅

图8-3 上海武宁新村幼儿园的门厅装饰

2. 植物绿化区

幼儿园的植物绿化区主要是园内的绿化带区域，可以种植当地产的各种花、草、树等，体现一年四季的气候变化，让幼儿春季观赏美丽的鲜花、夏季在树下乘凉、秋季嬉戏金黄的落叶、冬季为小树披上衣裳。选择花卉时，尽量考虑不同形态、颜色的品种，品种越丰富越有利于幼儿观察；草地的种植要安全、柔软、卫生，需配备专人养护；选择树木时，也应该尽量考虑多个品种，如松树、柏树、银杏树等，并与花卉和草地合理搭配，让植物绿化区层次分明、相得益彰。目前，有的幼儿园还对建筑外观进行垂直绿化，充分利用墙体、阳台等，把绿化区从地面延伸到空中，可以在墙体附近种植爬山虎等攀爬类植物，也可以通过悬挂藤蔓类植物达到美化的效果。

在北欧、美国、日本，幼儿园的植物绿化区还注重引入自然中的灌木丛、小山等多种元素，让幼儿可以随时随地进入到自然中探索。例如，美国的一些幼儿园将丰富的自然材料引入到环境里，包括大量沙、水、石头、工具（铲、锹等）、花园、小山、小溪、轨道、动物栖息所等，这种天然的自然环境能够牢牢地抓住儿童的注意力。

3. 游戏区

游戏区是幼儿最喜欢的区域，幼儿可以在这里尽情玩耍、与同伴交往，尽享童年时光。游戏区可以放置若干大型游乐设施，如滑梯、小火车、凉亭、旋转木马、树屋等。也可以因地制宜，采用废旧材料制作和搭建一些有创意的游戏场所，如利用纸板、树枝、塑料薄膜搭建一个小屋子，请幼儿为小屋子刷上漂亮的颜色、画上美丽的图画，这里就会成为幼儿进行探险、玩乐的地方。值得注意的是，游戏区的创设需要在幼儿园户外场地充裕的情况下考虑，并定期对游乐设备进行消毒、维护和更新。

4. 沙水区

沙水区是幼儿园室外环境中非常重要的区域之一，也是幼儿非常喜爱的幼儿园区域。沙水区一般包括玩沙区和玩水区，也可以把两者设置在一起（图8-4和图8-5）。

幼儿园玩沙区的创设可以从以下几个方面进行考虑。第一,玩沙区的面积大小视幼儿园的户外场地大小而定,如果户外场地较大,可以专门设置一个沙池,并加盖一个屋顶,供较多的幼儿玩沙。如果户外场地较小,可以在一角购置沙箱或沙盆,让幼儿轮流进行玩耍。第二,玩沙区的沙子必须是经过筛选、消毒、没有杂质的干净沙子,不可随意准备其他用途的沙子,以确保幼儿的卫生安全。第三,玩沙区需要为幼儿配备玩沙工具,如铲子、漏斗、勺子、耙子、水壶、小桶、模具、棍子等,并配备一些辅助材料,如塑料汽车、动物模型等,生活中的塑料瓶、小盖子、杯子等一些废旧物品和自然中的一些花草、树枝、树叶等,都可以成为幼儿玩沙时的辅助材料。第四,需要事先让幼儿了解玩耍过程中不能用手触碰眼睛等安全规则和注意事项,教师应在一旁指导和观察,适时介入幼儿的活动。

图8-4瑞典弗盖斯迪安斯幼儿园的玩沙区

图8-5日本鹿儿岛二叶幼儿园玩水区

幼儿园玩水区的创设可以从以下几个方面考虑。第一,相比玩沙区,玩水区的设置区域更为开放和更具创造性,可以在幼儿园玩沙区的一旁设置玩水区,以便于幼儿同时玩沙和玩水;或是围绕幼儿园的主体建筑修建一条小的沟渠,便于水的循环使用;室外面积较小的幼儿园可以购置容积较大的塑料浴盆或可收纳的活动水池,尽量为幼儿创造玩水的条件。第二,玩水区的水必须是干净的自来水,避免使用污水、浇花使用的水等,以确保幼儿的卫生安全。第三,玩水区可以为幼儿配备一些玩水工具,如小桶、漏斗、喷水壶、水管等,还可以为幼儿准备一些不同材料、不同材质和大小的东西,如羽毛、木块、磁铁、木棍等,以及生活中的一些废旧物品和自然中的材料等,为幼儿进一步探索水的特性提供支持。第四,玩水区的活动最好是在夏季或是天气暖和的时候开展,教师需要为幼儿准备雨衣、防水的鞋子或干净的衣物,还需要让幼儿了解玩水时的安全规则和注意事项,并适时介入幼儿的活动。

5.体育运动区

体育运动区是幼儿园中必不可少的区域。体育运动区为幼儿的身体协调能力、跑跳能力、平衡能力等多项身体运动能力的发展提供了可能。幼儿园体育运动区需要从场地规划、材料选择和管理等方面进行创设。

体育运动区的场地规划应根据幼儿园的实际情况而定。如果幼儿园的户外场地较大,可以在场地中间或一侧放置一些大型的器械,如攀爬架、秋千、平衡木等,还可以利用这些器械把户外场地分区,如攀爬区、投掷区、钻爬区、平衡区等,幼儿可以在不同的区域进行专门的练习;如果幼儿园的户外场地受限,可以在建筑楼的楼顶、露台或建筑楼周围的空地,设置小面积的体育活动区,放置一些较小的器械,如跷跷板、铁环,或是可组装和拆卸的攀爬架、平衡木等,尽量为幼儿提供体育活动的场地。在合理安排区域场地方面,有研究者认为,第一,区域数量及区域空间的设置需要根据活动场地大小灵活安排。第二,若户外场地不大,可以考虑将活动性质相近的区域合并。第三,还应考虑各区域活动内容和性质的合理搭配,既要有运动量较大的活动区,也要有运动量较小的活动区;既要有练习基本动作技能的活动区,也要有发展综合运动素质的活动区。第四,各区域应具有明显的标志和确定的活动范围,便于幼儿选择区域。①

体育运动区的材料选择:应为幼儿选择不同层次、不同类型的体育活动材料。第一,不同层次的材料是指教师要根据幼儿运动能力的个体差异提供不同难度层次的材料,例如跑跳活动中,为跑跳能力弱的幼儿提供相对较矮的障碍物,为跑跳能力较强的幼儿提供相对较高的障碍物。第二,不同类型的材料包括专门的运动器械和生活中的物品,专门的运动器械又包括移动运动器械类——小三轮车、脚踏车、滑板车等,手持运动器械类——跳绳、呼啦圈、沙包、飞盘、飞镖、毽子、球类(平衡球、篮球、足球、网球、垒球)等;生活中的很多物品也可以成为幼儿运动的材料,例如轮胎、铁环、易拉罐、报纸、绳子等,可以充分调动幼儿的想象力和创造力,鼓励幼儿使用这些生活物品开展体育活动,如把易拉罐拴上绳子以后可以"踩高跷",轮胎可以用来搭成小桥练习平衡,或当成小坑练习跳跃等。第三,教师可以和幼儿一起把不同层次和不同类型的材料加以组合和创造,成为新样式和新功能的活动材料,例如可以让幼儿把垒球投掷到距离远近不一的轮胎里,练习幼儿的投掷能力和手眼协调能力。第四,要定期更新各种材料以激发幼儿参加体育活动的兴趣,妥善保管和维护各种活动材料以确保幼儿的安全。

6.种植饲养区

种植饲养区包括种植区和饲养区。种植区应安排在阳光充足、土壤肥沃的区域,

---

① 牟映雪.学前教育学[M].北京:教育科学出版社,2017:282.

尽量保证每个班都有一小块地进行种植，而且能自由选择种植的品种。种植品种可以根据当地气候选择一些幼儿感兴趣的农作物，例如西红柿、南瓜、白菜、小葱、薄荷等，或是向日葵等观赏性花卉。教师可以为种植的植物贴上标签，准备观察记录表，定期带幼儿进行观察、记录和采摘，培养幼儿亲近大自然的兴趣。

饲养区应安排在卫生、安全的角落，使用笼子、栅栏、小房子等饲养动物，并为每种动物贴上标签，说明动物的名称、生活习性等，便于幼儿全面认识和了解动物。饲养的动物尽量选择幼儿喜爱的、易于饲养的动物，例如小鸡、小兔子、小鸭等。

（二）室内环境与创设

幼儿园室内环境主要包括班级活动室，睡室，盥洗室和卫生间，走廊和楼道等。

1.班级活动室

班级活动室是幼儿园环境创设中最主要的区域，是幼儿在幼儿园最主要的生活场所。根据我国《托儿所、幼儿园建筑设计规范》的规定，幼儿园班级活动室的面积不应小于60 m^2。除此之外，活动室一般设置前后门和对窗，朝南的窗户面积应宽大，便于室内通风和充足的阳光照射。在进行创设时要着重考虑以下几个方面。

第一，班级活动室的空间规划应按需分区、布局合理、动静分隔。按需分区是指除了活动室必须配备的饮水区、集中活动区外，教师还应该根据班级幼儿的需要和兴趣，利用全开放的矮柜、架子等划分出若干区域，例如阅读角、美工区、表演区、建构区、娃娃家、益智区、科学探索区、自然角等，并根据幼儿的需求决定各区域的面积大小，必要时随时整合或再划分出部分区域，例如幼儿近期非常喜欢阅读角，这个区域总是挤满小朋友，就可以把该区域的面积适当扩大，为幼儿提供充足的阅读空间。布局合理指的是在对上述区域进行规划布局时，教师应考虑各区域与幼儿园活动的关系，避免随意安排。例如，活动室入口处尽量安排饮水区，便于幼儿排队有序饮水，集中活动区要尽量宽敞便于全部幼儿经常进行室内教育活动和集体游戏等，阅读角等尽量安排在活动室的窗边、靠墙的位置，形成半开放的空间，便于幼儿专注自己的阅读。动静分隔指的是活动室里的各区域应该根据幼儿参与活动时的特点进行划分，幼儿在阅读角、美工区、建构区、益智区、科学探索区等区域的活动主要体现“静”的特点，可以集中或紧挨在一起，幼儿在表演区、娃娃家等区域的活动主要体现“动”的特点，也可以安排在隔壁，这样就能做到互不干扰，便于幼儿更加专注和投入地开展各类活动。

图8-6瑞典哥德堡国际幼儿园班级活动室的门

图8-7瑞典弗盖斯迪安斯幼儿园的班级小屋

第二，班级活动室的空间装饰应主题突出、简明有序。活动室的空间装饰包括门、墙面、天花板、各活动区域等。教师可以根据幼儿园学期、月、周的计划确定主题，也可以和幼儿一起讨论、根据幼儿近期的兴趣来确定主题，并定期变换主题及其装饰(图8-6、图8-7)。同时，各空间装饰应陈列有序，避免杂乱无章和凌乱，例如以“春天”为主题的活动室里，门的两侧可以装饰柳树的图案，墙面上可以用迎春花、杜鹃花、桃花的图案来进行造型装饰，或粘贴幼儿关于春天的艺术作品，呈现一幅春天生机勃勃的景象。

第三，班级活动室的基本设备应根据幼儿园的条件进行适当配备。应配齐幼儿日常生活中所需要的饮水设备、适合于幼儿身高的桌椅、幼儿储物柜等，尽量配备现代化设备，如电脑投影一体机、电钢琴等。各种设备的摆放应该结合活动室各区域的空间布局进行搭配，如幼儿的桌椅主要摆放在集中活动区的一侧或中间，便于幼儿随时就座，储物柜摆放在进门的墙角处，便于幼儿摆放自己的衣物等。各种设备还应经常检查、维护，定期更新。

第四，班级活动室各活动区的材料投放应丰富、多变和安全。在阅读角，需要为幼儿放置一些适合于幼儿阅读的绘本、图画书，用书架或书柜陈列出来，并准备柔软、舒适的坐垫或小椅子，提供一个安静、适宜的空间；美工区需要为幼儿准备几套桌椅、各种绘画材料、手工材料，手工材料除了购买一些半成品(如粘贴画)以外，还可以为幼儿提供日常生活中的物品，如毛线、树叶、棉花、一次性纸杯等，这些低结构材料更容易激发幼儿的创造力；表演区可以为幼儿准备各种服装、道具、播放设备，还可以提供布偶、玩偶、拉线木偶等，为幼儿创造音乐表演、人物表演、木偶剧、布偶剧等各类型表演的机会（图8-8、图8-9）；建构区应为幼儿提供各种拼搭材料、插接玩具、积木，或是易拉罐、小盒子等废旧物品，以及软硬适宜的垫子或桌椅，让幼儿大胆动手尝试；娃娃家应为幼儿准备一个像家一样的“微缩”环境，包括桌椅、门厅等，也可以放置一些教师和幼儿用废旧物品自制的生活用品，如洗衣机、厨具、电视机等，还可以用门帘为幼儿提供一个半开放空间，为幼儿营造尽量真实的“家”；益智区可以为幼儿准备几套桌椅和数字模具、拼图、魔方等益智类玩具，激发幼儿积极主动解决问题的兴趣；科学探索区可以为幼儿准备手电筒、磁铁、塑料、小镜子等物品，为幼儿独立操作、探索生活现象提供条件；自然角一般设在窗边阳光充足的地方，应该准备一些与室外种植区、饲养区的动植物有所不同的动植物，可以种植一些水培植物、多肉植物，或是养乌龟、金鱼等小型动物，以便幼儿每天养护、照料和观察。

图8-8瑞典弗盖斯迪安斯幼儿园班级表演区

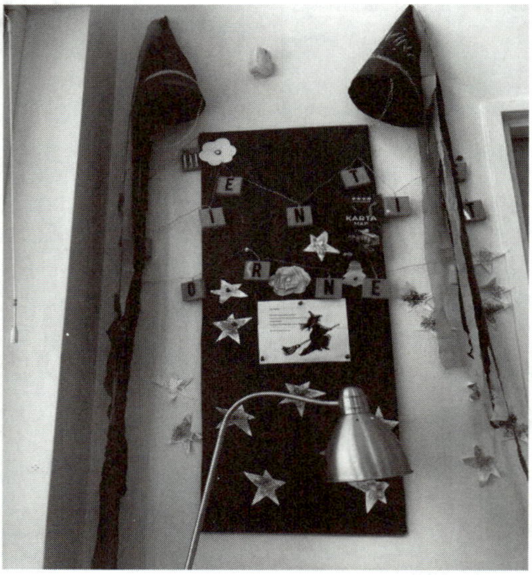

图8-9瑞典哥德堡国际幼儿园班级表演区

2.睡室

睡室是幼儿一日生活中的重要场所，是幼儿在幼儿园休息、午睡的地方。在幼儿园条件允许的情况下，应该在班级活动室的隔壁设置一间睡室，通过一扇门连接两个场所。专门的睡室环境需要从以下几个方面进行创设。第一，睡室的温度应冷热适宜、空气良好，教师提前消毒和开窗通风，幼儿睡觉时开小窗，确保新鲜空气流入室内，在夏季或冬季，有些地区的幼儿园可以配备空调调控室温。第二，卧室里的窗子应准备遮光性较好、颜色适宜的窗帘，墙面整洁、少量装饰，避免堆放杂物，为幼儿营造一个光线柔和、安静的休息场所。第三,卧室里应该准备结实、高度适宜的小床,床单、被套等床品也要选择材质柔软、颜色淡雅、图案简单的种类。第四,教师还可以在睡室准备音乐播放器,在幼儿睡前播放轻柔、放松的音乐,帮助幼儿尽快入睡。如果幼儿园条件有限,睡室可以和班级活动室共用,即在活动室的一侧或宽敞区域,午睡前教师为幼儿铺设好可移动的小床,午睡后又把小床收起来放置于专门的地方。有的幼儿园班级活动室层高较高,就可以在活动室一侧搭建出一个二楼的空间,在木地板上铺上柔软的床垫作为幼儿的睡室。

3. 盥洗室和卫生间

盥洗室和卫生间是幼儿洗手、如厕的场所。一般来说,每个班级活动室都会配备盥洗室和卫生间,便于幼儿日常生活使用,也有部分幼儿园的盥洗室和卫生间是楼层共用,盥洗室和卫生间需要保持干净整洁、通风良好。盥洗室和卫生间的墙面尽量不装饰过多图案,可以张贴一些说明洗手流程的图片。同时,还需要配备幼儿所需的香皂、洗手液和纸巾,数量适中,不宜太多。卫生间要男女分厕,洁具应单独管理和放置,避免幼儿使用时发生意外。

4. 走廊和楼道

走廊和楼道是幼儿园环境创设的主要区域。走廊分为班级活动室外的部分和公共区域的部分。一般来说,教师会在班级活动室外的走廊墙面张贴近期课程计划、项目进度、幼儿作品、家长园地等,向幼儿和家长展示幼儿在园的一些学习、生活和活动情况;公共区域的走廊墙面会展示幼儿园的整体工作情况。总之,走廊墙面的利用要注意选用利于张贴图片的环保材料,材料粘贴高度要符合幼儿视线高度,并做到经常更换和变化。走廊的空间除了利用墙面以外,还可以将走廊尽头布置为供幼儿游戏的区域,例如茶艺区、小厨房等公共区角,也可以布置成为有特殊意义的景观或造型,例如颂扬航天精神的宇航员造型展板等。

楼道一般会在墙面、地面上进行环境创设。楼道的墙面可以展示幼儿和教师的作品,也可以分享一些绘本故事、人物故事和经典艺术作品。楼道的地面上一般会粘贴“靠右上下楼梯”“小心脚下”等标识,或是粘贴一些数字、图形等认知类的图片供幼儿交流和讨论。

三、精神环境与创设

从狭义上来讲,幼儿园的精神环境包括幼儿园内对幼儿发展产生影响的一切精神要素的总和。蒙台梭利在《教育心理学》一书中明确了自由环境对儿童精神需要的重要性，她认为，为了配合儿童生命的发展阶段，使孩子的精神与秘密自发地显现出来，而不是被动地受到压抑，需要成人为孩子创设一个自由的环境。蒙台梭利主张为了实现上述目标，教育者在创设幼儿园活动空间时以幼儿的心理需要为基础，为幼儿提供一个自然、自由、舒适和丰富的活动空间，让幼儿在与环境的交互作用中，心理需求得到满足，从而促进他们自由、全面的发展。

值得注意的是，幼儿园物质环境和精神环境并非对立的，相较物质环境，精神环境更具有广泛性、潜移默化性、持久性的特点，两者相互影响、相互作用，共同构成幼儿园整体环境，从而全面促进幼儿的发展。有研究认为，精神环境的构成要素主要包括，幼儿园在一定时期内形成的大众心理、幼儿园文化和幼儿园人际关系①。由于前两者的内容有一定交叉，因此，这里我们主要探讨幼儿园文化和幼儿园人际关系。

（一）幼儿园文化

幼儿园文化是指幼儿园内形成的特定艺术、思想、习惯等，往往通过幼儿园的管理方式、园风、教育理念、文化活动、展览活动等体现出来。幼儿园应创设积极向上、以人为本、团结互助的文化。管理方式应科学高效，民主宽松。园风应积极进取，勤勉不懈。文化活动应丰富多彩，有利于扩展视野。只有处于良好的幼儿园文化中，教师才能形成不断努力、相互学习、自发自觉的群体规范，幼儿才会感同身受，被幼儿园文化所熏陶，幼儿园也才能培养出身心健康、全面发展的幼儿。

（二）幼儿园人际关系

幼儿园人际关系是精神环境的重要内容，主要包括师幼关系、同事关系和幼儿园同伴关系等。下面从幼儿园教师的角度出发，着重探讨师幼关系和同事关系。

1.师幼关系

师幼关系是教师和幼儿之间一切互动的总和。师幼关系可以体现在教师的一举一动、一言一行中，体现在幼儿的精神风貌和细微动作中。当师幼关系良好时，幼儿在幼儿园就有稳定的心理依靠和支持，能够积极参与各项活动、大胆与人交往，对各种事物保持好奇，对感兴趣和好奇的事物能保持长久的专注力和探究欲，身心能够得到良好发展；当师幼关系紧张、对立时，幼儿缺乏情感归属，在园情绪会不太稳定或表现萎靡，各方面表现欠佳，甚至出现拒绝上幼儿园的情况，严重影响幼儿的身心发展。

因此，教师应该从以下几个方面去建立良好的师幼关系。第一，尊重幼儿，转变

① 张雪.幼儿园精神环境的构成要素探析[J].教育导刊，2003(10)：4-8.

“成人感”视域。因为“成人感”的存在(无论是俯视还是仰视的视角),需要教师具有一种开放的心态,充分了解幼儿外显的以及内在的行为线索,尽可能弄明白孩子行为的意义与背后的原因,以便保证对孩子的行为作出合适的反馈。[①]尊重幼儿,即把幼儿当成另一个成人、另一个独特的个体来看待,即能用看待和对待另一个成人的态度来看待和对待幼儿。只有做到尊重幼儿,才能为师幼良好和持续的互动奠定基础。第二,解读幼儿。教师应根据幼儿的身心发展特点和当下情境,对幼儿的一言一行仔细观察、深入分析,读懂幼儿内心的真实想法,读懂幼儿言行背后的真实想法,进一步理解幼儿的内心活动,为下一步发起或维持良好的师幼互动创造有利条件。第三,发起或维持有效师幼互动。已有研究数据显示,由教师发起的师幼互动次数多于由幼儿发起的师幼互动,幼儿“似乎对互动本身没有明确的计划,在互动过程中处于被支配、被引导的地位。互动行为本身只不过是主导互动的一方达到自己工作目的,完成自己计划的一个过程。”[②]可想而知,幼儿只会早早结束这种“无聊”“无趣”的互动,对教师“敬而远之”。因此,教师应该基于尊重幼儿、解读幼儿的观念,发起“去目的化”的、真实平等的师幼互动,与幼儿平等、自由地交流,从而建立良好的师幼关系。

2.同事关系

同事关系就是幼儿园老师和老师、老师和园领导之间的关系。幼儿园应创设尊重、理解、和谐、宽松的同事关系:工作中,定期组织教职工大会等多种形式的工作分享交流,分享各个教师的工作经验和体会,增加彼此之间的沟通和合作;生活上,经常组织幼儿园老师开展工作以外的交流活动,如插花、郊游等,促进同事之间相互关心和帮助,形成融洽的氛围。只有形成团结互助、和谐一致的同事关系,教师才能全身心投入工作中,为幼儿积极提供支持和帮助,从而对幼儿产生有利影响。

---

① 刘晶波.社会学视野下的师幼互动行为研究——我在幼儿园里看到了什么[M].南京:南京师范大学出版社,2006:281.

② 刘晶波.社会学视野下的师幼互动行为研究——我在幼儿园里看到了什么[M].南京:南京师范大学出版社,2006:235.

第三节 幼儿园环境评价

一、幼儿园环境与学前教育质量

学前教育质量的要素包括幼儿园环境。学前教育质量是学前教育服务满足幼儿身心发展需要和其他相关主体(政府、社区、家长、教师等)需要的特性,具体来说就是满足需要的程度。托幼机构教育质量由两大类要素构成:结构性要素与过程性要素。每一类又包含若干具体的质量要素。[①]结构性要素是指那些可具体规范和控制的变量,如师幼比例、班级人数、师资条件、空间和设施等,结构性要素相对容易量化和较为客观地加以评估。过程性要素是那些与儿童的生活和学习经验有更直接联系的变量,如师幼互动、同伴互动、课程和各类活动的实施过程、健康和安全、家长参与等。无论是园舍设备、投放材料等物质环境,还是师幼关系(互动)、班级情感氛围等精神环境,都属于学前教育质量的内容。

幼儿园环境直接影响学前教育质量。创设幼儿园环境的最终目的是幼儿的全面发展,而幼儿的发展决定着学前教育质量,也是学前教育质量评价的核心。因此,创设什么样的幼儿园环境,就能体现什么样的学前教育质量。

二、幼儿园环境评价

近年来,有研究者使用多种工具,从多种视角评价学前教育质量,我们将其中与幼儿园环境评价有关的内容作简单介绍。

(一)评价视角

1993年,丽莲·凯兹提出了研究幼儿园质量的多种视角:一是自上而下的上级管理者或者方案审批者视角,主要针对可测量的要素,如儿童人均空间、设备配备标准等;二是自下而上的儿童视角,主要关注儿童的真实体验;三是由外到内的家长视角,即托幼机构服务满足家长需求的程度;四是内部工作人员的视角,从保教人员与同事、

---

① 李克建,胡碧颖.国际视野中的托幼机构教育质量评价——兼论我国托幼机构教育质量评价观的重构[J].比较教育研究,2012,34(7):15-20.

儿童家长和资助机构的关系及自身体验来评价幼儿园的质量；五是外部的社区、社会视角，更多地反映社会发展对托幼机构的需求被满足的程度。[①]

在以上五种视角中，国内幼儿园质量、幼儿园环境评价最常用的是自上而下的视角，即通过相关教育部门制定评价标准、实施评价过程。但是，近年来也多有研究者从儿童视角、家长视角、内部工作人员视角来审视、评价幼儿园环境，使评价视角多元化、评价结果全面化。例如，王小英等学者基于儿童视角对幼儿园物质环境满意度进行了调查，发现与成人视角不同的是，难度和功能是儿童对幼儿园物质环境满意度解释中的重要因素。因此，在幼儿园环境评价过程中，从多个视角出发，倾听多方利益相关者的看法，更有利于形成全面、客观的评价结果。

（二）评价工具

ECERS评估表是国际上应用最为广泛的幼儿园环境评估工具之一，由美国北卡罗来纳州立大学儿童发展中心的西尔玛·哈姆斯教授等人研发，既适用于外部人员的正式评量，也适用于教师等内部工作人员自行改善教学环境质量的非正式评估。该量表最早于1980年出版，其后相继于1998年、2005年、2014年修订及增补（分别为ECERS-R、ECERS-R updated、ECERS-3）。ECERS-R测评工具中对幼儿园学习环境的评测主要是从7个维度共计43个项目进行，7个维度包括空间设施、个人日常照料、语言推理、家长与教师、课程结构、互动、活动。经过改良后最新的ECERS-3测评工具共分为6个子维度，即空间与设施、个人护理常规、语言与阅读、学习活动、互动、一日生活结构。[②]

“幼儿园教育环境质量评价量表”是在刘焱等学者借鉴美国的《托幼机构教育环境评价量表》（ECERS-R）和英国的《托幼机构教育环境评价量表——课程扩展版》（ECERS-E）的基础上，依据《幼儿园工作规程》和《幼儿园教育指导纲要（试行）》编制的一份5级评定量表，包含物质环境创设、人际互动、生活活动和课程4个领域，共25个项目。[③]

（三）评价内容

在学前教育质量评价内容中，涉及幼儿园环境的内容主要有班级情感氛围、师幼互动、幼儿园材料投放与使用、园舍设备等。其中，班级情感氛围和师幼互动属于幼儿

① 王小英，陈欢．基于儿童视角的幼儿园物质环境质量评价[J]．学前教育研究，2016(1)：19-29.

② 李琳，范洁琼．基于ECERS-3评量表的幼儿园班级学习环境质量评估及其文化反思[J]．教育测量与评价，2019(6)：17-26.

③ 刘焱，潘月娟．《幼儿园教育环境质量评价量表》的特点、结构和信效度检验[J]．学前教育研究，2008(6)：60-64.

园精神环境的内容范畴，幼儿园材料投放与使用、园舍设备属于幼儿园物质环境的内容范畴。教师需要熟悉和掌握幼儿园环境评价的内容，一方面作为环境创设的参照"尺度"，另一方面作为环境创设自我评价的依据。

本章小结

本章主要介绍了幼儿园环境与创设的重要理论、基本原则和主要内容等。核心内容总结如下。

1. 幼儿园环境与创设的相关理论包括人类发展生态学理论、建构主义理论、符号互动论，它们分别从不同角度阐释了儿童发展的观点。

2. 幼儿园环境与创设的原则：教育性、安全性、美观性、多变性、因地制宜性、共同参与性。

3. 幼儿园物质环境创设包括室外环境创设和室内环境创设。室外环境包括幼儿园的入口空间、植物绿化区、游戏区、沙水区、体育运动区、种植饲养区等；室内环境主要包括班级活动室、睡室、盥洗室和卫生间、走廊和楼道等。

4. 幼儿园精神环境创设应从幼儿园文化和幼儿园人际关系等方面来创设。

视野拓展

1.《幼儿与环境——致力于可持续发展的早期教育》

Julie M.Davis 著，孙璐、张震、王巧玲、姚春生译，南京师范大学出版社2018年出版。该书系统全面地讲述了儿童早期可持续性教育的概念、重要性和教学法，探讨儿童早期可持续性教育如何与环境教育、社会教育、饮食健康教育、艺术教育、信息技术教育相结合，并列举了澳大利亚、瑞典、日本、韩国、英国等国家儿童早期可持续性教育的发展概况和教育实践。

2.《儿童视野的幼儿园环境创设》

王海英著，人民教育出版社2019年出版。该书从儿童的视角探讨了幼儿园环境创设的若干问题，包括环境与儿童发展的关系，如何创设可探索的、有挑战的幼儿园户外环境，如何创设共享的、有公共精神的室内公共环境，如何创设自主的、幼儿充分参与的班级环境和如何创设呵护幼儿的人际环境。

思考与实训

1. 运用本章中的某一个理论，说一说幼儿园环境创设对于儿童发展的重要性。

2. 如果你作为幼儿教师到一个乡村幼儿园，发现它是一个利用原有小学改造的，除了有一幢建筑楼和一个操场，其他什么都没有，你会怎样创设这个幼儿园的物质环境呢？

3. 请结合实际情况，谈谈教师应该营造怎样的精神环境。

专题探讨

幼儿园环境创设中如何体现可持续发展？

可持续发展是近年来全球教育的关注重点。在幼儿园中，如何把可持续发展这一理念体现在环境创设中？请你查阅资料，结合本章中的相关知识点尝试回答。

第九章

学前儿童合作与衔接

学习目标

●理解幼儿园与家庭、社区合作的含义与意义；掌握幼儿园与家庭、社区合作的内容和方式。

●能采用多种策略促进家园共育。

●理解幼儿园与小学衔接的含义与意义；掌握幼儿园与小学衔接的原则与策略。

●能运用多种策略促进幼小衔接的顺利进行。

学习重难点

●重点：掌握幼儿园与家庭、社区合作的内容与方式。

●难点：能运用多种策略促进幼儿园与家庭、社区及小学合作与衔接。

案例破冰

新教师的压力

小静是一名刚毕业的新教师，工作不久她便发现幼儿园教师的工作和自己以前所想的有些不一样。原来她以为幼儿园教师主要是带着孩子们学习、游戏，健健康康、快快乐乐就行了，可是工作后才发现，家长们的要求怎么那么多、那么高啊！小静老师每天都花相当多的时间和精力在家长工作上，有时候还吃力不讨好，这让她觉得很困惑，甚至还有些力不从心。到了学期末，幼儿园还会发放家长问卷，以家长工作作为学期考核的一项内容，这让她感觉压力很大。小静老师渐渐犯难了：为什么家长的关注会那么多、那么细？为什么家长需求多，而且每个人还都不同？家长工作要花费那么多的时间和精力，有必要吗？为什么有的家长遇到问题不愿意和年轻教师交流，却只是和老教师交流呢？

思考：在上述案例中，小静由于缺乏工作经验，缺乏与家长交往的技能，遇到了许多家长工作方面的困难。那么，在与家长沟通交流的过程中，如何做好家长工作？如何获得家长的信任呢？本章内容会给我们带来一定的启示，帮助我们解答上述问题。

第一节 幼儿园与家庭的合作

一、幼儿园与家庭合作的含义与意义

(一)幼儿园与家庭合作的含义

陈鹤琴先生说过:“幼儿教育是一件复杂的事情,不是家庭一方面可以单独胜任的;也不是幼儿园一方面可以胜任的,必定要两方面共同合作方能得到充分的功效。”①《幼儿园工作规程》指出,幼儿园应当主动与幼儿家庭沟通合作,为家长提供科学育儿宣传指导,帮助家长创设良好的家庭教育环境,共同担负教育幼儿的任务。

家园合作指的是家庭和幼儿园双方都把自身当作促进儿童发展的主体,做到相互理解、相互支持、相互配合,共同促进幼儿身心和谐发展。

幼儿的成长过程离不开幼儿园和家庭两个大环境,两者都蕴含丰富的教育内容。2021年颁布的《中华人民共和国家庭教育促进法》指出:“家庭教育指父母或者其他监护人为促进未成年人全面健康成长,对其实施的道德品质、身体素质、生活技能、文化修养、行为习惯等方面的培育、引导和影响。”而幼儿园教育是一种能影响幼儿身体、认知、情感等方面的活动,幼儿园教师向家长传递正确的教育理念和科学的教育方法,家长才能真正了解幼儿园和幼儿教育,才愿意积极配合幼儿园的工作,共同担负起教育幼儿的责任。家庭教育和幼儿园教育的协调与配合形成的教育合力,有利于促进幼儿身心健康发展。

(二)幼儿园与家庭合作的意义

1.家园合作有利于幼儿身心全面发展

孩子出生后,父母给他们创造了生活的初始环境,每个幼儿都从自己的家庭生活中获得不同于他人的经验,形成自己的行为习惯,发展待人处事的能力以及语言等,家庭的物质环境和精神环境为幼儿的人格成长打下坚实的基础。父母不仅给予孩子先天的遗传素质,而且为其生长发育提供了不可缺少的物质环境,除此之外,幼儿与父母长期生活在同一个家庭环境里,有着深厚的感情,并形成良好的亲子关系,这是幼儿

① 陈鹤琴.家庭教育[M].北京:中国致公出版社,2001:231.

成长不可缺少的精神环境，对幼儿的人格发展产生重要的影响，所以，家园合作有利于促进幼儿身心全面发展。①

2. 家园合作有利于提高幼儿园保教质量

《幼儿园教育指导纲要(试行)》指出："家庭是幼儿园教师的重要合作伙伴。应本着尊重、平等、合作的原则，争取家长的理解、支持和主动参与，并积极支持、帮助家长提高教育能力。"家长不但是幼儿园教师最好的合作者，也是教师了解幼儿信息的重要来源，通过充分发掘和利用家长这一宝贵的教育资源，使幼儿园教育计划更加可行、更加有效，产生"1+1>2"的效果。家长对幼儿园教育工作的肯定和支持，有助于激发幼儿教师的职业成就感，家长对幼儿园教育工作提出的合理建议，有助于幼儿园不断改进工作，提高保教质量。

3. 家园合作有利于促进教师专业成长

幼儿园与家庭合作共育能促使教师学习有关家长工作的相关知识，提升理论素养和指导水平。为了开展好合作共育活动，教师要在活动前精心设计活动方案，在活动中认真实施活动方案，在活动后要全面总结，这样，教师的设计能力、组织能力和评估能力得到了提升。②家园合作的经验有利于提升教师的自我效能感，增强与家长的交往能力和沟通能力，促进教师的专业成长。

4. 家园合作有利于提高幼儿家长育儿水平

《幼儿园工作规程》指出："幼儿园面向幼儿家长提供科学育儿指导。"家庭是一个依靠血缘关系而自然形成的生活环境，而幼儿园是专门的教育机构，幼儿园教师接受过专业学习和训练，具有丰富的实践经验，家长可以从幼儿园获得科学育儿的知识与能力。家长通过配合幼儿园的教育工作，可以认识学前教育的真正含义，增强开展亲子教育的能力，提高家长育儿水平。

小资料

2021年10月23日，《中华人民共和国家庭教育促进法》颁布，首次以法律形式界定了家庭教育的内容，规定了家庭、政府、社会等不同社会主体在家庭教育中应承担的责任、义务，明确了未成年人的父母或其他监护人负责实施家庭教育，国家和社会应为家庭教育提供指导、支持和服务等内容，该法案使得

---

① 肖全明. 学前教育原理[M]. 北京：北京师范大学出版社，2017：222.

② 李生兰. 幼儿园与家庭、社区合作共育[M]. 北京：北京师范大学出版社，2016：6.

家庭教育有法可依、有“法”可取。

二、幼儿园与家庭合作的内容

《幼儿园教育指导纲要(试行)》中指出:“家庭是幼儿园重要的合作伙伴。应本着尊重、平等、合作的原则,争取家长的理解、支持和主动参与,并积极支持、帮助家长提高教育能力。”幼儿园与家庭合作的内容包括指导家长科学开展家庭教育、鼓励家长积极参与幼儿园教育两个方面。

(一)指导家长科学开展家庭教育

一是增强家长的教育意识。首先,帮助家长理解家庭教育的意义,明确家庭教育在幼儿身心发展中的重要性。其次,应让家长意识到自己对孩子负有的教育责任和义务。作为孩子的母亲,由于其生理机能的特殊性,是首先进入幼儿生活的最重要的人物。母亲的一言一行对孩子的一生影响极大,母亲一旦失职,就将严重妨碍幼儿的身心健康。作为父亲,也应意识到自己对孩子的认知、情感、社会性、个性等方面发展具有独特的、不可替代的作用,应重视父子(女)交往,与孩子的母亲共担教育之责。

二是帮助家长树立正确的教育观念。观念是行为的向导,因此,指导家庭教育应让家长形成正确的教育观念。首先,帮助家长形成正确的幼儿观,让家长了解幼儿的身心特点,理解幼儿身心发展的规律。其次,帮助家长树立正确的教育观,让家长意识到,幼儿家庭教育是对幼儿实施的德、智、体、美等方面全面发展的教育,这几个方面相互渗透、相辅相成,不能偏废其中的任何一个方面。

三是指导家长运用科学的教育方式和方法。当前,部分家长缺乏对家庭教育方式的科学认识和运用,家庭教育常因方法不对而事与愿违。因此,幼儿园应指导家长学习并运用科学的教育方式和方法。首先,应向家长宣传幼儿心理和教育方面的一般知识,为提高家长的教育能力打下知识的基础。其次,应让家长正确理解家庭教育的原则,使家长能科学地把握家庭教育的过程。最后,向家长介绍家庭教育的具体方式和方法,提升家长的教育技能,并提出有针对性的家庭教育方案,确定家庭教育的重点、难点和对策。

(二)鼓励家长积极参与幼儿园教育

一是引导幼儿家长理解并支持幼儿园的保教工作。理解是信任和支持的前提。教师应注意拓宽家长了解托幼机构的各种渠道,提供机会让家长能够更多地了解幼儿园的工作。让家长明确幼儿园保教工作的意义,理解保教工作的艰辛,并就保教目标、任务、内容、方法、作息制度、幼儿园环境布置等与保教人员达成共识,给予理解和支持,从而增强其对幼儿教育的信赖感、责任感和参与的积极性。

二是鼓励家长提供特色资源、职业资源、生活资源等支持。如邀请家长参加一些教育活动,为幼儿园提供信息服务、献计献策等,共同促进幼儿园的工作。如某幼儿园在进行主题活动"我们的奥运"时,邀请了一位当体育教师的爸爸参与活动,这位爸爸非常乐意参与孩子们的活动,他凭借自身的专业知识,图文并茂地向孩子们介绍了奥运会的赛事要闻和吉祥物的诞生,带孩子们进行"火炬传递"游戏,并向孩子们展示他高超的篮球技能,把主题活动推向了高潮。

三是成立家长委员会,增进家园之间的沟通交流。2016版《幼儿园工作规程》指出:"幼儿园应当成立家长委员会。家长委员会的主要任务是:对幼儿园重要决策和事关幼儿切身利益的事项提出意见和建议。"家长委员会参与的范围应涉及幼儿园的人、财、物、时、空、信息等各个方面,其参与内容的重点和中心应是具体的保教工作。总之,家长委员会应积极参与事关幼儿切身利益事项的管理。

小资料

天天是一个在班级中各项能力都偏弱的幼儿,因为早产体弱的原因,家长对他宠爱有加,生怕他生病,照顾得极其周到细致,凡事都爱包办,在客观上造成了天天与其他孩子发展上的差异。升入中班后,教师很快发现了这个问题,先是和天天的姥姥与妈妈交流天天在班里的表现及与其他小朋友能力上的差异,再一起探讨孩子发展缓慢的原因,让家长意识到包办对孩子成长带来的危害。统一了观念和认识后又一起制定了帮助天天进步的方案,告诉家长多给孩子锻炼和发展机会的方法。无论在生活方面、学习方面,还是在交往方面、动手能力上,教师都把幼儿园的要求一一告诉家长,家长按照幼儿园的要求,引导天天自己的事自己做。家长与教师经常交流天天在家中和幼儿园中的点滴进步。经过一个学期的努力,孩子的各项能力都突飞猛进,家长惊喜地对教师说:"我们以前对孩子的溺爱是不对的,只有放开手,孩子自身的潜力才能释放出来。"

三、幼儿园与家庭合作的原则

（一）平等性原则

平等性原则是指幼儿园教师和家长共同承担教育幼儿的责任，二者之间是彼此平等、相互尊重的关系。在家园合作的过程中，教师要认识到与家长是平等的合作伙伴，逐步与家长建立起相互尊重和信任的关系；反之，家长也要尊重幼儿园教师，大力支持教师的教育工作，积极参与幼儿园和班级组织的集体活动，从而形成融洽的教育气氛。

（二）经常性原则

经常性原则是指幼儿园教师和家长以幼儿成长为中心，经常性地进行双向沟通。教师是家园合作的主导者，要积极主动和家长联系，介绍幼儿在幼儿园的生活、学习情况，进步与不足，收集家长对教育工作的建议和意见，及时处理并给予反馈。家长也要向教师反映孩子在家里的表现与变化。双方通过有效的沟通，取得共识，做到共育，从而为家园合作奠定坚实的基础。

（三）全面性原则

全面性原则是指幼儿园的家长工作应面向全体家长，为全体幼儿服务。教师应积极主动地与每个幼儿家长取得联系，与每个幼儿家长真诚合作，对幼儿家长一视同仁，从而为每个幼儿创设最适宜的家庭教育和幼儿教育条件。幼儿家长往往通过教师对自己的态度揣测其对孩子的态度，如果教师与某些家长相谈甚欢，而对另外的家长表现得不热情，那么，被疏远的家长就会怀疑教师对自己孩子的保教态度，对教师产生不信任感，从而造成心理上的距离和隔膜。因此，教师对幼儿家长应亲切、主动，亲疏一致，这也是教师应有的师德。①

（四）一致性原则

一致性原则是指幼儿园和家长在家园合作中保持教育方法的一致性。家庭和幼儿园对幼儿的教育方法要一致，无论是家长还是教师，都要坚持正面教育，身教胜于言教，正面的教育可以为幼儿树立良好的学习榜样，有利于幼儿的学习和发展。幼儿犯错误时，要进行教育和正确引导，而不应该庇护不良的行为。同时，家长和教师都要细心观察幼儿的良好表现，进行及时表扬，以促进幼儿良好行为的发展。

---

① 蔡迎旗.学前教育原理[M].北京：北京师范大学出版社，2017：270.

（五）趣味性原则

趣味性原则是指教师设计和组织的家园合作活动应充满趣味，吸引幼儿和家长全身心地投入到活动中。家园合作活动要坚持寓教于乐，以游戏为主，采用多样化的组织方式，使幼儿和家长在轻松、愉悦的气氛中增长见识，提升能力。例如，为了提高幼儿的运动技能，教师和家长共同构思和策划，选择了家长们儿时经常玩的打沙包、踢毽子、跳皮筋、拔河等活动项目，使幼儿在游戏中学习和成长。

四、幼儿园与家庭合作的方式

《幼儿园工作规程》规定："与家长保持经常联系，了解幼儿家庭的教育环境，商讨符合幼儿特点的教育措施，相互配合共同完成教育任务。"家园共育方式包括集体性的家园合作和个别化的家园合作两种。

（一）集体性的家园合作

1. 家长会

开家长会是加强幼儿园与家庭相互沟通的一种常见而有效的方式。通常是在学期初或学期末举行，也可根据阶段性工作组织召开。家长会主要是针对班级中出现的问题与家长进行双向交流，共同研讨有关幼儿成长过程中的保育和教育问题。家长会的实施要做到有计划、有准备，教师可以在会前事先了解家长们关心的问题、存在的困惑等，在家长会上为家长解答。

2. 家长开放日

家长开放日活动是指幼儿园定期或不定期邀请家长来园参观或参与幼儿教学活动，家长开放日为家长提供深入了解幼儿园和幼儿在园生活的机会，深受家长欢迎。家长开放日活动分为半日生活型、能力展示型、庆祝节日型等多种活动类型。半日生活型的家长开放日可以让家长看到孩子入园以后养成的良好习惯和生活表现；能力展示型的家长开放日由教师设计主题活动向家长展示孩子学习到的知识与本领；庆祝节日型的家长开放日一般在节日前开展，幼儿园洋溢着生机勃勃、热闹祥和的景象，深受家长、幼儿的喜欢。

3. 家长学校

家长学校是宣传普及家庭教育知识，提升家长素质的重要场所，是指导推进家庭教育的主阵地和主渠道。由幼儿园专业教师定期就某个主题开展讲座、报告会等，有目的、有针对性地向家长宣传教育知识，帮助家长树立正确的教育观念、学习教育方法等。[①]

4. 家长委员会

《幼儿园工作规程》指出："幼儿园应当成立家长委员会。"家长委员会的主要任务是发挥家长的专业特长和资源优势，支持幼儿园保教工作；提出事关幼儿切身利益事项的意见和建议；帮助家长了解幼儿园工作计划和要求，协助幼儿园开展家庭教育指导和交流；配合幼儿园组织相关的家园共育活动，为孩子和幼儿园的发展提供便利条件。

5. 班级QQ群、微信群

随着信息技术的普及，家园合作的沟通越来越多地采用了新型媒介，主要包括幼儿园网站、官方微博、班级QQ群、微信群、微信公众号等，用于教师与家长以及家长之间的日常交流与沟通。这些新型媒介拉近了教师和家长之间的距离，有利于形成有效、良好的沟通，促进家园密切合作，增进共识与互动。

（二）个别化的家园合作

1. 家长助教

家长助教是指幼儿园依据教育内容的需要，邀请家长根据自己的职业和专长，自愿报名参与教育活动。不同教育背景、职业特征的家长群体可以为幼儿园提供丰富的教育资源，能为孩子的成长提供帮助。具体有两种方式：一是家长结合自身特长给幼儿组织活动，二是辅助幼儿园教师完成日常教学活动。

2. 个别谈话

个别谈话主要是在日常工作中进行，教师利用家长送幼儿来园、接幼儿离园的时机，与他们交流孩子的一日表现，表扬孩子的进步，委婉告知孩子不当的行为或存在的问题，客观地提出可行性建议，也可以征求家长的意见，共同研究解决方案。或者是家长主动询问教师，了解自己孩子在园的表现以及与教师沟通有效的教育方法等。

3. 家访

家访是教师对幼儿家庭进行的上门访问，是教师与家长在幼儿家庭中进行的面对面的沟通。通过家访，教师能深入了解幼儿家庭和幼儿在家的具体情况，充分体现教师对幼儿的关注，增进与幼儿的感情。家访主要有两种情况：一是对新入园幼儿进行的普遍家访；二是根据幼儿或家园共育中的某些特殊问题进行的个别家访，如生活自

---

① 朱宗顺，陈文华. 学前教育学[M]. 北京：北京师范大学出版社，2019：191.

理能力不足的幼儿、性格内向胆小的幼儿、攻击性较强的幼儿等。家访时教师应树立平易近人的、具有亲和力的教师形象，耐心倾听家长对幼儿的介绍，倾听家长的教育观念和见解。

4.幼儿成长册

“幼儿成长册”也叫作“家园联系册”，它是幼儿从事各种活动的成果记录，包括幼儿的作品、照片，教师及家长对孩子的观察记录、评价等各种信息，是家长、教师了解和掌握孩子发展状况的重要依据。小班幼儿的成长册应着重关注幼儿情绪情感、生活习惯和身体健康情况；中班幼儿的成长册应着重关注其社会交往、身体健康、动手动脑情况；大班幼儿的成长册应着重关注幼儿的学习品质。

总之，家园合作的方式多种多样，幼儿园教师要学会灵活地运用这些方式方法，加强幼儿园与家庭的合作，共同完成对幼儿的教育任务。

小资料

家长委员会参与组织的“螃蟹”活动

春天到了，中二班的家长委员会决定组织亲子游活动。几名幼儿在小山坡的水沟里捉到了几只小螃蟹，其他的幼儿特别感兴趣，都在说着自己的新发现：螃蟹是横着爬的，有两只大螯。教师和家长发现孩子兴趣这么浓，便设计了“螃蟹”的主题教育方案。家长委员会临时召开全体家长会，向家长宣传主题教育方案，请教师介绍活动设计意图和目的，家长都非常感兴趣，也积极配合开展活动。

家长和幼儿一起把捉来的螃蟹带回园内，放入园内墙角的水池中，又上街去买了许多种螃蟹放到水池中，并收集了许多有关螃蟹的书籍、画册等置于图书角内供幼儿阅读。自由活动时，孩子们老爱跑去观察，有几个幼儿对着水中的螃蟹指指点点：“螃蟹为什么一直吐泡泡?”教师没有马上回答，而是把“螃蟹是如何呼吸”的问题留给孩子们。此后，幼儿通过询问父母、逛书城、请教专家等多种方法收集资料，发现了许多未知的东西，教师也与幼儿同时收集资料，收集图片或一同利用废旧材料制作图片，让家长配上文字或贴上一些小资料，让幼儿互相传阅、交流，把自己知道的信息介绍给同伴们。孩子们的兴趣随着其探索的深入而不断提高，也因为教师的参与而更加投入。

从这次活动可以看到，家长委员会在此次活动中起了非常重要的作用。尽管家长们的教育方式不尽相同，但他们都有着一颗想要孩子健康成长的心。

第二节　幼儿园与社区的合作

一、幼儿园与社区合作的含义

幼儿园与社区合作是指幼儿园与其所处的社区密切联系，共同为幼儿的健康成长服务。所谓社区是由聚居在特定区域内，具有某种互动关系和共同文化特质和心理归属感的人群所组成的社会生活共同体[①]。它包含有三个要素：特定的区域、一定数量的居民、共同的认同心理和归属感。特定的区域在本书中特指生活在同一区域的社区。

《幼儿园工作规程》规定："幼儿园应当加强与社区的联系与合作，面向社区宣传科学育儿知识，开展灵活多样的公益性早期教育服务，争取社区对幼儿园的多方面支持。"《幼儿园教育指导纲要（试行）》指出：教育活动内容要贴近幼儿生活，要充分利用自然环境和社区的教育资源，扩展幼儿生活和学习空间。

二、幼儿园与社区合作的意义

（一）开拓幼儿视野，促进其身心健康发展

社区资源是丰富的，社区的公园、游乐园、图书馆等自然景观和人文设施是开阔幼儿视野、增进其身心健康的好去处。社区内的学校、超市、电影院、游乐场、敬老院、银行等是丰富幼儿社会认知、进行社会性教育的重要资源。幼儿园可充分利用社区资源，带领幼儿走进社区，引导他们在社区环境中观察和学习，提高幼儿的探索能力，促使幼儿萌发对社区环境的热爱，扩展认知，陶冶情操，促进幼儿的认知、情感、技能等方面的发展。

（二）利用社区教育资源，提高幼儿园教育质量

幼儿园充分利用社区教育资源，将社区资源引入幼儿园课程，可以扩大幼儿园教育的空间与资源，丰富和优化幼儿园课程内容，使幼儿园课程内容富有地方特色，贴近儿童的生活和实际经验。同时，社区作为一个生产功能、生活功能、文化功能兼备的居

---

① 叶忠海，朱涛. 社区教育学[M]. 北京：高等教育出版社，2009：25.

民生活小区，能为幼儿园提供所需要的人力、物力，如社区内各行各业的工作人员的职业优势，能为幼儿园教育活动提供人力和智力支持，达到提升幼儿园教育质量的目的。

（三）发挥幼儿园教育优势，为社区提供教育服务

幼儿园具有完善的硬件设施、专业的师资力量、丰富的教育活动等，因此幼儿园可发挥专业优势，为社区群众举办教育讲座、开展家庭教育指导、开放幼儿园教育资源，幼儿园还可以参加社区的各种宣传活动，活跃社区的文化氛围，促进幼儿园与社区家庭的互动。幼儿园走进社区、融入社区，在为社区家长提供多种服务的同时，也在不断提升社区家长育儿的水平。

三、幼儿园与社区合作的内容

（一）充分挖掘社区资源，促进幼儿发展

社区资源可划分为物质资源、人力资源和文化资源。社区幼儿教育资源丰富，幼儿园作为幼儿教育的主导力量，应主动争取合作，开发利用好这些资源。

1.开发利用社区的物质资源

社区的物质资源主要包括社区的自然景观、名胜古迹、机构设施等，这些都是幼儿园可选择和利用的教育资源，社区为幼儿提供了丰富多彩的教育素材和学习生活空间。教师应经常带领幼儿到附近的广场、花园嬉戏玩耍，带领孩子走进劳动、生活现场，让幼儿感受与园内教育截然不同的快乐。比如某幼儿园带幼儿参观食品加工厂，在参观过程中，幼儿观看了食品加工的制作流程，发现原来食品的制作有许多步骤，感受到工人勤勉努力的工作态度，既丰富了幼儿的认识，又增强了幼儿的责任意识。

2.开发利用社区的人力资源

社区蕴含丰富的人力资源，是幼儿接触社会和认识社会的重要媒介。首先，社区中有各行各业的人员，如教师、医生、保安、清洁工、工程师、警察、消防员等，他们以自身的劳动展示着多元的社会生活，为幼儿认识社会角色提供丰富的素材。其次，社区里的离退休老人、民间艺人等更是潜在的教育力量，邀请他们融入幼儿园活动中，可以丰富幼儿的学习经验。如某园在开展主题活动时，邀请社区的老艺人，给幼儿讲述云南永子围棋的发展历史和文化，并教授幼儿如何下棋，进行现场演示，让孩子们更直接地感受传统文化，受到孩子们的欢迎。

3.开发利用社区的文化资源

社区的民风习俗、道德风尚、生活方式、审美情趣等能为幼儿提供浓厚的文化氛围,并通过多种途径影响幼儿。优秀的社区文化是公共无形的教育资源,同样也是幼儿园教育的宝贵资源。比如有的幼儿园借助节日或主题活动对幼儿开展教育。国庆节带领幼儿开展红色主题活动,参观历史博物馆、听红色故事、看红色节目演出,进行爱国主义教育;重阳节带领幼儿到敬老院慰问,为老人们制作礼物、表演节目,进行"感恩敬老"的教育;组织"我爱家乡"的主题活动,在社区的帮助下,组织幼儿品尝当地美食、聆听本地历史故事、欣赏本土艺术节目、参观本地自然景观,让幼儿热爱自己的家乡文化。

(二)发挥自身优势,服务社区学前教育发展

幼儿园应充分发挥优势,主动服务社区,担负起指导和推动社区学前教育发展的责任,为幼儿成长营造良好的社会环境。

1.树立幼儿园的文明形象,促进社区精神文明发展

幼儿园作为社区的组成部分,应树立和打造自身的文明形象,促进社区精神文明发展,如提高保教人员专业素质,美化幼儿园物质环境,通过生活常规的培养,帮助幼儿养成文明行为习惯等。同时,也可以将社区生活和园内教育相结合,如开展环境教育,引导幼儿参与爱护公共卫生、节约用水用电、废物利用、垃圾分类等活动,和社区共同举办幼儿表演会、运动会、演讲会等,从而使社区的人文环境,特别是邻里关系更加和谐,这样不仅能积极推动社区环境保护,也能促进幼儿素质和社区精神文明的发展。

2.开放幼儿园的教育设施,与社区共享教育资源

幼儿园处于社区幼儿教育的中心,拥有齐全的幼儿教育设施、设备。幼儿园可以开放这些资源,适时适度地面向社区婴幼儿、家长,为居民提供便利。比如,以幼儿园的玩具、图书为依托,建立"玩具图书馆",在节假日、双休日等时间定期面向社区婴幼儿及其家长开放,让他们共享幼儿园的这些教育资源,以便增强社区幼儿的愉快体验,更好地适应幼儿园生活。①

3.发挥幼儿园的教育专长,服务社区学前教育

幼儿园不仅负有教育幼儿的重任,也是促进社区和谐发展的潜在力量。幼儿园应利用教育专长,成立家庭教育指导委员会,向社区成员定期开展有关学前教育理念、育儿常识、卫生保健等方面的免费讲座和咨询,通过各种各样的途径使家长学习提升幼

① 肖全明.学前教育原理[M].北京:北京师范大学出版社,2017:233.

儿发展水平的基本知识和技能。比如在幼儿园“我与小树共成长”主题活动中，教师带领幼儿为社区的小树浇水，亲手制作保护树木的标志等，引导孩子们积极参与和体验。

四、幼儿园与社区合作的方式

幼儿园与社区合作的方式主要有两种：一是幼儿园要“请进来”，积极有效地利用社区人力、物力和环境资源开展幼儿园教育活动；二是幼儿园的教育活动要“走出去”，主动融入社区，与社区资源相衔接。

（一）请进来

第一，邀请社区成员参与幼儿园教育活动的设计。幼儿园的各种教育教学、管理活动可以利用网络多媒体手段向社区公布，征求社区群众对幼儿园工作的意见，积极采纳合理的意见。特别是幼儿教师组织的一些社区集体活动，在社区群众的参与下，更能保证活动的顺利开展，同时更好地实现活动的教育意义。

第二，将社区资源引入幼儿园教育活动。幼儿园主要通过“家长导师”“亲子游戏”“家长辅助教学”等形式，鼓励社区家庭和幼儿园互动，将社区资源中可移动的部分“请进”幼儿园；对于不能移动或不便移动的，采取绘画、录音、录像等方式，将社区的影音图像带入教学情境中，从而使社区资源真正走进幼儿园的教育活动中。

第三，和社区成员互动。利用一些节假日向社区开放园内活动，将社区活动和园内教育活动有机地结合起来。如在重阳节，邀请幼儿园小朋友的爷爷、奶奶、姥姥、姥爷来园，组织幼儿为他们表演节目，并自制礼物送给他们，同时让他们对幼儿开展孝道教育。既延伸了幼儿园的教育内容，又丰富了孩子们的日常生活。

幼儿园通过“请进来”，让社区的力量、资源加入幼儿园活动，丰富、激活了幼儿园的课程。这种方式生成的活动带有浓厚的生活气息，让幼儿乐于参与其中，同时还能为不同能力水平的幼儿提供不同的发展空间，促进幼儿素质的普遍提高，增进幼儿对社区的了解和依恋。①

（二）走出去

第一，幼儿园教师主动走向社区，了解社区资源。《幼儿园教师专业标准（试行）》对教师专业能力的要求提出“沟通与合作”一项，其中包括“协助幼儿园与社区建立合作互助的良好关系”。教师提高自身对社区教育资源信息的敏感度，选择的资源应是社

① 朱宗顺，陈文华．学前教育学[M]．北京：北京师范大学出版社，2019：195

区中比较丰富、幼儿感兴趣的，与幼儿的现实生活联系密切的。针对社区教育资源中的物力资源，幼儿园可以对 1 km 范围内的社区资源进行调查，并对幼儿园能进行开发利用的学校、邮局、银行、书店、公园、居委会等场所进行统计，敏锐地捕捉幼儿的兴趣和需求来开展有针对性的教育活动。

小资料

结合本土特色，整合利用社区资源

文化是民族的血脉，是人们的精神家园，中华文化源远流长，灿烂辉煌。2017 年 1 月国务院印发的《关于实施中华优秀传统文化传承发展工程的意见》中指出，传统文化教育要贯穿整个国民教育的始终，要推进地方文化遗产保护，充分利用地方历史文化资源的优势，建设社会实践基地。幼儿园应充分利用重大历史事件和当地历史名人纪念日、烈士纪念日、国家公祭日、传统节日等教育契机，选取当地社区的革命历史遗迹、革命纪念馆以及各类爱国主义教育基地，依托当地浓郁的红色文化和精神传统，加强中华优秀传统文化、革命文化教育，充分发挥英雄模范人物的示范引领作用，以适宜幼儿的方式，将社区红色文化渗透于各个领域之中，从而使幼儿对家乡文化的自豪之情和对祖国的热爱之情自然而然得到萌发。

第二，组织幼儿走出去，感知社区生活，培养幼儿的社会认知、情感和技能。幼儿对社会生活的认识，对集体生活的态度与情感，在社区生活的能力，都可以在幼儿园老师组织走向社区的各种活动中得到实际锻炼。比如，幼儿园在开展区域和游戏活动之前，教师可以带领幼儿走进社区仔细观察社区中的超市、医院、书店、饭店等场所，了解场所中的售货员、医生、厨师等从业者的表现及其特征，以直观的形式让幼儿充分感知社区、体验社区生活样态，以此丰富幼儿相关的社会认知与生活知识，从而为幼儿接下来的游戏、活动做好相应准备。当然，这样的教育活动也会对幼儿后续自然而轻松地融入社区生活和更大范围的社会生活打下基础。①

① 宇文紫琪.家庭—幼儿园—社区协同育人模式构建的路径探索[J].湖北科技学院学报，2022：(1)：139-143.

第三节 幼儿园与小学的衔接

一、幼小衔接的含义与意义

(一)幼小衔接的含义

2021年,教育部出台《关于大力推进幼儿园与小学科学衔接的指导意见》,在其附件《幼儿园入学准备教育指导要点》中指出,3—6岁是为幼儿后继学习和终身发展奠基的重要阶段,也是为幼儿做好入学准备的关键阶段。帮助幼儿科学做好入学准备教育,是幼儿园教育的重要内容。幼儿园应将入学准备教育有机渗透于幼儿园三年保育教育工作的全过程,帮助幼儿做好身心各方面准备,实现从幼儿园到小学的顺利过渡。

所谓“幼小衔接”,主要是指幼儿园和小学根据幼儿身心发展的阶段性和连续性规律及儿童可持续发展的需要,做好两个教育阶段的衔接工作,使幼儿顺利适应小学学习生活,并为其今后的发展打好基础。

幼儿园教育和小学教育是两个不同的教育阶段,在任务、目的、方法等方面存在较大差异,因此,儿童从幼儿园进入小学,生活的变化是巨大的。第一,主要活动方式变化。幼儿园的主要活动是游戏,小学的主要活动是课堂教学。第二,社会角色变化。儿童从被照看的对象变为要承担一定社会义务的小学生。第三,人际关系变化。儿童从受成人保护乃至依附成人到拥有更多的独立。第四,生活环境变化。从生动活泼、灵活多变的生活化、游戏化的环境到相对严肃整齐的环境。第五,社会及成人对儿童的要求和期望变化,从相对宽松的要求到具有较高的期望。

(二)幼小衔接的意义

《幼儿园工作规程》明确指出:“幼儿园和小学应当密切联系,相互配合,注意两个阶段教育的相互衔接。”幼儿从幼儿园进入小学,在学习时间、学习内容、学习方法、学习环境等方面发生了变化,幼儿只有努力适应新的环境和要求,建立一套新的行为方法,在身体、情感、社会性适应和学习适应等方面有良好的发展,才能顺利实现由幼儿园向小学的过渡。因此,幼小衔接工作对幼儿来说非常重要。

1.做好幼小衔接，有利于幼儿尽快适应小学生活

儿童发展的各个阶段是一个连续的、渐进的发展过程。幼儿以游戏为基本活动，以具体形象思维为主，而小学生以学习为主要活动，由形象思维逐渐向抽象思维过渡。这两个发展阶段之间存在一个过渡时期，在这个时期，教师要帮助幼儿减少生理和心理方面的失衡与焦虑，避免出现一些难以适应的问题，如：睡眠不足、缺乏自信、厌学、人际关系紧张等，这些问题如果不能得到及时解决，将会对儿童的身心发展造成负面影响。因此，幼儿园教师应采取有效的方法和措施，帮助幼儿实现自然过渡。

2.做好幼小衔接，有利于幼儿自身发展

随着幼儿年龄的增长和身体的变化，他们在生理上已经达到了进入小学的基本要求，能够承受小学的学习任务；在心理方面，幼儿对小学生活产生了积极的向往之情，表达了想要成为一名小学生的积极心态和愿望。另外，由于成人普遍认为成为一名小学生是长大了的表现，因此幼儿期望真的长大，期待获得社会的承认。因此，幼儿园教师要对幼小衔接有足够的认知，帮助幼儿实现自身发展。

3.做好幼小衔接，有利于幼儿教育走向科学化

许多研究表明，在幼小衔接过程中，部分幼儿园依然存在着衔接工作小学化、片面化、模式化、突击化的问题，如一些幼儿园只重视知识上的片面衔接，不注重幼儿学习习惯、学习兴趣以及社会适应能力的衔接。这些问题成为幼小衔接工作的障碍。《关于大力推进幼儿园与小学科学衔接的指导意见》明确指出：建立幼小协同合作机制，推动双向衔接；改变过度重视知识准备、超前学习的状况，规范学校教育教学行为；改变衔接机制不健全的状况，整合多方资源，实现有效衔接。因此，积极开展幼小衔接工作的理论和实践探索，可促使幼小衔接工作不断走向科学化。

二、幼小衔接的内容

幼儿园可以围绕幼儿入学所需的关键素质，从身心准备、生活准备、社会准备和学习准备四个方面进行衔接。

（一）身心准备

1.向往入学：帮助幼儿初步了解小学生活，建立入学期待。大班下学期，幼儿园通过组织参观小学，与小学生面对面交流、体验小学课堂等方式，帮助幼儿初步了解小学的学习生活，激发幼儿对小学生活的向往和期待。

2.情绪良好：帮助幼儿获得积极的情绪体验，学会恰当表达和调控情绪。保持良好的情绪状态，具备一定的情绪调控能力，有助于幼儿积极适应小学新的环境和人际关系。选择能给幼儿带来情绪情感体验的故事、角色扮演活动等，引导幼儿恰当表达消极情绪，学习积极应对和化解的方法。

3. 加强运动：根据大班幼儿运动能力发展特点和个体差异，适当增加运动量和运动强度，提高动作的协调性和灵活性，增强力量和提高耐力。在日常生活和游戏中鼓励幼儿学会熟练地扣扣子、系鞋带、使用筷子；提供画笔、剪刀等工具和材料，支持幼儿进行画、剪、折、撕、粘、拼等各种活动，锻炼手部小肌肉动作。

（二）生活准备

1. 生活习惯：帮助幼儿养成良好的卫生习惯，保持规律作息。大班下学期适当延长单次集体活动的时间，适当减少午睡时间。家长应配合幼儿园调整作息安排，提醒幼儿早睡早起、按时入园，在日常生活中注重引导幼儿养成自觉洗手等习惯。

2. 生活自理：指导幼儿做好个人生活管理，逐步树立时间观念。大班下学期适当减少一日生活中的统一安排，帮助幼儿逐步学会根据自己的需要喝水、如厕，根据天气变化和活动需要增减衣物。通过多种方式，引导幼儿在日常生活和游戏中感受时间，学会按时作息，养成守时、不拖沓的好习惯。

3. 安全防护：增强幼儿自我保护的意识和能力，了解基本的安全知识。了解校园、社区、交通等环境中的安全要求，学会保护自己。指导幼儿在遇到危险时，能提供必要的信息，选择有效的求助方法。

4. 参与劳动：鼓励幼儿承担适当的劳动任务，参与力所能及的家务劳动。教师和幼儿一起制定班级劳动计划，鼓励幼儿自主确定任务分工并有计划地完成。引导幼儿尊重身边的劳动者，讨论他们付出的劳动给自己带来的服务和便利，学会尊重和珍惜他人的劳动成果。

（三）社会准备

1. 交往合作：扩展幼儿的交往范围，丰富幼儿分工合作的经验。鼓励幼儿和不同年龄的伙伴交往，认识新伙伴。丰富幼儿分工合作的经验。提供材料、创设条件，引导和支持幼儿合作开展活动，感受合作的重要性。

2. 诚实守规：增强规则意识，提高自觉守规的能力。指导幼儿遵守集体活动的基本规则，做到举手提问、轮流发言，认真倾听等。对幼儿诚实守信的行为予以及时肯定。发现幼儿说谎、说话不算数时不要简单批评和惩罚，要耐心了解原因，积极引导，帮助幼儿做到知错就改。

3.任务意识:强化任务意识,培养独立完成任务的能力。大班下学期有意识地布置一些与入学准备相关的任务,通过持续性的任务安排,鼓励、支持幼儿独立完成任务。

4.热爱集体:激发幼儿热爱家乡、热爱祖国的情感。以生动有趣的形式开展爱家乡、爱祖国的教育,如:参观博物馆、科技馆等当地文化场馆,帮助幼儿感受与体验家乡和祖国的发展变化;鼓励幼儿结合节假日外出旅行等经历,分享自己家乡的风景名胜、风物人情、特色美食等;结合升旗活动,向幼儿介绍国旗、国歌。

(四)学习准备

1.好奇好问:保护幼儿的好奇心和主动性,支持幼儿持续的探究行为。接纳、鼓励幼儿对新事物的观察、提问等探究行为,避免简单打断或否定幼儿的奇思妙想。提供充足的时间、丰富的材料支持幼儿持续、深入进行探究,寻找问题的答案。

2.学习习惯:支持幼儿专注持续地完成任务,鼓励幼儿独立思考。增加需要一定专注力和坚持性才能完成的游戏和活动,保证幼儿有充足的活动时间专注地完成任务。为幼儿提供充分的时间思考、讨论和表达自己的观点,接纳幼儿不同的想法。

3.学习兴趣和学习能力:为幼儿提供广泛接触自然和社会的机会,培养幼儿倾听、表达、阅读等能力。鼓励幼儿自主阅读,保护他们对符号、文字的兴趣和敏感性,有意识地运用文字和符号辅助幼儿记录和总结游戏的过程和新的想法,让幼儿感受文字符号在日常生活中的功能和意义。

三、幼小衔接的原则

(一)长期性原则

作为终身教育体制的一个重要组成部分,幼儿园教育要为小学教育甚至后期所有的教育打好基础,因此应将幼小衔接工作放置于终身教育的大背景中考虑,而非仅视作两个教育阶段的过渡问题;将其视作一个长期而系统的工程,而非一蹴而就的工作。所谓长期性,是指从小班开始,教师等相关人员就要有意识地逐步提高幼儿的适应性,并系统地对保育教育内容、教育活动、教育评价等进行规划,将幼小衔接作为一项重要的内容,而不是到了大班最后一个学期才进行相关的活动。[①]

① 傅建明.学前教育原理[M].上海:华东师范大学出版社,2017:176.

(二)整体性原则

幼小衔接是全面素质教育的基本组成部分,重在发展幼儿的整体素质,因而不能偏重某一方面,而应在德智体美各方面综合进行。研究表明:健康的身体,积极的学习态度,浓厚的学习兴趣及求知欲,充足的自信心与自我控制能力,稳定的情绪,以及人际交往能力、独立性等,对幼儿顺利适应小学生活是至关重要的。在幼小衔接中仅偏向德智体美的任何一方面都是错误的,更不能偏重某一方面的某些因素,如现在的某些幼儿园尝试的"单项突破"是极其危险的。

(三)合作性原则

幼儿园与小学各有任务与功能,但同属于基础教育阶段,两者的联系极为密切,而且幼小衔接是一个共赢的事情。在幼小衔接问题上,两者是平等合作的关系,而不存在谁主谁次的问题,双方都有平等的地位,关键是要发挥各自的优势,为幼儿提供一个优良的发展环境,帮助儿童顺利地完成从幼儿园到小学的过渡。同时家长与社区也要积极配合相关工作,建立幼儿园与家庭、社区的联系,共同做好衔接工作。

四、幼小衔接的策略

做好幼小衔接,使幼儿尽快适应小学的生活,是一个较为复杂的问题,仅仅依靠幼儿园的力量难以解决,需要发挥幼儿园、小学、家庭等多方面的作用,形成和谐的教育环境,帮助幼儿顺利过渡。

(一)幼儿园需要做好幼儿升入小学前的心理过渡

幼儿园教师不能仅仅根据自身对小学教育阶段基本印象开展幼小衔接教育,而是要了解小学教育最新的要求,加强与小学低年级教师的联系。通过组织幼儿参观小学,熟悉小学环境,观察一年级上课情况,激发幼儿上小学的欲望;有针对性、有计划地开展"学做小学生"等活动,引导幼儿熟悉小学的学习和生活,让幼儿能够从情感、心理上顺利地实现过渡,并树立良好的入学动机和学习心态。

(二)小学需要为新升入小学的新生提供良好的学习环境

小学教师面对一年级新生时,应更多地走下讲台、走出办公室,与他们进行多种形式的交流。蹲下来与新生进行真诚的谈话,了解他们的内心世界;积极开展新生喜欢的游戏活动,以寓教于乐的教学方法和直观、生动的展示形式提高他们的学习积极性;

充分利用班集体活动的机会，在积极的引导和充分的交流中让小学生明确自己在新班级中的角色，让他们在文明、安全、和谐、愉快的良好环境中学习。

（三）完善家校共育机制，整合多方资源，实现有效衔接

幼儿园和小学要把家长作为重要的合作伙伴，建立有效的家校协同沟通机制，引导家长与幼儿园、小学积极配合，共同做好衔接工作。要及时了解家长在入学准备和入学适应方面的困惑、问题，积极宣传国家和地方的有关政策要求，宣传幼小双向衔接的科学理念和做法，帮助家长认识过度强化知识准备、提前学习小学课程内容的危害，缓解家长的压力和焦虑，营造良好的家庭教育氛围，积极配合幼儿园和小学做好衔接工作。

此外，各地教育部门要积极为幼小衔接创造便利条件，加强两个教育阶段的联系。

小资料

爱尔兰幼小衔接的实践

1.提倡幼儿与学校“双向准备”。为了顺利进行幼小衔接，幼儿首先需要做好入学准备。爱尔兰尤其看重幼儿的社会性和情感技能，而非学业技能。在爱尔兰进行的一项全国范围内的调查显示，早期教育实践者和小学教师认为在幼小衔接阶段最为重要的素质是自尊、社交技能、独立、言语沟通技能和专注力，具备这些品质的幼儿在小学阶段更有可能获得成功。在重视幼儿入学准备的同时，爱尔兰也重视学校为幼儿做好准备，形成“双向准备”的思路。

2.借助“我的故事”工具强化幼儿园与小学之间的沟通。爱尔兰国家课程与评估委员会与部分幼儿园、小学合作研发了“我的故事：幼小衔接模板”，这一工具旨在讲述儿童学习和发展的故事。利用这一模板收集到的信息会分享给父母，并在经得他们的同意后，共享给小学。

3.保持幼儿园和小学低年级课程及教学方法的连续性。当前，爱尔兰的幼儿园主要使用《Aistear：早期教育课程框架》来构建课程。《Aistear：早期教育课程框架》的原则和方法将会被嵌入小学幼儿班的课程之中。通过这样的方式，爱尔兰在幼儿园和小学低年级的课程及教学方法之间建立起连续性，帮助幼儿实现顺利过渡。

4.重视为有特殊教育需求的幼儿提供额外的幼小衔接支持。爱尔兰国家

特殊教育委员会在2016年编写了一份指南——《开始上学:有特殊教育需求幼儿的父母/监护人指南》,用以帮助有特殊教育需求幼儿的父母、监护人与小学进行沟通,协调幼小衔接的过程。

本章小结

本章重点阐述了幼儿园与家庭和社区合作,与小学衔接的意义、内容、原则及策略。核心内容总结如下。

1. 家园合作的意义:家园合作有利于促进幼儿身心全面发展;家园合作有利于提高幼儿园教育质量;家园合作有利于促进教师的专业成长;家园合作有利于提高幼儿家长育儿水平。

2. 家园合作的内容包括指导家长科学开展家庭教育和鼓励家长积极参与幼儿园教育两个方面。

3. 家园合作具有平等性原则、经常性原则、全面性原则、趣味性原则、一致性原则。

4. 幼儿园与社区合作的意义:开阔幼儿视野,促进其身心健康发展;利用社区教育资源,提高幼儿园教育质量;发挥幼儿园教育优势,为社区提供教育服务。

5幼儿园与社区合作的内容:充分挖掘社区资源,促进幼儿发展;发挥自身优势,服务社区学前教育发展。

6. 幼小衔接的意义:有利于幼儿尽快适应小学生活;有利于幼儿自身发展;有利于幼儿教育走向科学化。

7. 幼小衔接的内容:围绕幼儿入学所需的关键素质,从身心准备、生活准备、社会准备和学习准备四个方面的内容进行衔接。

8. 幼小衔接的策略:幼儿园与小学加强合作,让幼儿更好地熟悉小学环境;小学教师要多与小学新生沟通,让幼儿愉快地投入小学生活;促进幼儿角色的转换,使其更好地适应“小学生”这一角色;完善家园校共育机制,整合多方资源,实现有效衔接。

视野拓展

1.《学前教育:从蒙台梭利到瑞吉欧(第十一版)》

(美)莫里森著,祝莉丽、周佳、高波译,中国人民大学出版社2014年出版。该书是美国学前教育经典,自1976年首次出版以来,30余年历经11次修订,内容包括:儿童早期教育的历史与现状;幼儿教育理念的发展——蒙台梭利、高瞻课程、瑞吉欧、华德福;0—

8岁儿童的发展阶段、特点和需要给予的教育支持;幼儿教师的专业化;当代幼教公共政策和热点话题;家庭、学校和社区合作等。

2.《幼儿园、家庭、社区协同共育》

吴冬梅主编,复旦大学出版社2020年出版。该书为华南师范大学附属幼儿园半个多世纪以来对“幼儿园、家庭、社区协同共育”长期探索、实践的研究成果。从理论引领、教育思考和实践案例三大板块深入浅出地呈现了华师附幼融合中西教育理论思想,立足本土实际,打破资源限制,走出教育孤岛,构建协同模式,落地实践路径,促进幼儿整体发展,实现幼儿园、家庭、社区协同共育的发展历程,为幼儿园“家、园、社区协同共育”提供了具有启发性、针对性、可操作性的实践模式。

思考与实训

1. 简述家园合作的含义与意义。
2. 简述家园合作的内容与方式。
3. 家园合作的原则包括哪些?应该怎样遵循这些原则?
4. 简述幼儿园和社区合作的含义与意义。
5. 幼儿园和社区合作除了“请进来”“走出去”的方法外,你还能想到什么方法?
6. 利用多种途径收集一所幼儿园与社区合作的成功案例。
7. 简述幼小衔接的意义、内容和原则。
8. 现实中幼小衔接的做法存在哪些误区?产生的原因是什么?
9. 幼儿园如何做好幼小衔接工作?

专题探讨

背景资料:面对马上要升入小学一年级的孩子,许多幼儿园大班的家长们表现得尤为焦虑。有的家长说:“孩子上了大班以后,看到同事都在教孩子认字或学习其他技能,我真的有点着急了。别的孩子都开始学习小学的课程了,自己的孩子没学,进了小学会吃亏的。没办法,我们只好给孩子报了一个幼教机构的认字课程班。”许多幼儿园也为了满足家长们的要求,纷纷开始了小学课程的教学,幼儿园的孩子们提前进入了小学的学习状态。一直困扰幼儿园教师的幼小衔接问题,在当下社会越来越被大家重视。

探讨:分析产生这种现象的原因,如何做好幼小衔接工作?